金陵全書

乙編·史料類

順治江南賦役全書

［江寧府］

（清）户部 編

南京出版傳媒集團
南京出版社

圖書在版編目（CIP）數據

順治江南賦役全書. 江寧府 / 户部編. -- 南京：南京出版社，2024.8

（金陵全書）

ISBN 978-7-5533-4760-8

Ⅰ. ①順… Ⅱ. ①户… Ⅲ. ①江寧府 – 賦税制度 – 史料 – 清代 Ⅳ. ①F812.949

中國國家版本館CIP數據核字（2024）第088220號

書　　名　【金陵全書】（乙編・史料類）
　　　　　順治江南賦役全書［江寧府］
作　　者　（清）户　部
出版發行　南京出版傳媒集團
　　　　　南　京　出　版　社
社址：南京市太平門街53號　　郵編：210016
網址：http://www.njcbs.cn　　電子信箱：njcbs1988@163.com
聯繫電話：025-83283893、83283864（營銷）　025-83112257（編務）
出 版 人　項曉寧
出 品 人　盧海鳴
責任編輯　程　瑶
裝幀設計　楊曉崗
責任印製　楊福彬

製　　版　南京新華豐製版有限公司
印　　刷　南京凱德印刷有限公司
開　　本　889毫米×1194毫米　1/16
印　　張　31.5
版　　次　2024年8月第1版
印　　次　2024年8月第1次印刷
書　　號　ISBN 978-7-5533-4760-8
定　　價　800.00元

用微信或京東APP掃碼購書

用淘寶APP掃碼購書

總序

南京，古稱金陵，中國著名的四大古都之一，是國務院首批公佈的國家歷史文化名城。

南京有着五十萬年的人類活動史，約三千一百年的建城史，約四百五十年的建都史，享有『六朝古都』『十朝都會』的美譽。南京歷史的興衰起伏在某種程度上可以説是中國歷史的一個縮影。在中華民族光輝燦爛的歷史長河中，古聖先賢在南京創造了舉世矚目、富有特色的六朝文化、南唐文化、明文化和民國文化，爲中華民族文化的傳承和發展做出了不朽貢獻。然而，由於時代的遞遷、戰争的破壞以及自然的損毁等原因，歷史上南京的輝煌成就以物質文化形態留存下來的相對較少，見諸文獻典籍的則相對較多。南京文獻内涵廣博，卷帙浩繁，版本複雜。截至一九四九年中華人民共和國成立，南京文獻留存下來的有近萬種，在全國歷史文化名城中名列前茅。以六朝《世説新語》《文心雕龍》《昭明文選》，唐朝《建康實録》，宋朝《景定建康志》《六朝事跡編類》，元朝《至正金陵新志》，明朝《洪武京城圖志》《金陵古今圖考》《客座贅語》，清朝《康熙江寧府志》《白下瑣言》，民國《首都計劃》《首都志》《金陵古蹟圖考》等爲代表的南京地方文獻，不僅是南京文化的集中體現，也是中華民族優秀傳統文化的重要組成部分。這些南京文獻，積澱貯存了歷代南京人民的經驗和智慧，翔實地反映了南京地區的社會變遷，是研究南京乃至全國政治、經濟、軍事、文化、外交和民風民俗的重要資料。

歷史上的南京文化輝煌燦爛，各類圖書典籍琳琅滿目。迄今爲止，南京文獻曾經有過三次不同程度的整理。

第一次是距今六百多年前的明朝永樂年間，明朝中央政府在南京組織整理出版了《永樂大典》。《永樂大典》正文二萬二千八百七十七卷，凡例和目録六十卷，分裝成一萬一千零九十五册，總字數約三億七千萬字。書中保存了中國上自先秦、下迄明初的各種典籍資料達七八千種，是中國古代最大的類書。

第二次是民國年間，南京通志館編印了一套《南京文獻》。《南京文獻》每月一期，從一九四七年元月至一九四九年二月共刊行了二十六期，收入南京地方文獻六十七種，包括元明清到民國各個時期的著作，其中收録的部分民國文獻今天已經成爲絶版。

第三次是二〇〇六年以來，南京出版社選取部分南京珍貴文獻，整理出版了一套《南京稀見文獻叢刊》點校本，到二〇二〇年，已經出版了六十九册一百零五種，時代上起六朝，下迄民國，在學術普及方面做出了一定的貢獻。

中華人民共和國成立以來，尤其是改革開放以來，南京的政治、經濟、文化建設飛速發展，但南京文獻的全面系統整理出版工作一直没有得到應有的重視，這與南京這座國家歷史文化名城的地位頗不相稱。據調查，目前有關南京的各類文獻主要保存在南京圖書館、南京市檔案館，以及全國各地的高等院校、科研院所、圖書館、檔案館、博物館，少數流散於民間和國外。一方面，廣大讀者要查閲這些收藏在全國各地的南京文獻殊爲不便；另一方面，許多珍貴的南京文獻隨着歲月的流逝而瀕臨損毁和失傳。南京文獻的存史、資治、教化、育人功能没有得到應有的發揮。

盛世修史（志）。在中華民族和平崛起和大力弘揚民族傳統文化、全力發展民族文化事業的大背景下，在建設『文化南京』的發展思路下，中共南京市委、南京市人民政府於二〇〇九年十二月做出决定，將南京有史以來的地方文獻進行全面系統的匯集、整理和影印出版，輯爲《金陵全書》（以下簡稱《全書》），以更好地搶救和保護鄉邦文獻，傳承民族文化，推動學術研究，促進南京文化建設；同時，也更爲有効地增加南京文獻存世途徑，提昇南京文獻地位，凸顯南京文獻價值。

爲編纂出能够代表當代最高學術水平和科技成就，又經得起時間檢驗的《全書》，我們將編纂工作分成三個階段進行。第一個階段爲調研階段，主要對南京現存文獻的種類、數量、保存現狀以及收藏地點等進行深入細緻的調研，召集專家學者多次進行學術論證和可操作性論證，撰寫出可行性調查報告，爲科學決策提供依據，此項工作主要由中共南京市委宣傳部和南京出版社組織完成。第二個階段爲啓動階段，以二〇〇九年十二月二十四日召開的『《金陵全書》編纂啓動工作會』爲標志，市委主要領導親自到會動員講話，市委宣傳部對《全書》的編纂出版工作作了明確部署。在廣泛徵求專家學者意見的基礎上，確定了《全書》的總體框架設計，確定了將《全書》列爲市委宣傳部每年要實施的重大文化工程，確定了主要參編責任單位和責任人，並分解了任務。第三個階段爲編纂出版階段，主要在全國範圍内進行資料的徵集、遴選和圖書的版式設計、複製、排版及印製工作。

爲了確保《全書》編纂出版工作的順利進行，中共南京市委、南京市人民政府成立了專門的編纂出版組織機構。其中編輯工作領導小組，由中共南京市委、市政府領導以及相關成員單位主要負責人組成；《全書》的編纂出版工作由市委宣傳部總牽頭；學術指導委員會，由蔣贊初、茅家琦、梁白泉等一批全國著名的專家學者組成，負責《全書》的學術審核和把關。

《全書》分爲方志、史料、檔案和文獻四大類。自二〇一〇年起，計劃每年出版四十册左右。鑒於《全書》的整理出版工作難度較大，周期較長，在具體操作中，我們採取了分工協作的方式。市委宣傳部和南京出版社負責《全書》的總體策劃，其中方志部分，主要由南京市地方志編纂委員會辦公室和南京出版傳媒集團·南京出版社共同承擔；史料和文獻部分，主要由南京圖書館承擔；檔案部分，主要由南京市檔案局（館）承擔。《全書》的編輯出版，得到了江蘇省文化廳、江蘇省新聞出版局、江蘇省檔案局（館）、南京大學、南京圖書館、南京市文廣新局、南京市社科聯（社科院）、南京市文聯、金陵圖書館以及各區委宣傳部和地方志辦公室等單位及社會各界的熱情鼓勵和大力支持，尤其是得到了中國國家圖書館和全國各地（包括港臺地區）高等院校、科研院所、圖書館、檔案館、博物館等藏書單位的鼎力相助，在此表示深深的謝意！

我們相信，在中共南京市委、南京市人民政府的長期不懈支持下，在各部門、各單位的積極配合和衆多專家學者的共同努力下，這項功在當代、利在千秋的傳世工程一定能够圓滿完成。

《金陵全書》編輯出版委員會

凡例

一、《金陵全書》（以下簡稱《全書》）收録的南京文獻，分爲方志、史料、檔案和文獻四大類。

二、《全書》按上述四大類分爲甲、乙、丙、丁四編，以不同的封面顏色加以區分；每編酌分細類，原則上以成書時代爲序分爲若幹册，依次編列序號。

三、《全書》收録南京文獻的地域範圍，包括了清代江寧府所轄上元、江寧、句容、溧水、高淳、江浦、六合。

四、《全書》收録的南京文獻，其成書年代的下限爲一九四九年。

五、《全書》收録方志、史料和文獻，盡量選用善本爲底本。《全書》收録的檔案以學術價值和實用價值較高爲原則，一般選用延續時間較長、相對比較完整的檔案全宗。

六、《全書》收録的南京文獻底本如有殘缺、漫漶不清等情況，必要時予以配補、抽换或修描，以保證全書完整清晰；稿本、鈔本、批校本的修改、批注文字等均保留原貌。

七、《全書》收録的南京文獻，每種均撰寫提要，置於該文獻前，以便讀者了解其作者生平、主要内容、學術文化價值、編纂過程、版本源流、底本採用等情況。

八、《全書》所收文獻篇幅較大時，分爲序號相連的若幹册；篇幅較小的文獻，則將數種合編爲一册。

九、《全書》統一版式設計，大部分文獻原大影印；對於少數原版面過大或過小的文獻，適當進行縮小或放大處理，並加以説明。

十、《全書》各册除保留文獻原有頁碼外，均新編頁碼，每册頁碼自爲起訖。

提要

《順治江南賦役全書》，存十卷，清户部編。

《賦役全書》是明清時期具有法律效力的賦役徵收文書。它最早出現于明嘉靖、萬曆年間，是明中後期在官方賦役册籍黄册廢弛、『一條鞭法』推行後，一些地方官府爲釐清徵收賦役而編纂的，曾起到實徵册的作用。清入關後，爲掌握國家人口土地及税收，順治三年（一六四六）下令户部編纂《賦役全書》，由户部郎中王弘祚主持纂修，于順治十四年編纂完成，刊行全國。

《順治江南賦役全書》『江寧府總』卷首所載順治十四年九月初四日頒布《賦役全書》敕命曰：『詳稽往牘，參酌時宜，凡有參差遺漏，悉行駁正。錢糧則例俱照萬曆年間，其天啓、崇禎時加增，盡行蠲免。地丁則開原額若干、除荒若干，原額以萬曆刊書爲準，除荒以覆奉俞旨爲憑。地丁清核次開實徵，又次開起存，起運者部寺倉口種種分晰，存留者款項細數事事條明。至若玖釐銀舊書未載者，今已增入。宗禄銀昔爲存留者，今爲起運。漕白二糧，確依舊額。

運丁行月，必令均平。胖襖盔甲，昔解本色，今俱改折。南糧本折，昔留南用，今抵軍需。官員經費，定有新規，會議裁冗，改歸正項。本色絹布顔料銀硃銅錫茶蠟等項，已改折者，照督撫題定價值開列；解本色者，照刊書價值造入，每年督撫確察時值題明，填入易知單内照數辦解。更有昔未解而今宜增者，有昔太冗而今宜裁者，俱細加清核，條貫井然。後有續增地畝錢糧，督撫按彙題造册報部，以憑稽核。綱舉目張，勒成一編，名曰《賦役全書》，頒布天下，庶使小民遵兹令式，便于輸將；官吏奉此章程，罔敢苛斂，爲一代之良法，垂萬世之成規。』這一敕命説明了《賦役全書》的編纂原則和内容，錢糧徵收以明代萬曆時刊行的賦役册籍爲準，免除天啓、崇禎年間的加派，内容依次爲地丁實徵數、起運（州縣徵收錢糧解送户部及各部寺監部分）及存留（州縣徵收錢糧留作地方經費部分）數，各項賦税的增删裁并情況，并規定了《賦役全書》作爲徵收、分配賦税依據的法律地位。康熙十四年（一六七五），以賦役頭緒繁多，易于混淆，下令纂修《簡明賦役全書》，止載起運、存留、漕項、河工等切要款目，删去絲、秒以下尾數，以杜吏胥飛灑苛駁之弊。但地方上仍多沿用舊册。雍正十二年（一七三四）下令《賦役全書》每十年修一次，此後成爲定式，但後來未能實行，賦税也未能按照《賦役全書》所載的數額徵收。與明代《賦役全書》由地方自行編纂不同，清代《賦役全書》由户部主導，各省按照統一格式編纂，經户部審核通過後才能刊行。

《賦役全書》有省、府州及縣三級，省、府《賦役全書》均系彙總全省、全府賦役數據，縣《賦役全書》則記録一縣賦役數據。以《江南賦役全書》中的江寧府爲例，其《江寧府賦役全書》封面列出内容包括『江寧府總』一册以及所轄上元、江寧、句容、溧陽、溧水、江浦、六合、高淳八縣各一册。『江寧府總』首爲順治十四年九月初四日《賦役全書》纂修完成頒布天下之敕命。第一葉首行爲『江寧府所屬上元等八縣』，説明了江寧府之管轄範圍。然後依次列出所轄各縣各類田畝、户口人丁數及全府各項實徵本色折色賦役總數，又次爲各項起運本色折色、存留本色折色數量。各縣《賦役全書》首列出各類田地、人丁大總，統計丁田實徵錢糧數量，然後爲各項起運本折色、存留本折色數量。各款目歷年變化以雙行小字説明。該書是研究清初江寧府及所屬各縣賦税制度和經濟狀況的重要史料。

現存《順治江南賦役全書》有數個版本，均爲殘本，其中含『江寧府』

者有兩種，均藏于中國國家圖書館。其一爲存一百三十九卷本，其中原有『江寧府總』一卷及上元縣、江寧縣、句容縣、溧陽縣、溧水縣、江浦縣、六合縣、高淳縣八縣各一卷，但實缺高淳縣，僅存八卷；另一爲存四十八卷本，包括『江寧府總下』一卷及上元縣、江寧縣、句容縣、溧陽縣、溧水縣、江浦縣、六合縣、高淳縣八縣各一卷。存四十八卷本『江寧府總下』内容不見于存一百三十九卷本之『江寧府總』，可供研究之用。需要説明的是，《中國古籍善本書目·史部》著録存四十八卷本《江南賦役全書》爲順治刻本，但該書『江寧府總下』葉六十『各縣養濟院孤貧』項下有康熙四年十月二十六日准户部咨；葉七十八『修城夫料』項下有康熙四年六月部咨，可見應編纂刊印于康熙年間，著録有誤。

《金陵全書》收録的《順治江南賦役全書》以存一百三十九卷本之『江寧府總』及上元、江寧、句容、溧陽、溧水、江浦、六合七縣共八卷爲底本，補以存四十八卷本之『江寧府總下』及高淳縣兩卷影印出版。

封越健

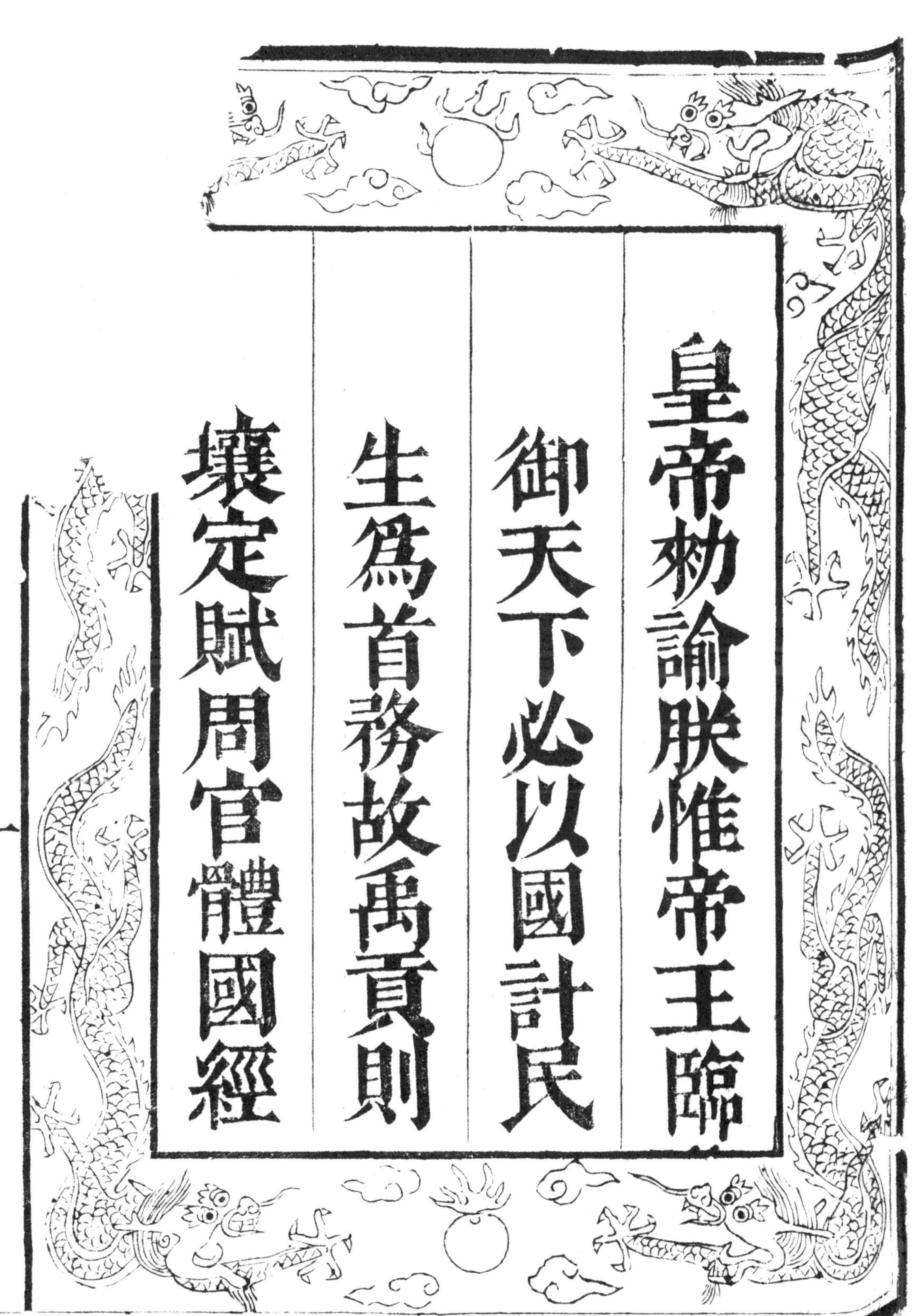

皇帝勑諭朕惟帝王臨
御天下必以國計民
生爲首務故禹貢則
壤定賦周官體國經

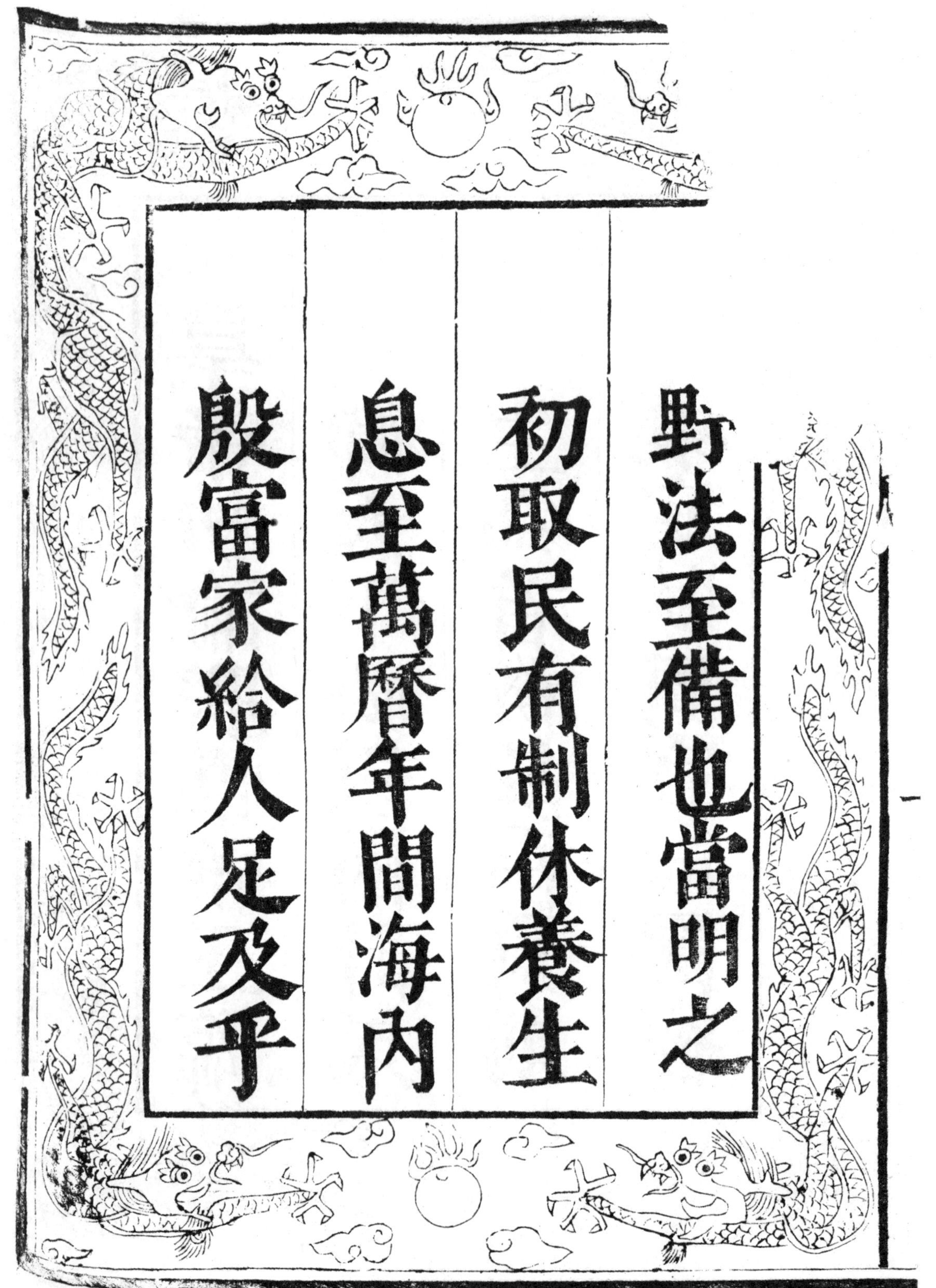

野法至備也當明之初取民有制休養生息至萬曆年間海內殷富家給人足及乎

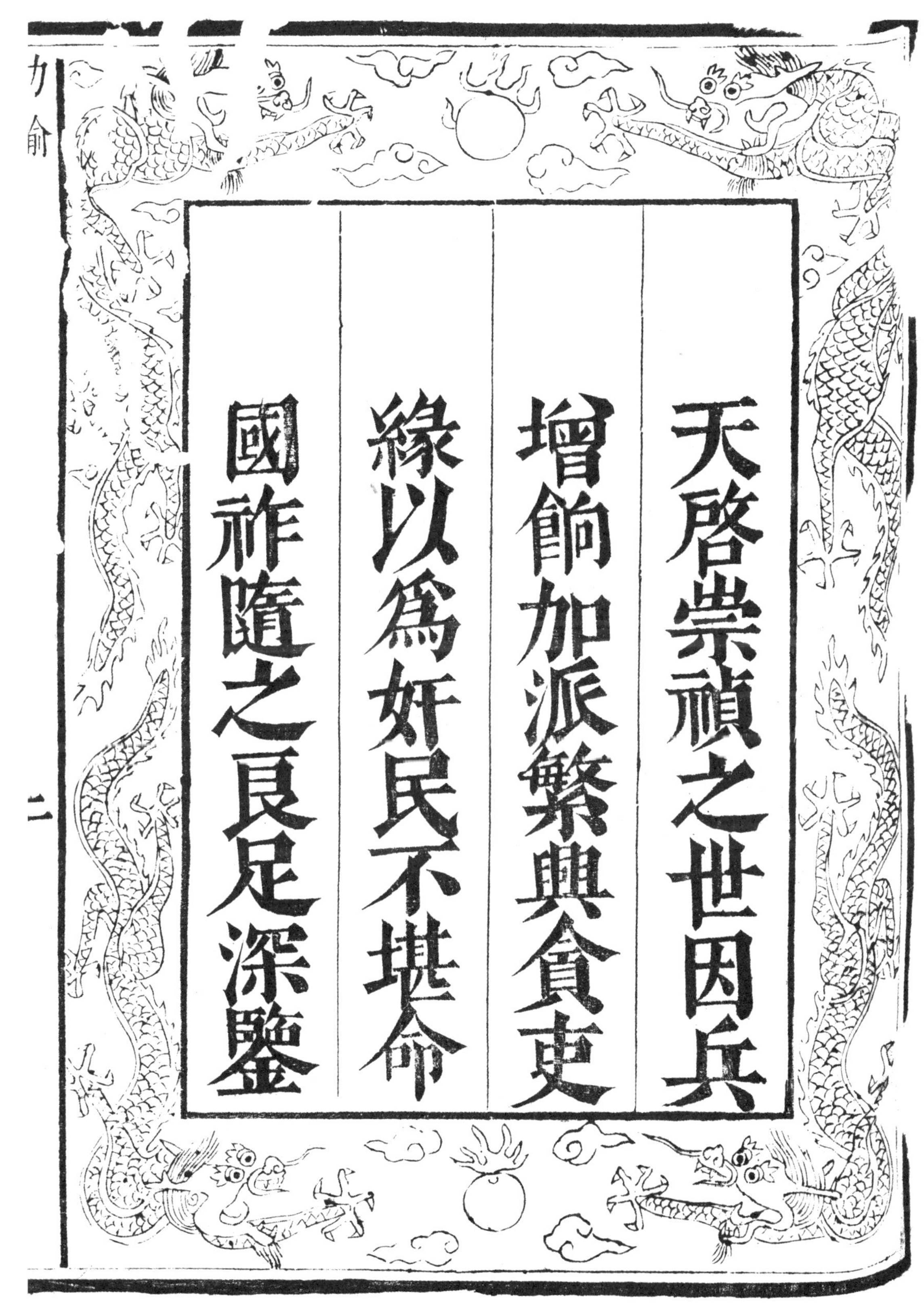

天啓崇禎之世因兵
增餉加派繁興貪吏
緣以爲奸民不堪命
國祚隨之良足深鑒

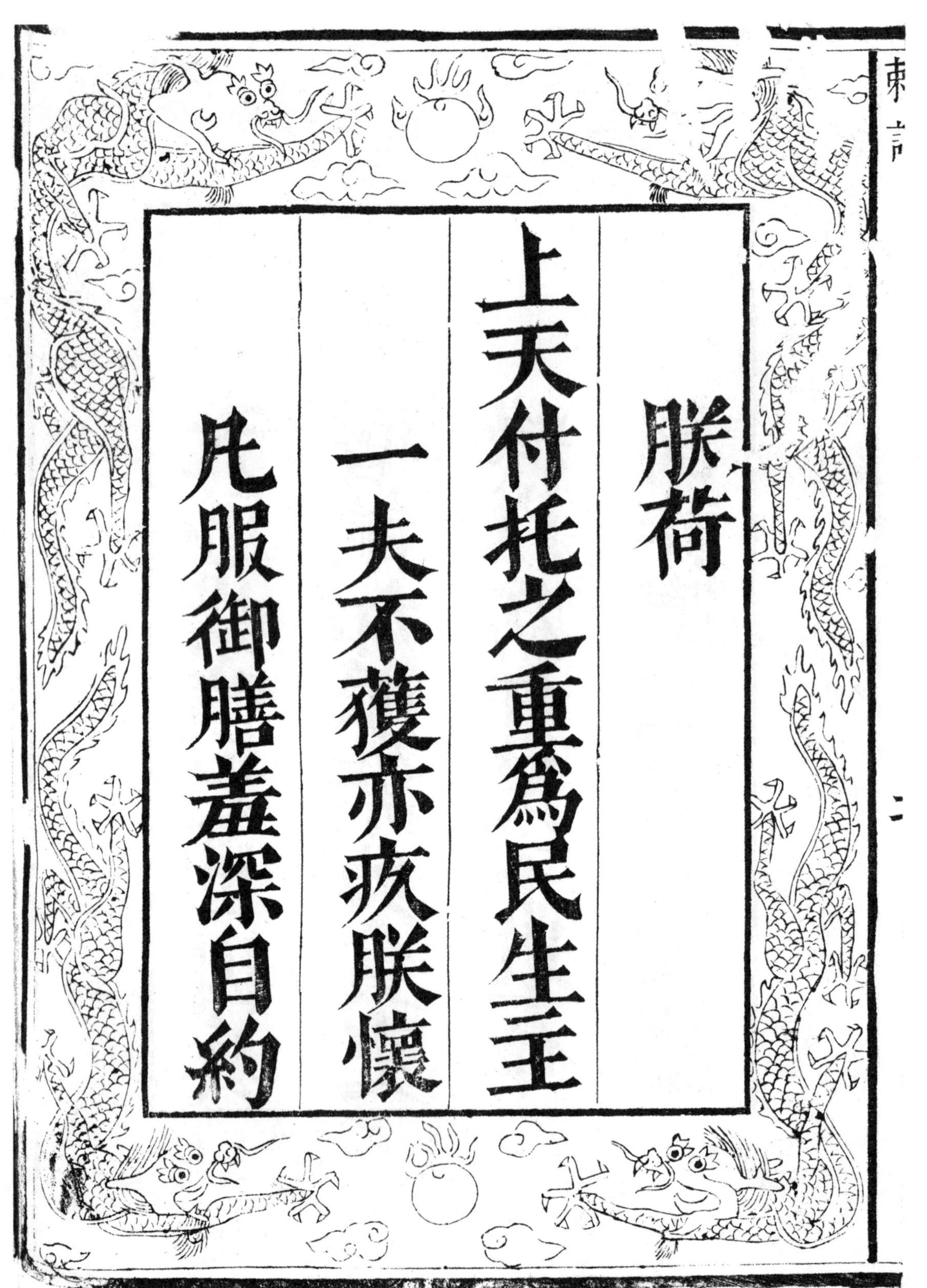

勅諭　二

朕荷
上天付托之重爲民生主
一夫不獲亦疚朕懷
凡服御膳羞深自約

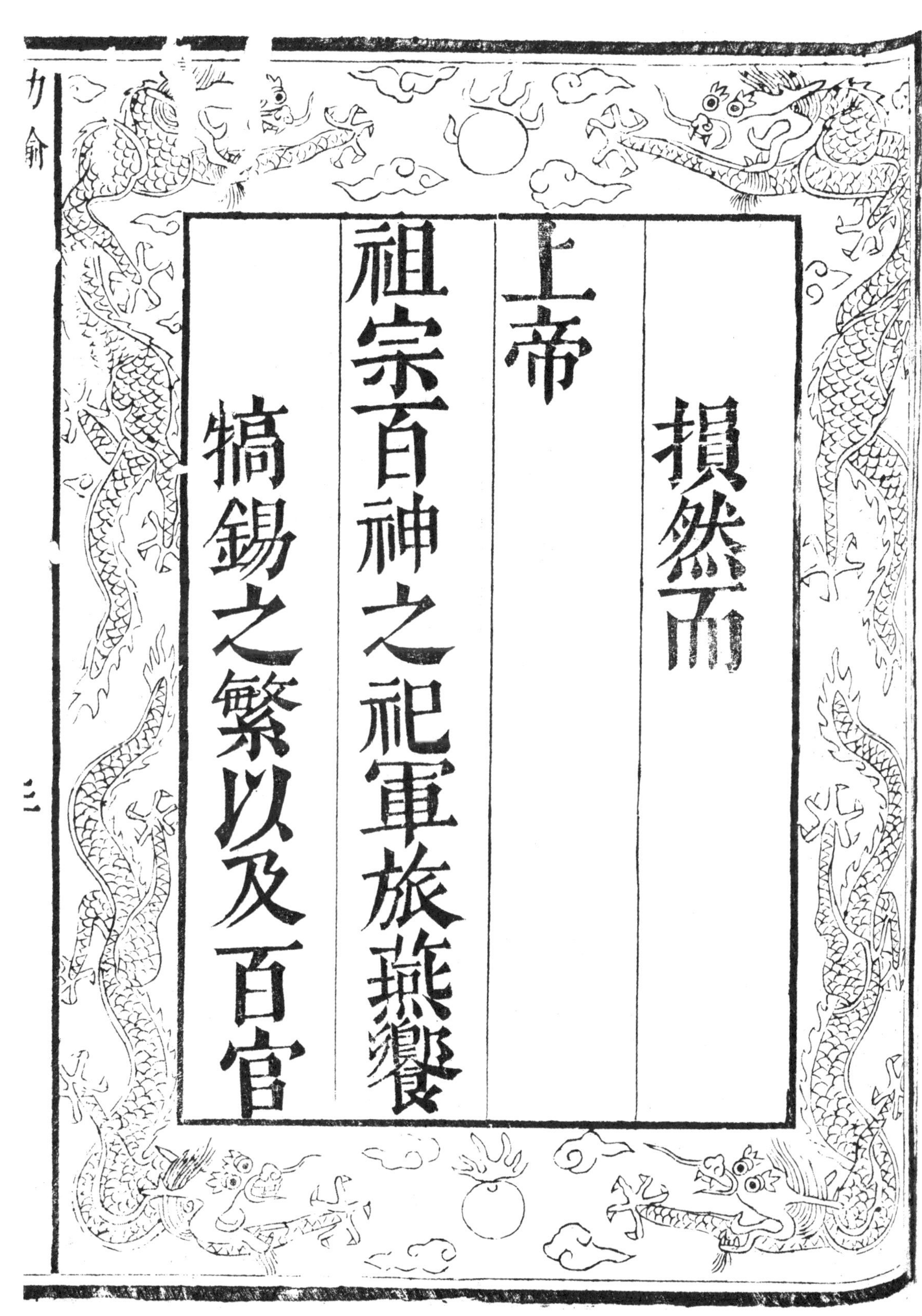

損然而

上帝

祖宗百神之祀軍旅燕饗

犒錫之繁以及百官

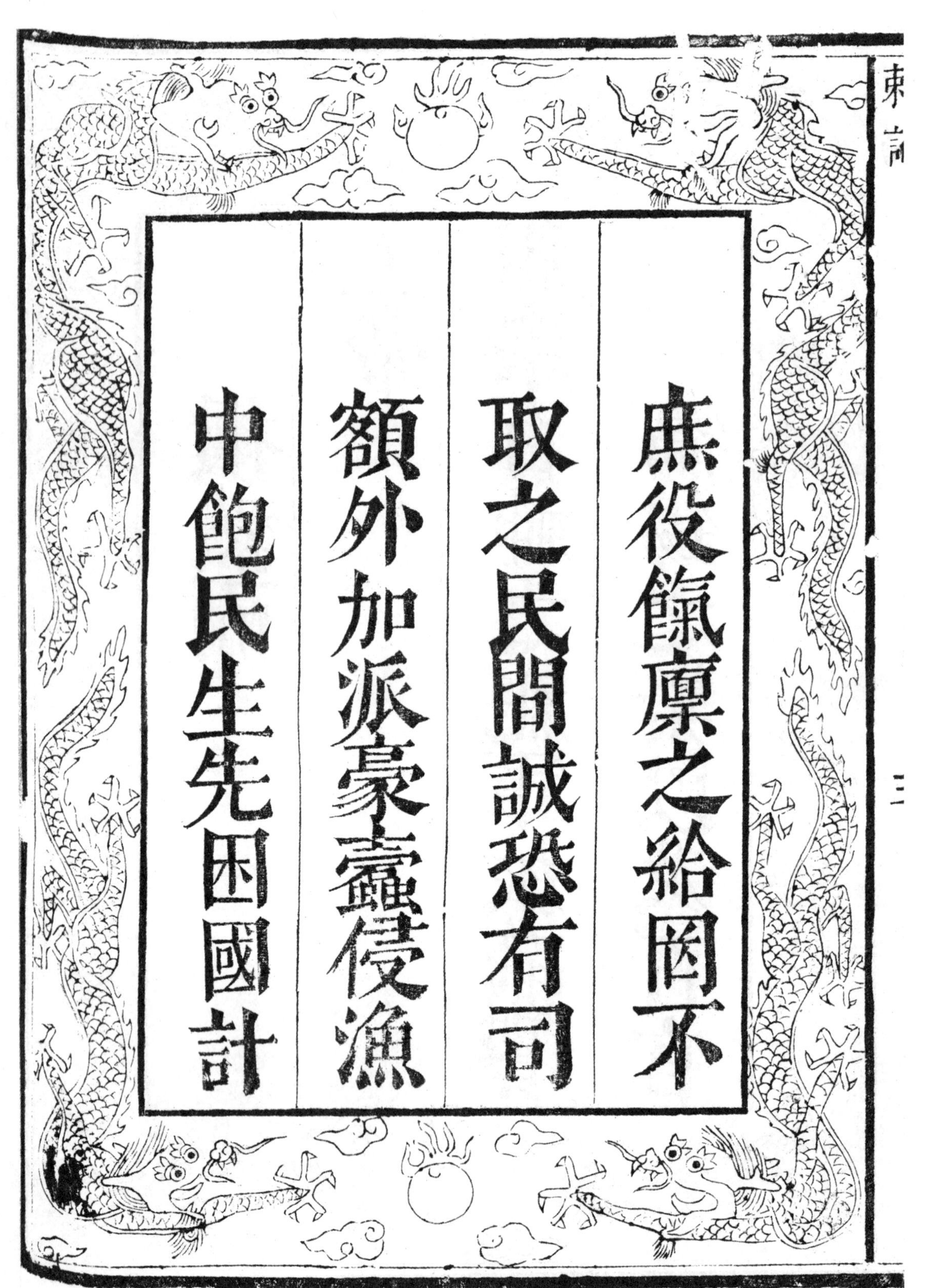

敕諭

三

庶役餼廩之給罔不
取之民間誠恐有司
額外加派豪蠹侵漁
中飽民生先困國計

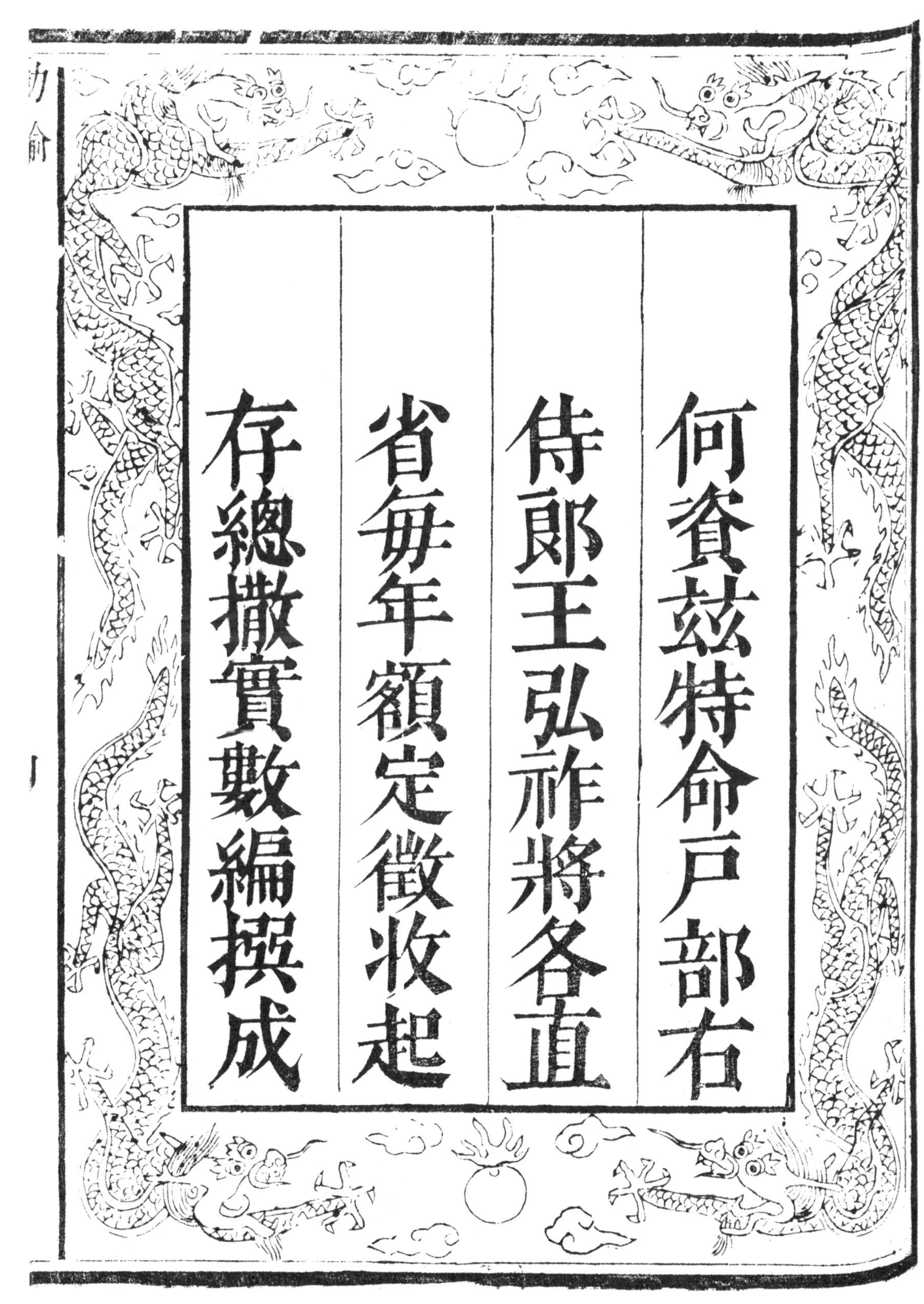

何資玆特命戶部右
侍郎王弘祚將各直
省每年額定徵收起
存總撒實數編撰成

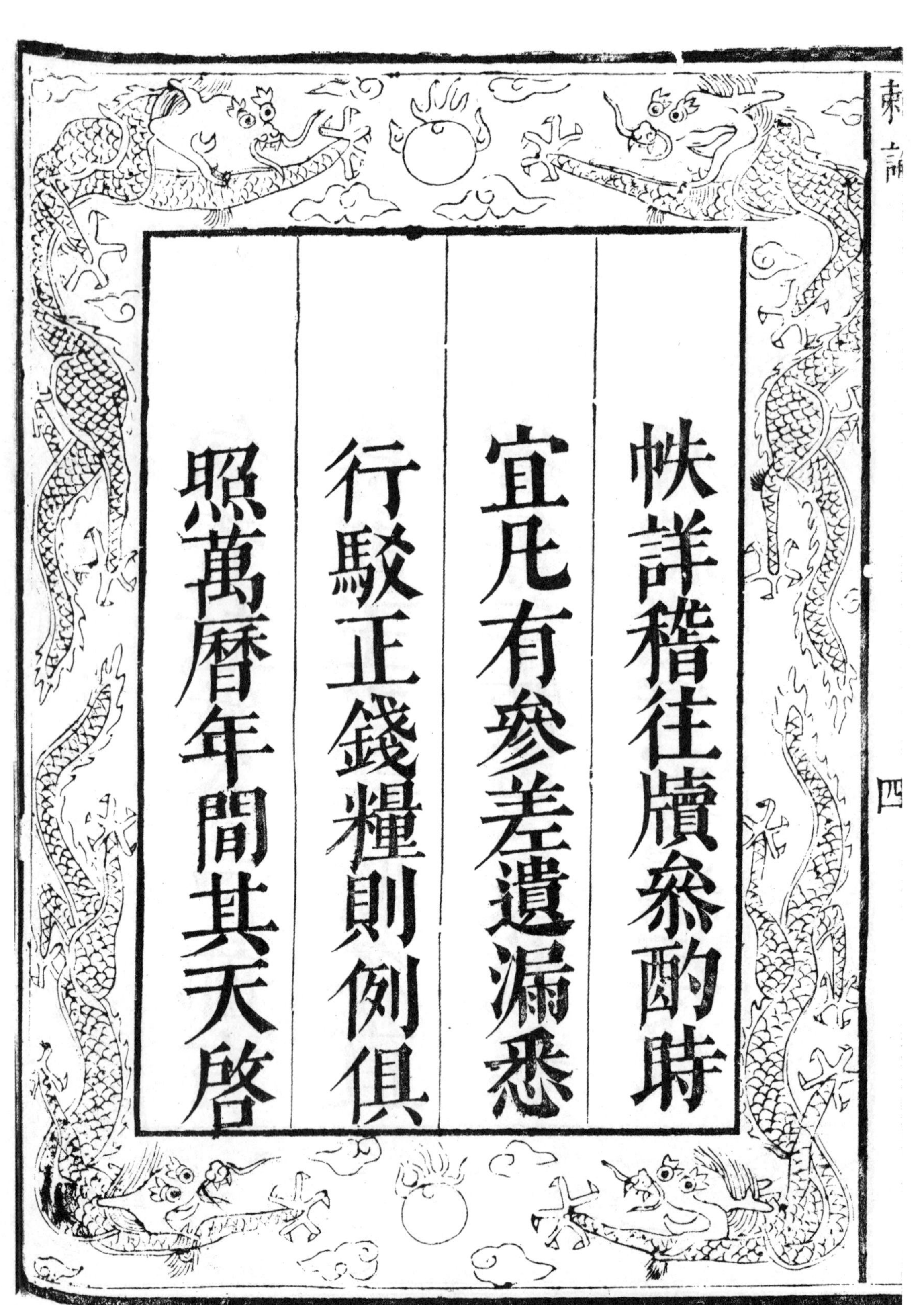
帙詳稽往牘叅酌時
宜凡有參差遺漏悉
行駁正錢糧則例俱
照萬曆年間其天啓

勅諭　四

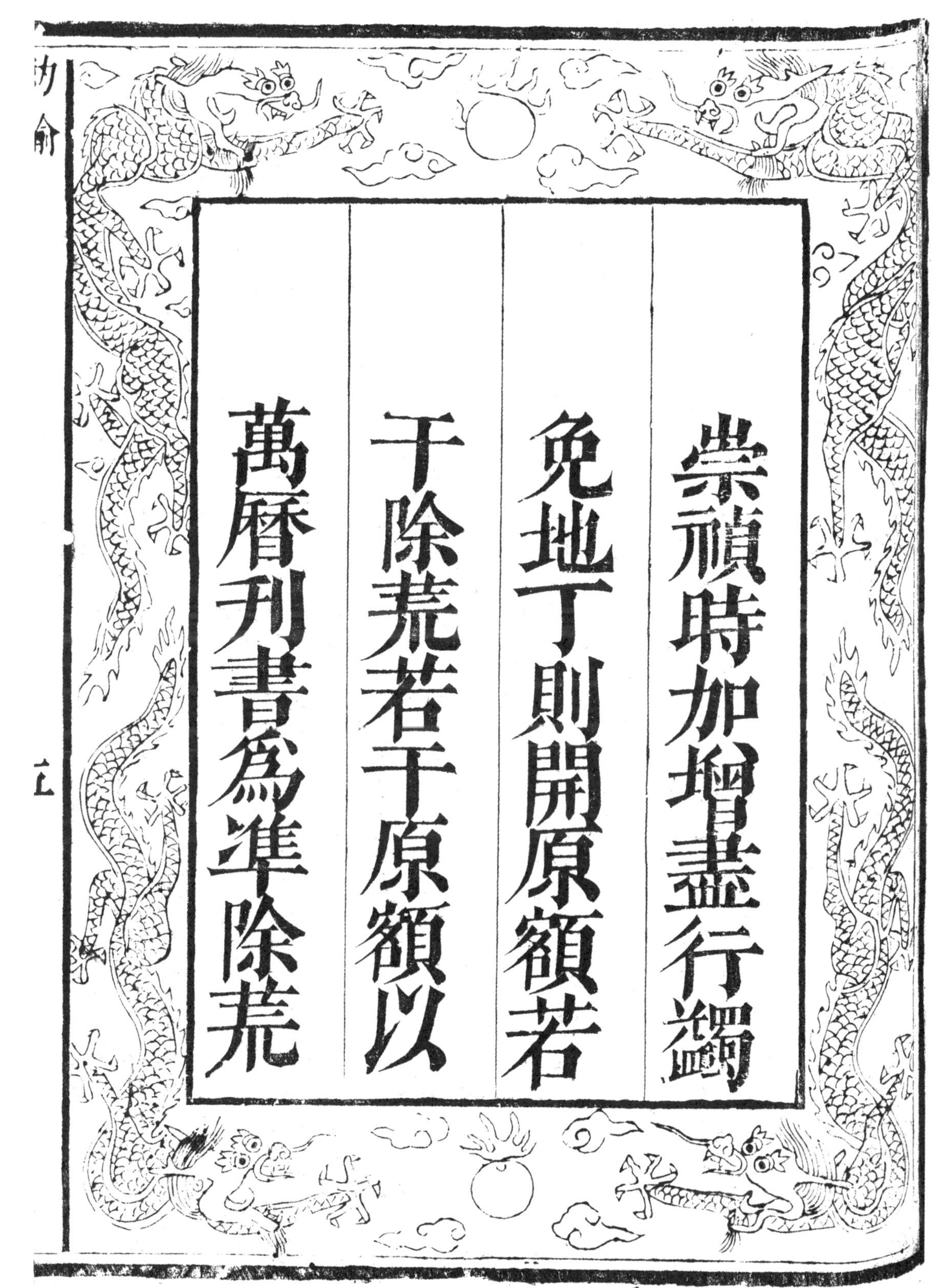

崇禎時加增盡行蠲
免地丁則開原額若
干除荒若干原額以
萬曆刊書為準除荒

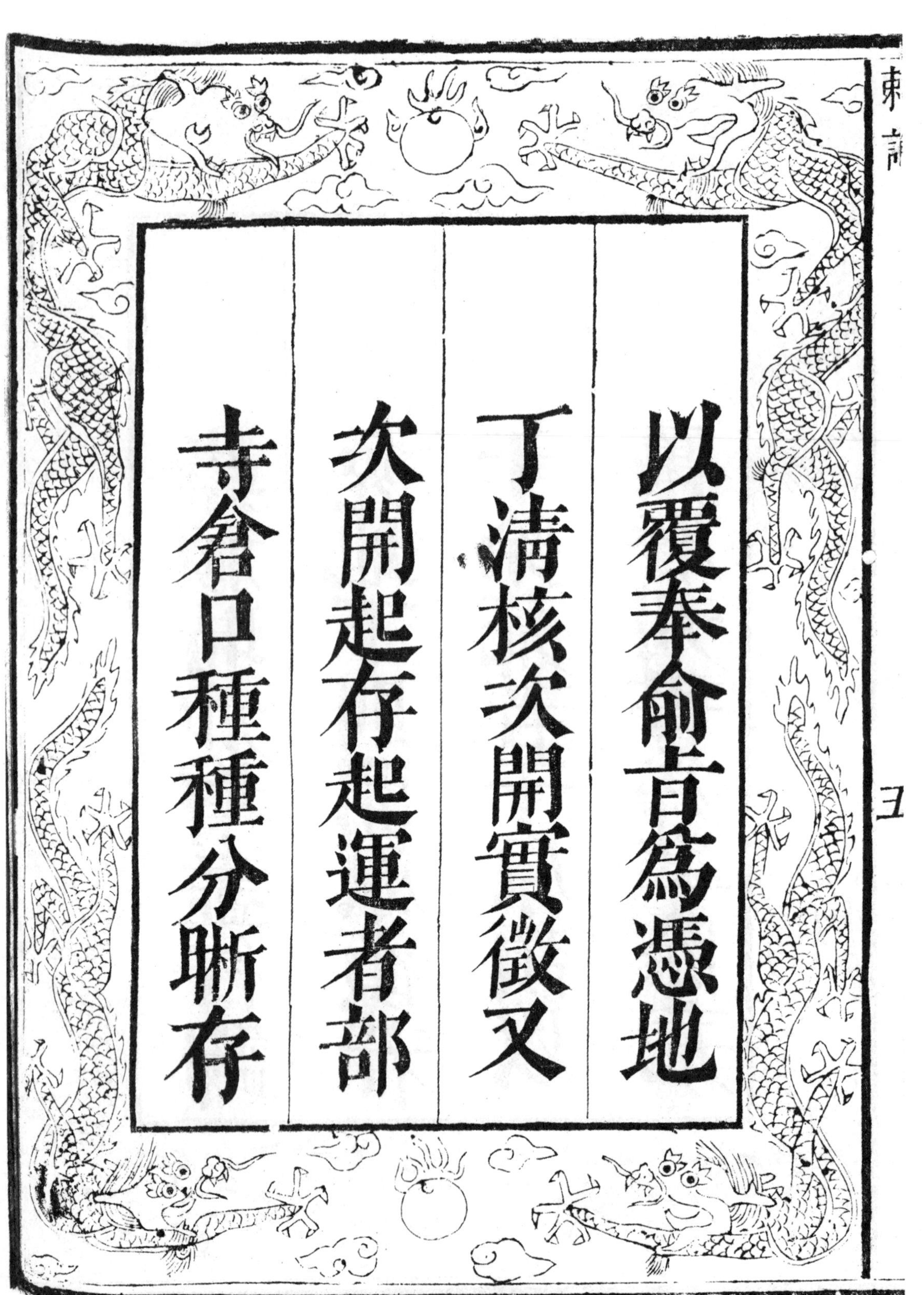

以覆奉命旨爲憑地
丁清核次開實徵又
次開起存起運者部
寺倉口種種分晰存

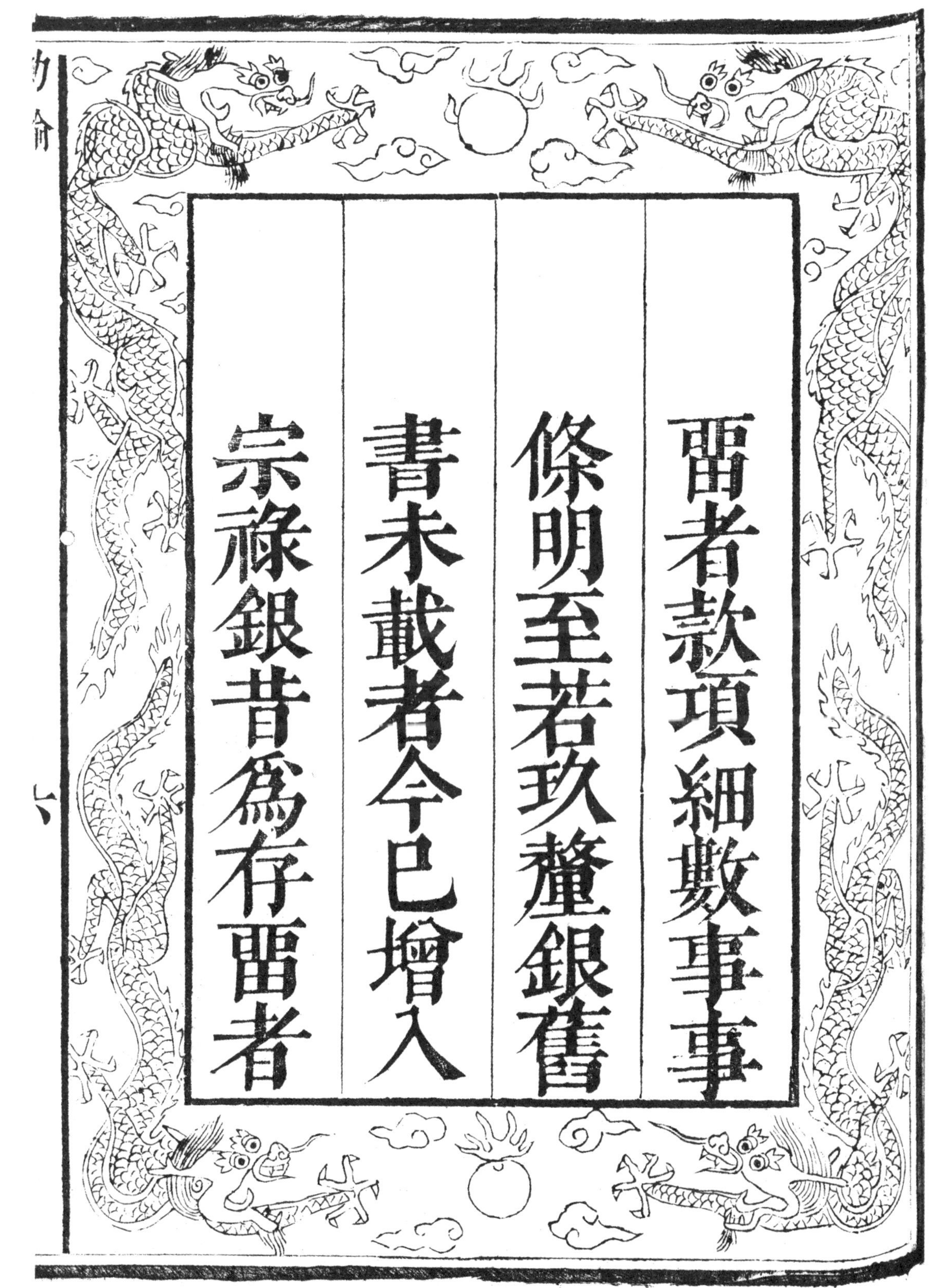

畱者款項細數事事
條明至若玖釐銀舊
書未載者今已增入
宗祿銀昔爲存留者

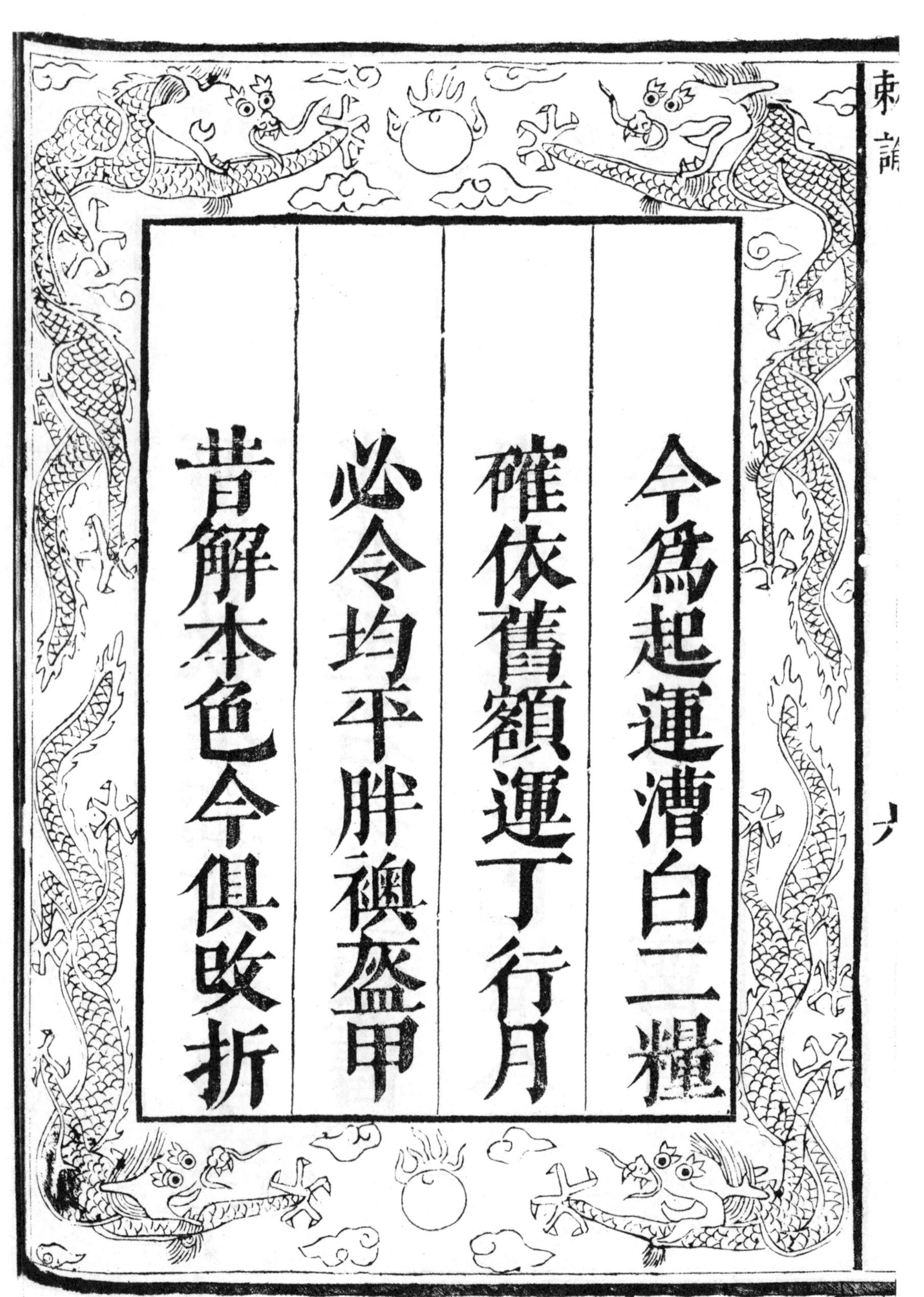

勅諭

今爲起運漕白二糧
確依舊額運丁行月
必令均平胖襖盔甲
昔解本色今俱改折

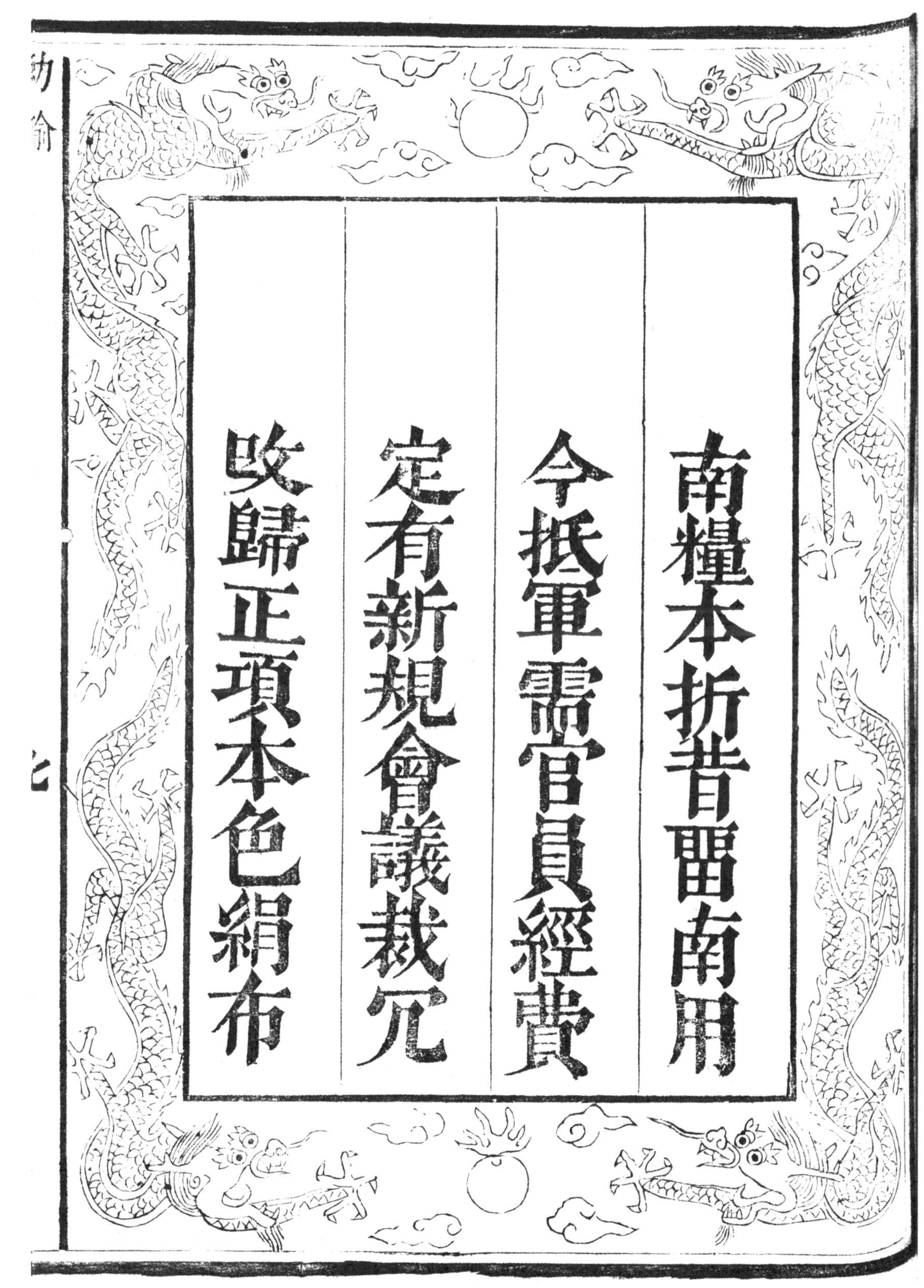

南糧本折昔留南用
令抵軍需官員經費
定有新規會議裁冗
收歸正項本色絹布

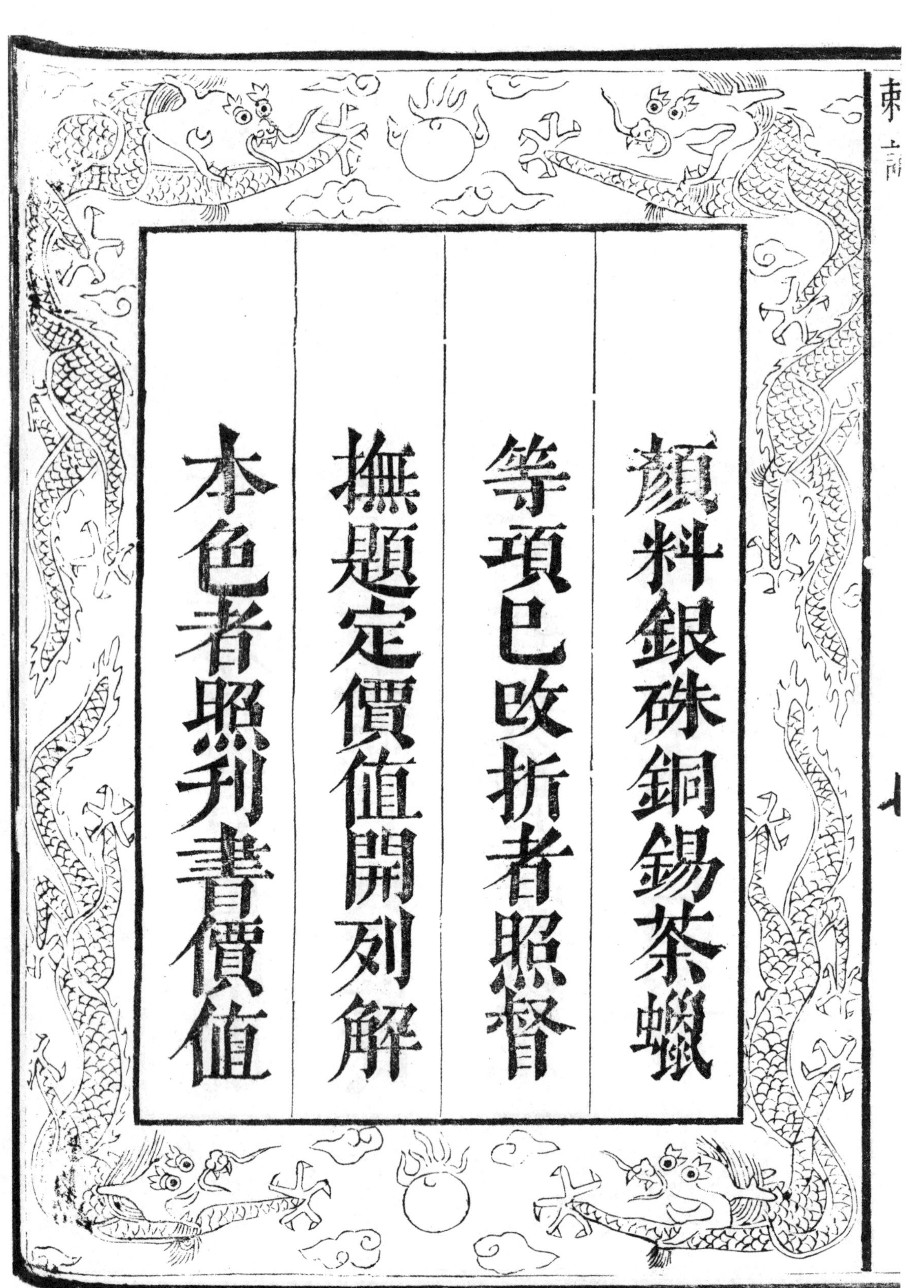

顏料銀硃銅錫茶蠟
等項已改折者照督
撫題定價值開列解
本色者照刋書價值

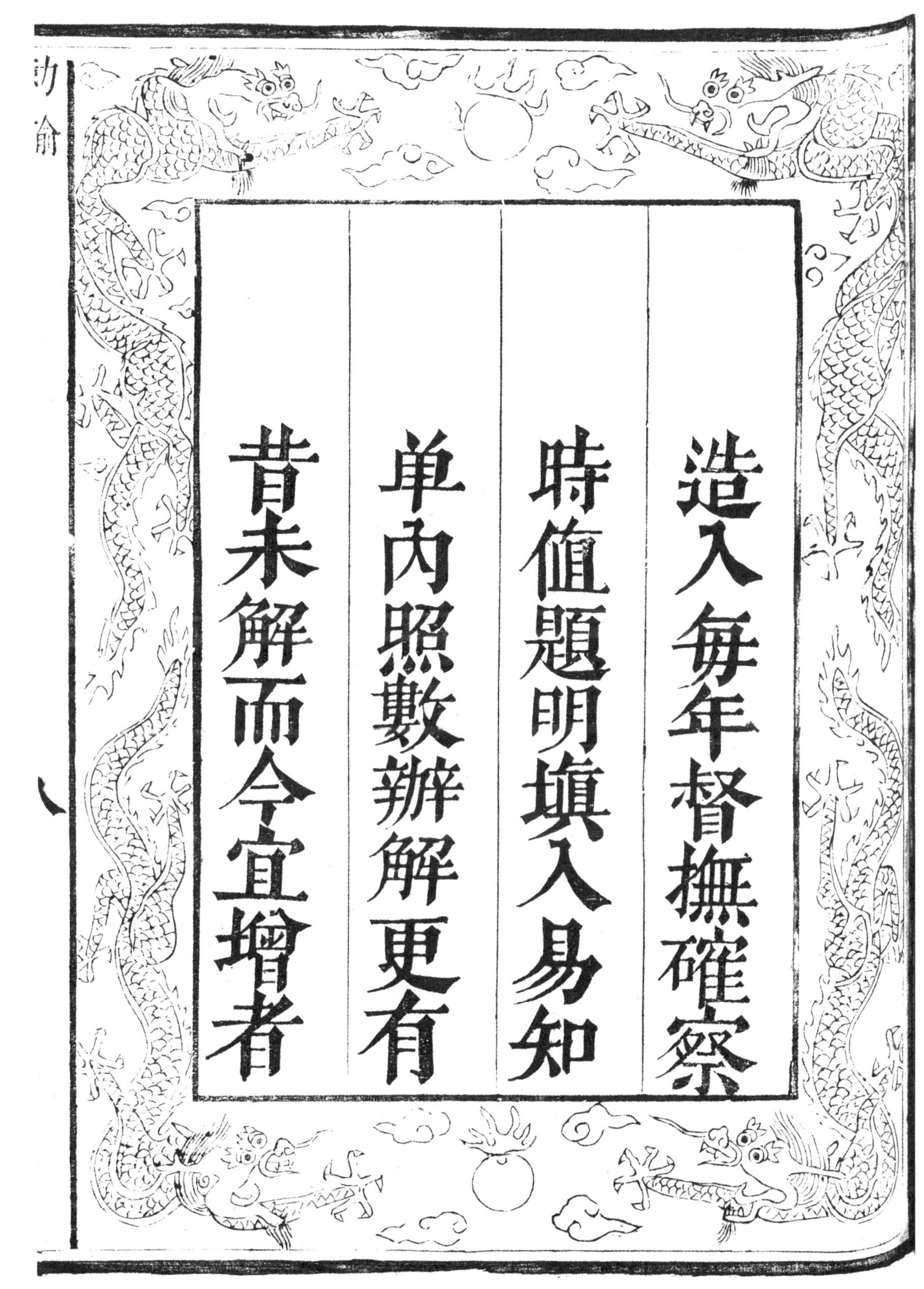

敕諭

造入每年督撫確察
時値題明塡入易知
単內照數辦解更有
昔未解而今宜增者

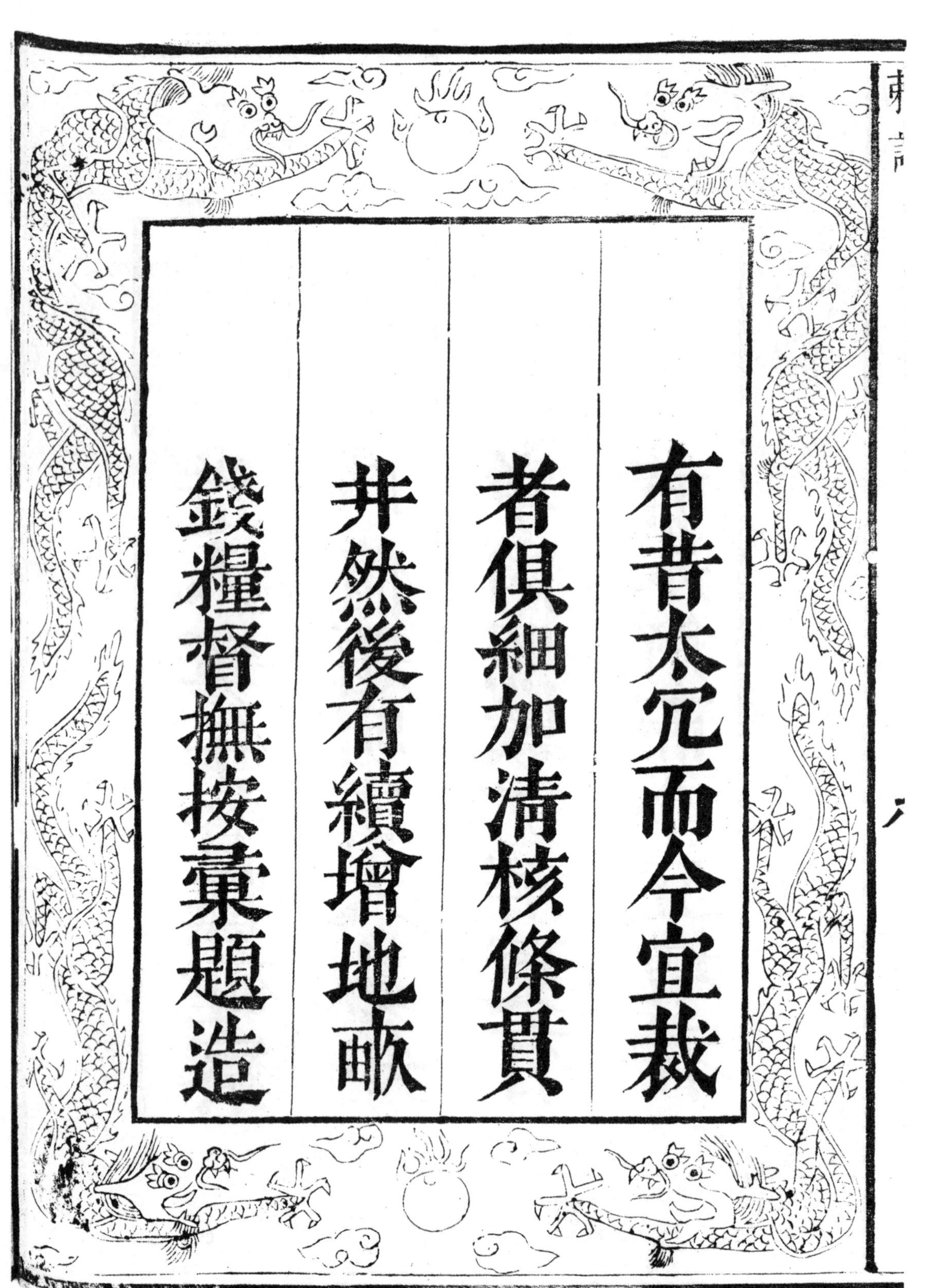

有昔太冗而今宜裁
者俱細加清核條貫
井然後有續增地畝
錢糧督撫按彙題造

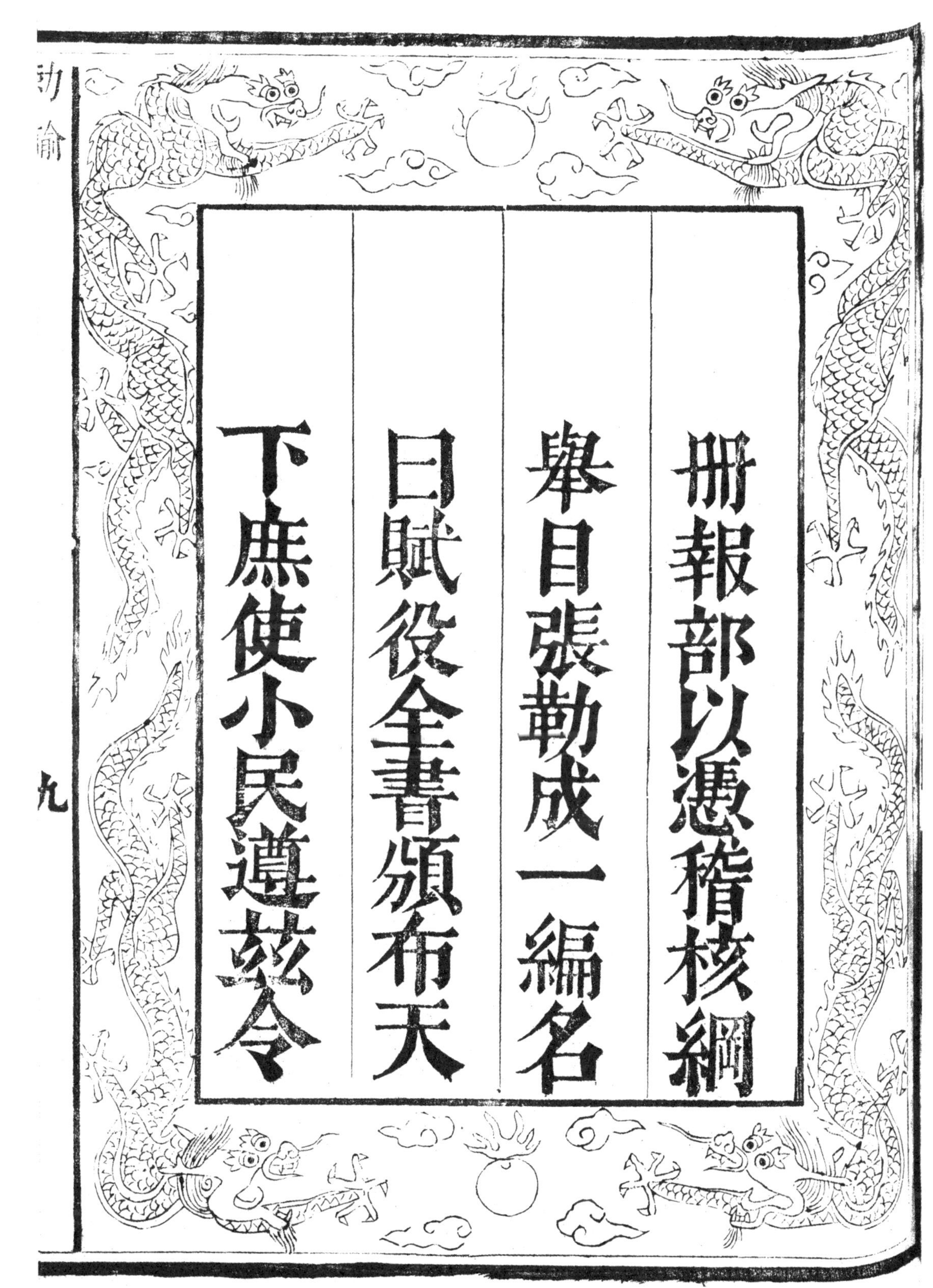

冊報部以憑稽核綱
舉目張勒成一編名
曰賦役全書頒布天
下庶使小民遵茲令

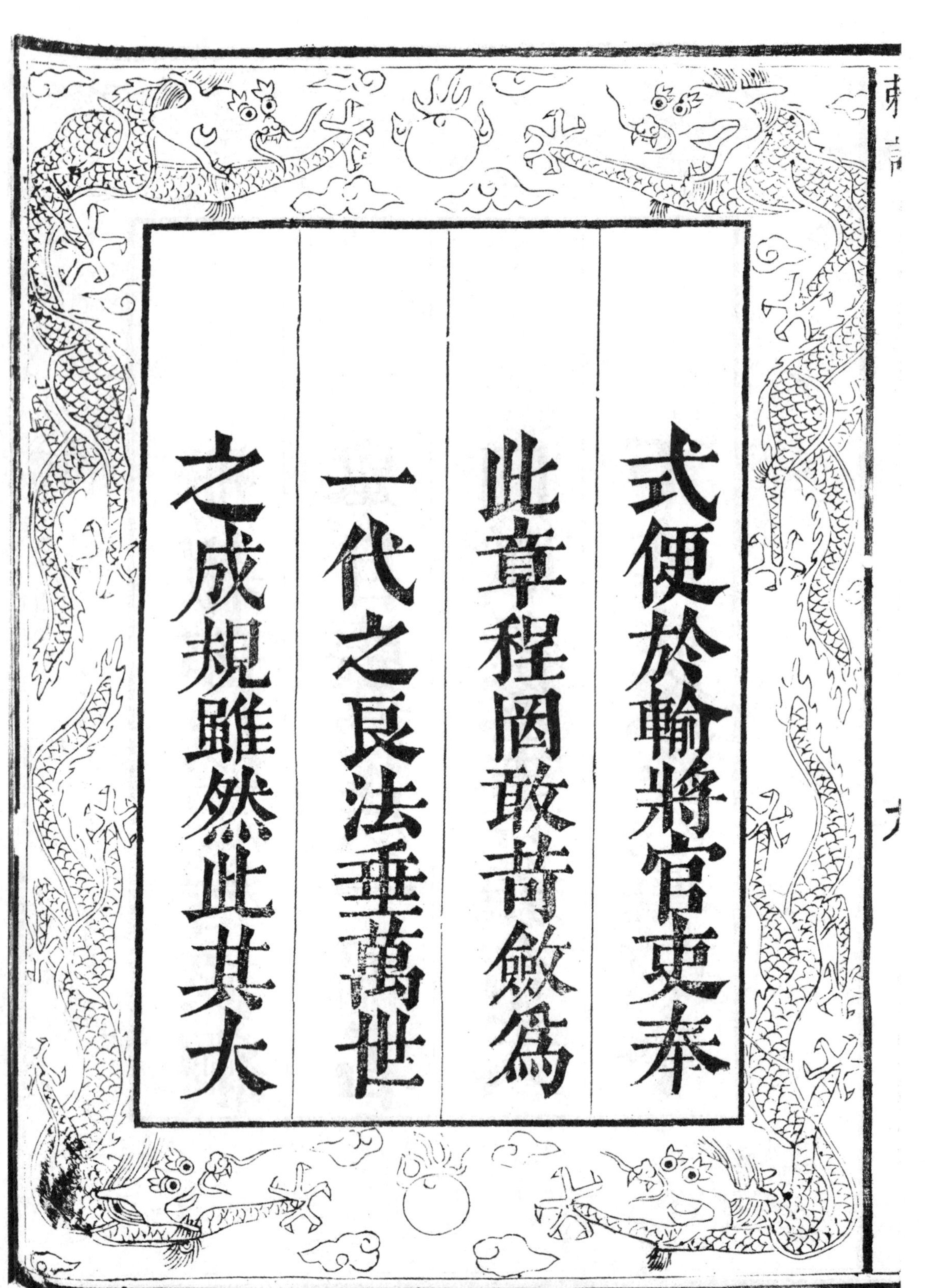

式便於輸將官吏奉此章程罔敢苛斂爲一代之良法垂萬世之成規雖然此其大

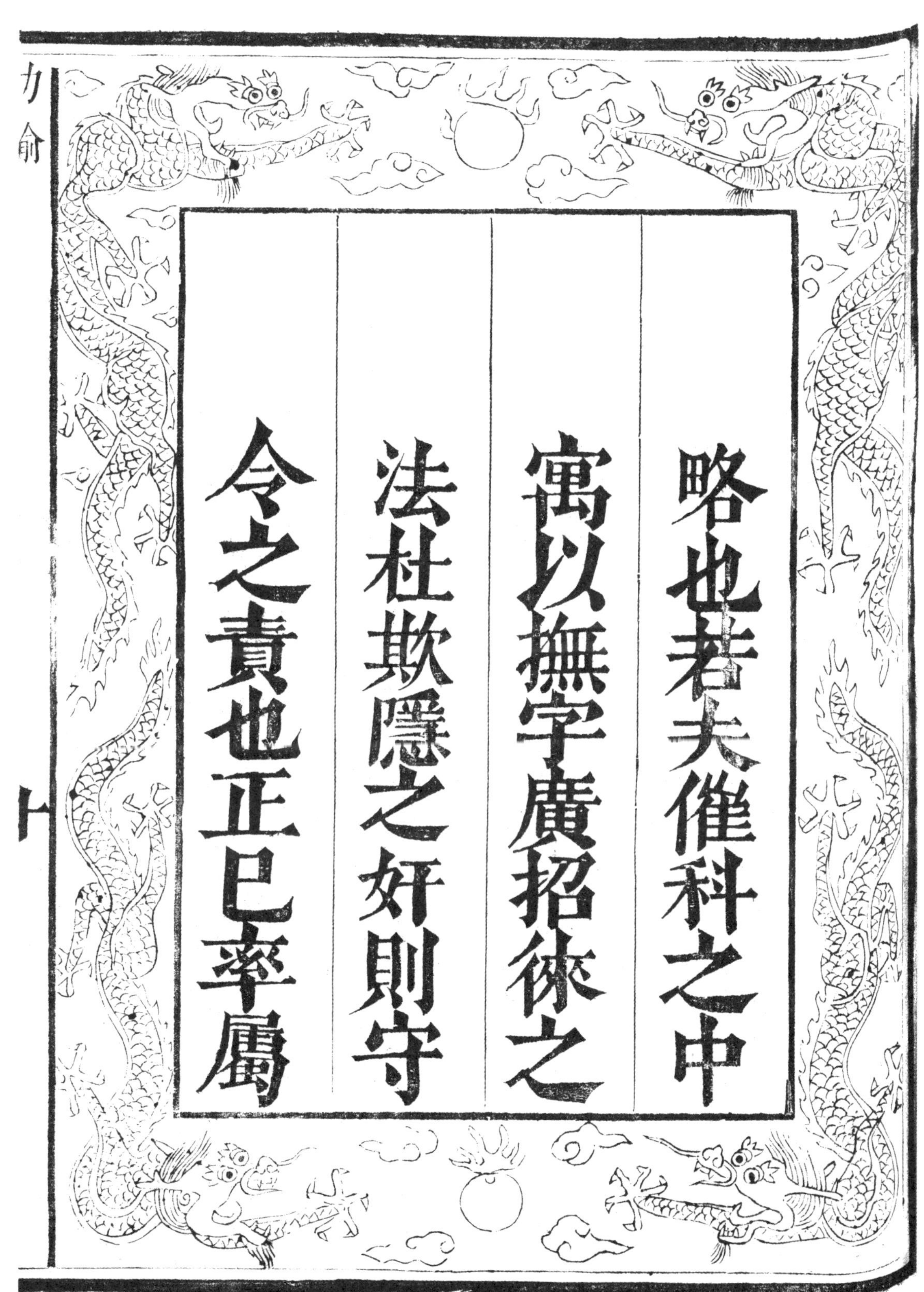

略也若夫催科之中
寓以撫字廣招徠之
法杜欺隱之奸則守
令之責也正巳率屬

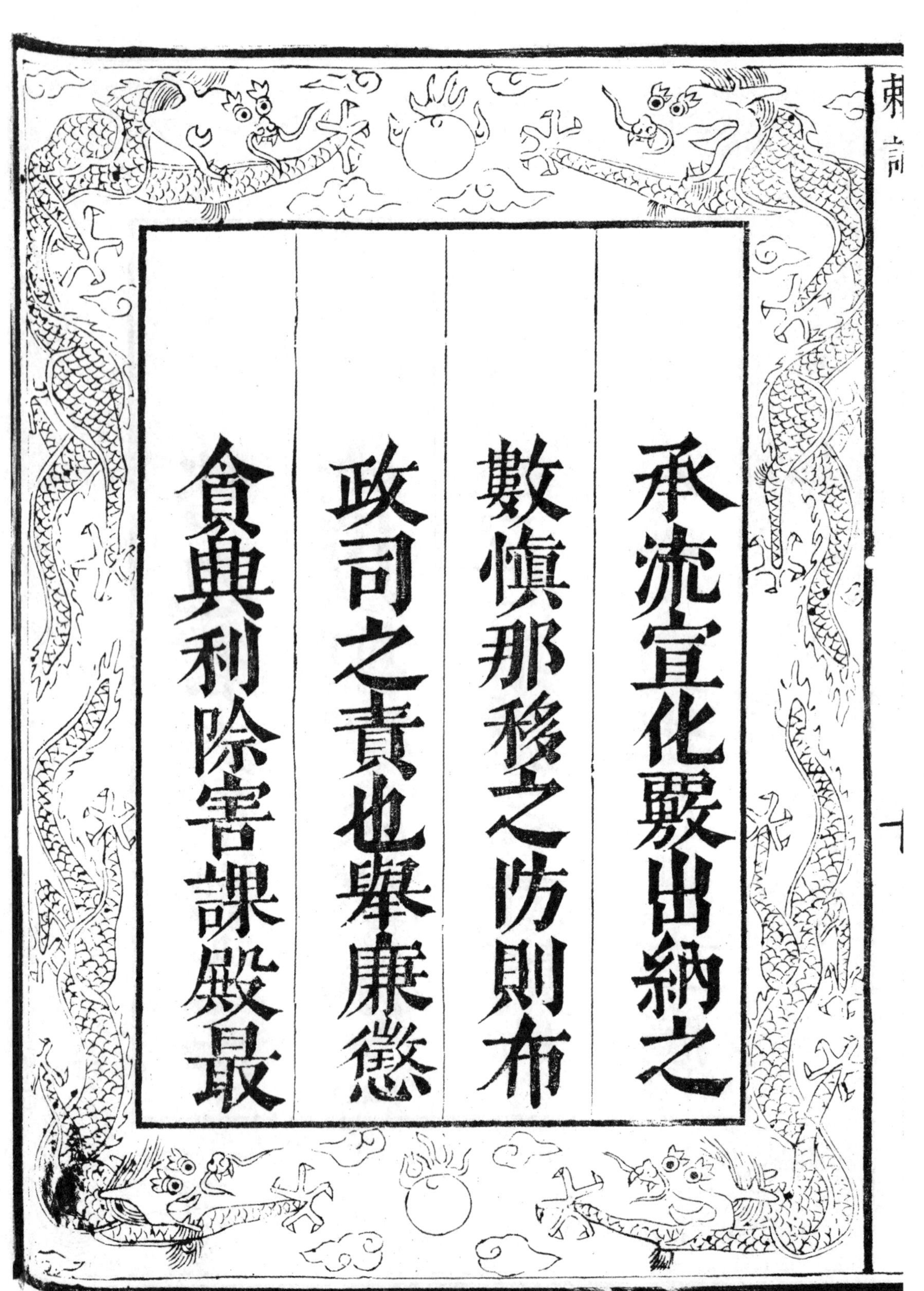

承流宣化嚴出納之
數愼那移之防則布
政司之責也舉廉懲
貪興利除害課殿最

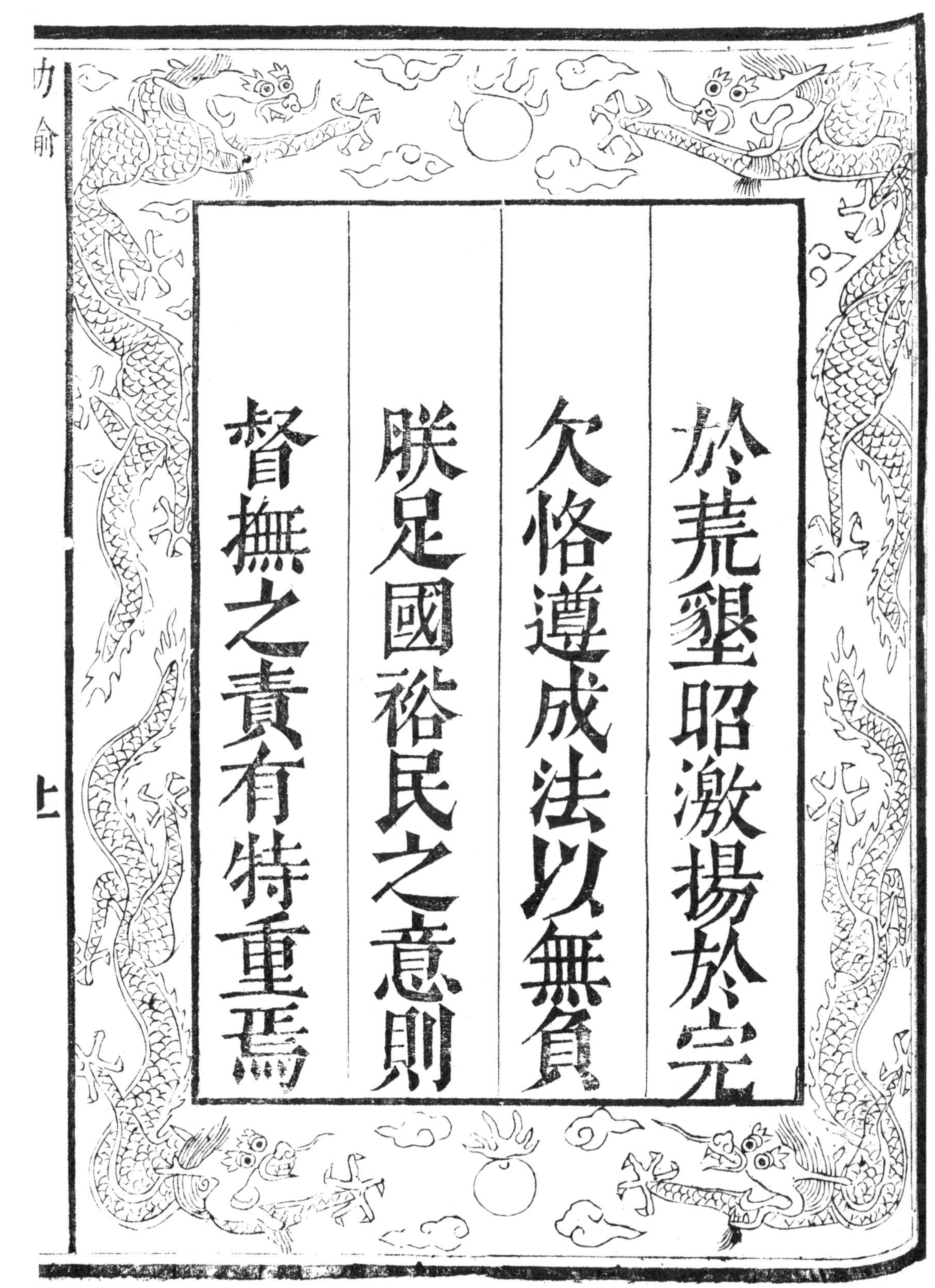

於荒墾昭激揚於完
欠恪遵成法以無負
朕足國裕民之意則
督撫之責有特重焉

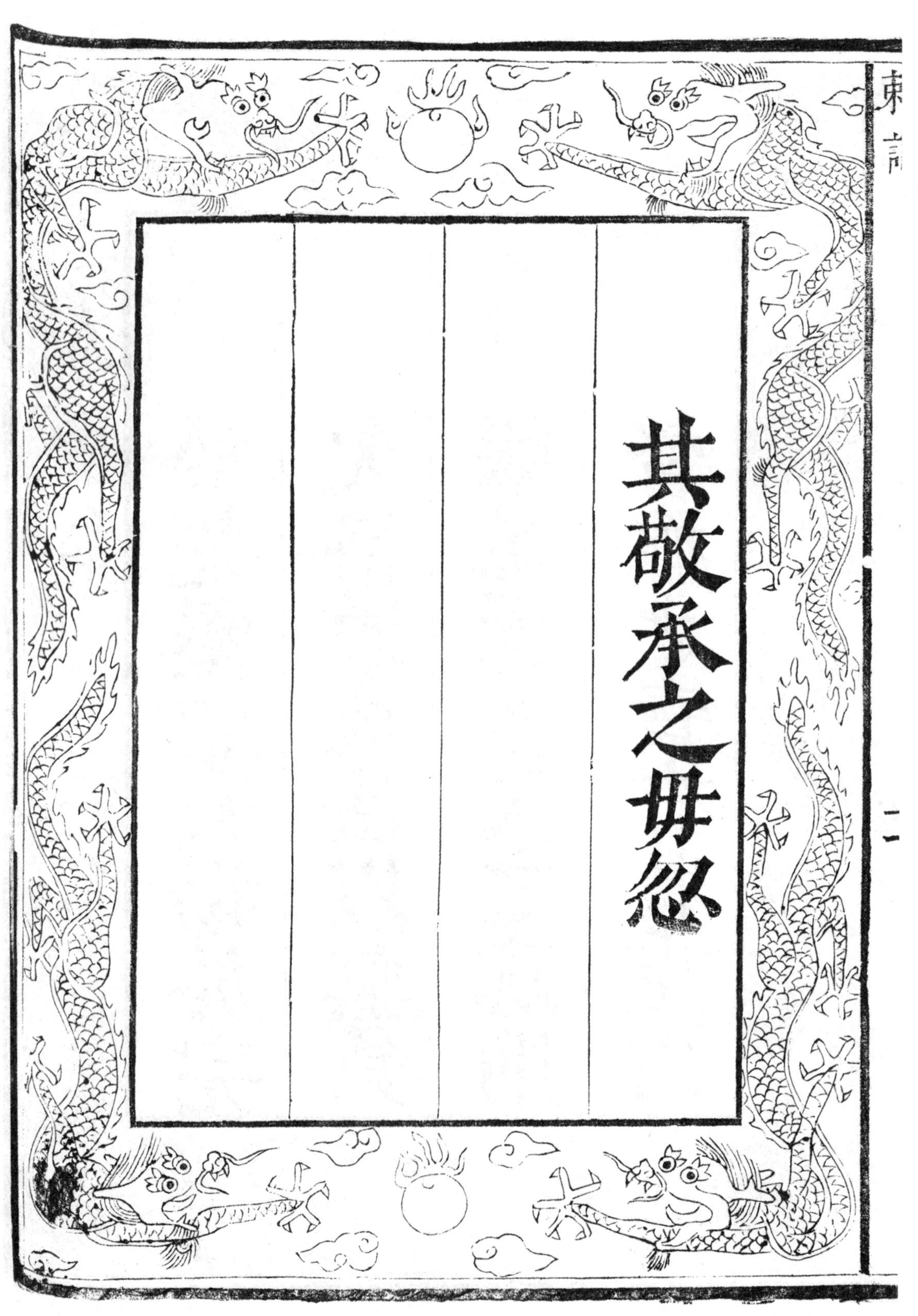
勅諭
其敬承之毋忽

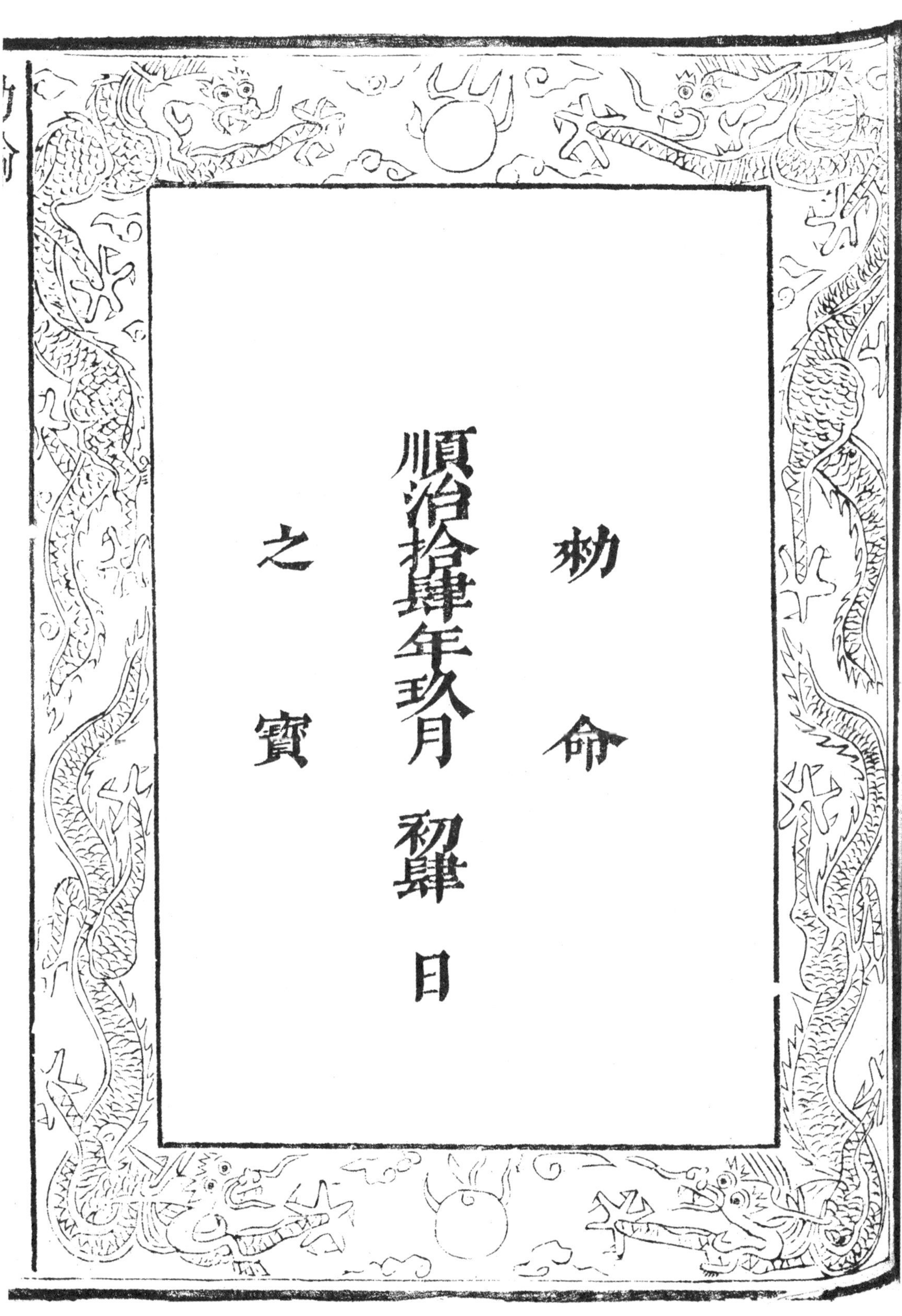

勑命

順治拾肆年玖月　初肆日

之寶

江寧府所屬上元等捌縣

一府田畝大總

原額田地山塘草塲灘塌雜産等項通共陸萬捌千伍百肆拾柒項捌畝玖分貳釐陸毫伍忽貳微内

上元縣田地山塘灘塌雜産等項共捌千捌百玖項捌拾壹畝捌分肆釐肆毫壹絲每畝各科不等共科平米肆萬伍百伍拾捌石捌升肆合壹勺捌抄伍撮貳圭貳粟柒粒陸顆每石科本色漕南等米陸斗伍升壹合陸勺伍抄貳撮玖圭肆粟陸粒伍

顆壹黍共徵本色米貳萬陸千肆百貳拾玖石柒
斗玖升伍合陸抄肆撮毎石科稅粮條鞭并地畝
銀柒錢柒分玖釐捌毫壹絲壹忽肆微伍纎伍沙
陸塵伍漠共徵銀叁萬壹千陸百貳拾柒兩陸錢
伍分捌釐陸毫陸絲伍忽叁沙捌塵叁漠外加荒
白銀玖百伍兩玖錢伍分伍釐捌毫壹絲玖忽肆
微柒纎通共實徵稅粮條鞭荒白并玖釐地畝銀
叁萬貳千伍百叁拾叁兩陸錢壹分肆釐肆毫捌
絲肆忽肆微柒纎叁沙捌塵叁漠

江寧縣田地山塘雜差等項共柒千肆百肆拾捌頃
陸拾畝壹分貳毫柒絲肆忽每畝各科不等共科
平米叁萬玖千柒百貳拾叁石伍升貳合玖勺柒
抄伍撮貳圭壹粟壹粒叁顆叁黍每石科本色漕
南等米陸斗肆合壹勺貳抄陸撮貳圭玖粟玖粒
玖顆肆黍共徵本色米貳萬叁千玖百玖拾柒石
柒斗肆升壹合壹抄陸撮每石科稅糧條鞭并玖
厘地畝銀陸錢貳分伍厘陸毫柒絲捌忽玖微陸
纖叁塵貳漠共徵銀貳萬肆千捌百伍拾叁兩捌

錢柒分捌厘肆毫捌絲伍忽伍微肆纖肆沙捌塵
叁渺柒漠外加荒白銀貳拾柒兩伍錢捌分陸厘
壹毫肆絲陸忽肆纖貳塵伍渺通共實徵稅糧條鞭
荒白并玖厘地畝銀貳萬肆千捌百捌拾壹兩肆錢
陸分肆厘陸毫叁絲壹忽伍微捌纖伍沙捌渺柒漠

句容縣田地山塘蘆蕩草塌等項共壹萬肆千肆百
玖拾玖頃肆拾貳畝壹毫每畝各科不等共科平
米陸萬壹百貳拾柒石柒斗伍升玖合柒勺柒抄
壹撮叁圭肆粟伍粒伍顆伍黍每石科本色漕南

等米陸斗肆升陸合貳勺捌抄柒撮貳圭陸粒壹顆叁黍共徵本色米叁萬捌千捌百伍拾玖石捌斗伍合壹勺貳抄每石科稅糧條鞭并玖釐地畝銀捌錢柒分貳釐陸毫捌絲柒忽壹微柒纖玖沙肆塵陸渺叁漠共徵銀伍萬貳千肆百柒拾貳兩柒錢貳分伍釐捌絲貳忽貳微陸纖壹沙伍塵叁渺柒漠外加荒白銀壹千壹百叁拾肆兩貳錢捌分貳釐壹毫壹絲叁忽貳纖玖沙貳塵伍渺逎共實徵稅糧條鞭荒白并玖釐地畝銀伍萬叁千陸

百零柒兩柒釐壹毫玖絲伍忽貳微玖纖柒塵捌

渺柒漠

溧陽縣田地山塘共壹萬陸千肆百柒拾頃肆畝玖

分捌釐貳毫每畝各科不等共科平米捌萬伍千

陸百叁拾伍石陸斗柒升玖合貳抄捌撮玖圭玖

粒柒顆貳黍每石科本色漕南等米陸斗伍升肆

合陸勺柒抄柒撮叁圭貳粟捌粒陸顆壹黍共徵

本色米伍萬陸千陸拾叁石柒斗叁升柒合伍勺

捌抄每石科稅糧條鞭并玖釐地畝銀陸錢柒分

肆釐玖毫叁絲貳微肆纖貳沙叁塵壹渺肆漠共
徵銀伍萬柒千柒百玖拾捌兩壹錢玖釐伍毫玖
絲柒忽陸微柒纖壹沙柒塵陸渺壹漠外加荒白
銀壹千肆百陸拾壹兩叁錢肆分伍釐柒毫貳絲
捌忽伍微貳纖壹沙貳塵伍渺通共實徵稅糧條
編荒白并玖釐地畝銀伍萬玖千貳百伍拾玖兩
肆錢伍分伍釐叁毫貳絲陸忽壹微玖纖叁沙壹
渺壹漠

溧水縣田地山塘草塲溝壩等項共壹萬伍百柒拾

玖頃捌拾壹畝陸釐肆毫每畝各科不等共科平米肆萬陸百柒拾叁石捌斗貳升貳合肆勺貳抄叁撮叁圭肆粟壹粒肆顆捌黍每石科本色南糧等米玖升肆合叁勺叁抄玖撮陸圭捌粟柒粒伍顆捌黍共徵本色米叁千捌百叁拾柒石壹斗伍升伍合柒勺每石科稅糧條鞭并玖釐地畝銀壹兩壹錢捌分叁釐肆毫貳忽貳纖陸沙柒塵貳渺陸漠共徵銀肆萬捌千壹百叁拾叁兩伍錢貳分肆厘伍毫陸絲肆忽叁微叁纖貳沙伍塵捌渺貳

漠外加荒白銀叁百肆拾壹兩貳錢貳分叁釐柒
絲壹忽陸微肆纖通共實徵稅糧條鞭荒白并玖
釐地畝銀肆萬捌千肆百柒拾肆兩柒錢肆分柒釐陸
毫叁絲伍忽玖微柒纖貳沙伍塵捌渺貳漠
高淳縣田地山塘草場等項共柒千叁百叁拾玖頃
陸拾陸畝捌分伍釐壹毫每畝各科不等共科平
米肆萬壹千叁百陸石叁斗叁升叁合捌勺叁抄
貳撮每石科本色南糧等米肆升陸合陸勺叁抄
肆撮壹圭玖粟伍粒叁顆貳黍共徵本色米壹千

玖百貳拾陸石貳斗捌升柒合陸勺肆抄每石科稅糧條鞭并玖釐地畝銀玖錢壹分叁釐捌忽叁微陸纖叁沙玖塵陸渺共徵銀叁萬柒千柒百壹拾叁兩貳分捌釐貳毫柒絲叁忽壹微肆纖貳塵捌渺玖漠外加荒白銀捌百捌拾捌兩肆錢玖分壹釐貳毫叁絲陸忽通共實徵稅糧條鞭荒白并玖釐地畝銀叁萬捌千陸百壹兩伍錢壹分玖釐伍毫玖忽壹微肆纖貳塵捌渺玖漠

江浦縣田地山塘基塲雜產等項共貳千叁百玖拾

陸頃肆拾肆畝壹分伍釐叄絲陸忽貳微每畝各
科不等共科平米壹萬伍百肆拾壹石壹斗叄升
柒合叄勺玖抄伍撮壹圭叄粟陸粒捌顆貳黍每
石科本色漕南等米陸斗壹升壹合壹勺玖抄玖
撮叄圭陸粟肆粒柒顆玖黍共徵本色米陸千肆
百肆拾貳石柒斗叄升陸合肆勺捌抄每石科稅
糧條鞭并玖釐地畝銀玖錢玖分伍釐柒毫叄絲
陸忽壹微肆纖捌沙肆塵零玖漠共徵銀壹萬肆
百玖拾陸兩壹錢玖分壹釐伍毫肆絲玖忽陸微

捌織壹沙柒塵柒渺伍漠外加荒白銀貳百肆拾叁兩叁錢玖分捌釐陸毫肆絲陸忽通共實徵稅糧條鞭荒白并玖釐地畝銀壹萬柒百叁拾玖兩伍錢玖分壹毫玖絲伍忽陸微捌織壹沙柒塵柒渺伍漠

六合縣田共壹千叁頃貳拾柒畝玖分叁釐捌絲伍忽每畝各科不等共科平米叁千捌百柒拾叁石伍斗捌升肆合捌勺叁抄叁撮柒圭肆粟捌粒每石科本色漕南等米伍斗伍合柒勺陸撮陸圭肆

粟柒粒肆顆柒黍共徵本色米壹千玖百伍拾捌
石捌斗玖升柒合陸勺每石科稅糧條鞭并玖釐
地畝銀貳兩貳錢肆分叁釐柒毫陸絲壹忽壹微
貳纖叁沙捌塵肆渺貳漠共徵銀捌千陸百玖拾
壹兩叁錢玖分玖釐伍絲玖忽捌微陸纖柒沙陸
漠外加軍馬田并撒餘荒白等銀貳百叁拾貳兩
捌錢玖分肆釐壹毫壹絲陸忽玖微陸纖陸沙伍
塵通共實徵稅糧條鞭軍馬撒餘荒白并玖釐地
畝銀捌千玖百貳拾肆兩貳錢玖分叁釐壹毫柒

絲陸忽捌微叁纖叁沙伍塵陸漠

以上本府所屬上元等捌縣田地山塘雜產等項共陸萬捌千伍百肆拾柒頃捌畝玖分貳釐陸毫伍忽貳微內各縣科則不等共該平米叁拾貳萬貳千肆百叁拾陸石伍斗玖升陸合肆勺柒抄陸撮捌圭伍顆外加上元縣金陵壹啚民徐通開荒成熟陞出平米貳石捌斗伍升柒合玖勺陸抄捌撮壹圭貳粟

實徵熟平米叁拾貳萬貳千肆百叁拾玖石肆斗伍

升肆合肆勺肆抄肆撮玖圭貳粟伍顆俱照新訂
經制起存錢糧實數驗派共徵本色漕南孤貧等
米壹拾伍萬玖千伍百壹拾陸石壹斗伍升陸合
貳勺共徵折色條鞭并玖釐地畝漕折等項銀貳
拾柒萬柒千貳拾壹兩陸錢玖分貳厘壹毫伍絲伍忽
壹微柒纖捌塵肆渺內除鄉紳舉貢生員吏承等
戶各縣科則不等共免銀壹千伍百捌拾玖兩陸
錢叁毫玖絲叁忽玖微陸纖貳塵照得優免一項案准部文不免
起解各部正供止免存留雜辦差徭錢粮但紳衿
雜職間有陞遷事故逐一增減不壹今照現在確

數開載如有消長該縣預詳院司于每年派粮易知由单内再爲增減報部查考續於順治拾伍年肆月内准部議停免改解戸部

實徵折色條鞭并玖釐地畝漕折等項共銀貳拾柒萬伍千肆百叁拾貳兩玖分壹厘柒毫陸絲壹忽貳微壹纖陸塵肆渺

實徵漕南孤貧等項共米壹拾伍萬玖千伍百壹拾陸石壹斗伍升陸合貳勺

一府屬各縣戸口人丁大總

原額人丁壹拾捌萬柒千玖百貳拾陸丁叁分柒釐

又於順治伍年審增人丁壹萬陸百陸拾伍丁玖分捌釐原額審增共人丁壹拾玖萬捌千伍百玖拾貳丁叁分伍釐內除優免鄉紳舉貢生員吏承等戶人丁伍千伍百捌拾玖丁伍分各縣科則不等共免銀柒百陸拾兩肆錢貳分肆釐照得優免丁徭一項於順治拾伍年肆月內准部文止免鄉紳舉貢生員本身壹丁應免銀叁百柒拾柒兩柒錢叁分捌釐餘丁并吏承不免銀叁百捌拾貳兩陸錢捌分陸釐改解戶部

實在當差人丁壹拾玖萬叁千貳丁捌分伍釐各縣科則不等共徵銀貳萬肆千貳百柒拾兩貳錢伍

分玖釐内
上元縣人丁貳萬玖千貳百肆拾貳丁每丁徵銀捌
分陸釐共徵銀貳千伍百壹拾肆兩捌錢壹分貳
釐内除優免人丁柒百肆拾玖丁免銀陸拾肆兩
肆錢壹分肆釐内實免銀貳拾肆兩柒錢叁分陸
釐餘銀叁拾玖兩陸錢柒分捌釐改解戶部充餉
實在人丁貳萬捌千肆百玖拾叁丁實徵銀貳千
肆百伍拾兩叁錢玖分捌釐
江寧縣人丁貳萬貳千肆百玖拾壹丁每丁徵銀柒

分肆釐共徵銀壹千陸百陸拾肆兩叄錢叄分肆釐內除優免人丁陸百壹拾叄丁免銀肆拾伍兩叄錢陸分貳釐內實免銀貳拾兩伍分肆釐餘銀貳拾伍兩叄錢捌釐改解戶部充餉實在人丁貳萬壹千捌百柒拾捌丁實徵銀壹千陸百壹拾捌兩玖錢柒分貳釐

句容縣人丁肆萬陸千貳百肆丁毎丁徵銀壹錢叄分捌釐共徵銀陸千叄百柒拾陸兩壹錢伍分貳釐內除優免人丁玖百玖拾陸丁免銀壹百叄拾

柒兩肆錢肆分捌釐內實免銀柒拾壹兩捌錢玖
分捌釐餘銀陸拾伍兩伍錢伍分改解戶部充餉
實在人丁肆萬伍千貳百捌丁實徵銀陸千貳百
叁拾捌兩柒錢肆釐

溧陽縣人丁伍萬貳千柒百肆拾柒丁叁分伍釐每
丁徵銀壹錢共徵銀伍千貳百柒拾肆兩柒錢叁
分伍釐內除優免人丁玖百柒拾伍丁免銀玖拾
柒兩伍錢內實免銀伍拾貳兩伍錢餘銀肆拾伍
兩改解戶部充餉實在人丁伍萬壹千柒百柒拾

貳丁叁分伍釐實徵銀伍千壹百柒拾柒兩貳錢
叁分伍釐
溧水縣人丁壹萬玖千捌百伍拾壹丁每丁徵銀貳
錢共徵銀叁千玖百柒拾兩貳錢内除優免人丁
伍百玖拾柒丁免銀壹百壹拾玖兩肆錢實免銀
陸拾壹兩餘銀伍拾捌兩肆錢改解戶部充餉實
在人丁壹萬玖千貳百伍拾肆丁實徵銀叁千捌
百伍拾兩捌錢
高淳縣人丁柒千陸百壹拾玖丁每丁徵銀壹錢伍

分共徵銀壹千壹百肆拾貳兩捌錢伍分內除優
免人丁柒百壹拾貳丁免銀壹百陸兩捌錢實免
銀伍拾陸兩柒錢伍分餘丁并吏承不免銀伍拾
兩伍分改解戶部充餉實在人丁陸千玖百柒丁
實徵銀壹千叁拾陸兩伍分
江浦縣人丁柒千伍百捌拾伍丁毎丁徵銀貳錢共
徵銀壹千伍百壹拾柒兩內除優免人丁肆百肆
拾柒丁伍分免銀捌拾玖兩伍錢實免銀伍拾壹
兩捌錢餘銀叁拾柒兩柒錢改解戶部充餉實在

人丁柒千壹百叁拾柒丁伍分實徵銀壹千肆百貳拾柒兩伍錢

六合縣人丁壹萬貳千捌百伍拾叁丁每丁徵銀貳錢共徵銀貳千伍百柒拾兩陸錢內除優免人丁伍百丁免銀壹百兩內實免銀叁拾玖兩餘銀陸拾壹兩改解戶部充餉實在人丁壹萬貳千叁百伍拾叁丁實徵銀貳千肆百柒拾兩陸錢

一府屬田地人丁銀數

大總

原額田地人丁共徵銀貳拾玖萬玖千柒百零貳
兩叁錢伍分零柒毫陸絲壹忽貳微壹纖零陸
塵肆渺內
外六合縣商稅餘鈔抵解銀貳百壹拾叁兩肆錢玖
分貳釐陸毫又鎮江府協濟夫馬銀壹千肆拾肆
兩又揚州府屬協濟銀肆拾貳兩又和州協濟銀

伍拾兩又寧國府屬協濟銀叁百貳拾肆兩又新
撥寧國府操馬銀肆百捌拾兩又太平府操馬銀
壹千壹百伍拾貳兩又鎮江府操馬銀壹千伍百
陸拾兩又廣德州操馬銀伍百肆拾兩又寧國府
屬驛傳協濟銀叁百肆拾陸兩貳錢又徽州府屬
馬夫銀壹百伍拾肆兩肆錢又寧國府屬銀貳百
捌拾叁兩叁錢叁分又本省城原編伍城房號協
濟銀伍百兩以上各府協濟并六合縣商稅共銀
陸千陸百捌拾玖兩肆錢貳分貳釐陸毫連前本

府屬田地人丁通共銀叁拾萬陸千叁百玖拾壹
兩柒錢柒分叁釐叁毫陸絲壹忽貳微壹纖零陸
塵肆渺內

戶部本折銀壹拾壹萬貳千陸百肆拾陸兩陸分壹
釐壹毫壹絲玖忽伍微貳纖貳沙壹塵捌渺貳漠

禮部折色銀叁千玖拾叁兩肆錢陸分貳釐

兵部折色銀叁萬肆百叁拾柒兩壹錢玖分捌釐

工部本折銀壹萬柒千伍百柒拾伍兩伍錢捌分肆
釐肆毫貳絲柒忽伍微

鋪墊銀貳百柒兩玖分貳釐貳毫伍絲

肆部本折綱司水脚解費等銀伍千陸百壹拾兩伍錢

玖分壹釐陸絲叁忽壹微肆纖捌沙壹塵陸渺叁漠

輕齎等銀壹萬柒千伍百伍拾柒兩肆錢壹分叁釐

叁毫伍絲陸忽貳微

本色蘆蓆楞木松板銀貳百貳拾陸兩陸錢陸分伍

釐玖毫玖絲

改解南省折色銀貳萬壹千貳百玖拾叁兩壹錢捌

分伍釐叁毫貳絲貳忽柒微貳纖陸沙

驛站夫馬等項銀叁萬肆千叁拾柒兩捌錢玖分伍
釐柒毫肆絲叁忽捌織柒沙壹塵內除外府協濟
銀伍千玖百柒拾伍兩玖錢叁分又除本地伍城
房號銀伍百兩除貳項協濟外實徵條編銀貳萬柒千
伍百陸拾壹兩玖錢陸分伍釐柒毫肆絲叁忽捌織柒沙壹塵
兵餉銀壹萬貳千陸拾兩伍錢玖分陸釐玖毫壹絲
貳忽貳微柒織伍沙捌塵玖渺玖漠
各衙門銀肆千貳百捌拾叁兩叁錢貳分玖釐壹毫
陸絲玖忽貳微捌織柒沙貳塵

經費銀壹萬肆千玖百陸兩貳錢叁分肆釐

存留支給銀壹萬玖千肆百玖兩伍錢叁分肆釐肆

毫玖絲捌忽陸微玖纖陸沙叁塵

裁省解部銀壹萬叁千肆拾陸兩玖錢貳分捌釐捌

毫捌忽柒微陸纖柒沙柒塵玖渺陸漠

外優免丁糧貳項解部銀壹千玖百柒拾貳兩貳錢

捌分陸釐叁毫玖絲叁忽玖微陸纖貳塵

實徵本色米豆壹拾伍萬玖千伍百壹拾陸石壹斗

伍升陸合貳勺內

京倉兌運漕糧正兌本色正米柒萬肆千伍百貳拾玖石該耗米貳萬玖千捌百壹拾壹石陸斗外加溧陽縣裏河剝船米柒百玖拾貳石玖斗

改兌淮安府常盈倉本色正米貳萬柒百捌拾石該耗米陸千貳百叁拾肆石外加溧陽縣裏河剝船米貳百貳拾肆石柒斗玖升

存留本省駐劄兵糧本色米豆貳萬伍千叁百粜拾

玖石捌斗陸升陸合貳勺

存留各縣孤貧口糧本色米壹千柒百陸拾肆石

外禮部額編本色藥材今改本折正損耗費銀肆拾壹兩柒分捌釐陸毫陸絲貳忽此項原編句容溧陽溧水叁縣壹遞壹年輪流辦解赴部交納不入縣撒

外不在田畝人丁正項徵銀數

戶部項下

商稅并協濟昌平州正損銀捌拾柒兩肆錢玖分玖釐陸毫

兵部項下

牧馬岡地租正損銀壹千伍百柒拾肆兩玖錢貳分

叁釐壹毫柒絲伍忽壹微叁纖

工部項下

漁戶辦解蔴膠翎毛銀肆百伍拾伍兩貳錢柒分壹

釐肆毫伍絲內揚州府江都儀真泰興叁縣又鎮

江府丹徒縣肆縣共協濟銀伍拾陸兩伍分壹釐

肆毫陸絲玖忽捌微貳纖伍沙各縣自辦徑解實

派本府屬銀叁百玖拾玖兩貳錢壹分玖釐玖毫

捌絲壹微柒纖伍沙

班匠人役銀叁百伍拾柒兩玖錢壹分陸釐伍毫

改解南省兵餉項下

軍草場并湖地租銀伍百叁拾伍兩玖錢貳分壹釐

柒毫

船鈔桅鈔銀貳百玖拾柒兩伍錢肆分

水面漁課銀叁拾柒兩叁錢伍分捌釐捌毫玖絲貳

忽貳微内江都等肆縣協濟六合縣銀壹拾玖兩

伍錢貳分陸釐叁毫肆絲各縣自徵徑解實派本

府屬銀壹拾柒兩捌錢叁分貳釐伍毫伍絲貳忽

貳微

外商稅餘鈔協濟六合縣條鞭正項銀貳百壹拾叁

兩肆錢玖分貳釐陸毫已入前項禮兵貳部抵解

蒼朮馬價草料等項訖

外餘鈔存銀叁拾叁兩陸錢伍分貳釐肆毫應裁解

戶部充餉

學田租銀捌百貳拾肆兩玖錢肆分叁釐壹毫貳絲

捌忽錢貳萬壹千陸百文

本府所屬解布政司轉解四部折色銀數

夏稅折色起運

戶部項下折色

太倉庫麥折銀肆百伍拾壹兩水脚銀肆兩伍錢壹分解費銀玖兩貳分　此項原額折色正麥肆百伍拾壹石每石折銀壹兩共銀肆百伍拾壹兩水脚銀肆兩伍錢壹分解費銀玖兩貳分內

上元縣銀陸拾伍兩陸錢陸分水脚銀陸錢伍分陸釐陸毫觧費銀壹兩叁錢壹分叁釐貳毫

江寧縣銀陸拾伍兩陸錢陸分水脚銀陸錢伍分陸釐陸毫觧費銀壹兩叁錢壹分叁釐貳毫

溧陽縣銀壹百壹拾玖兩陸錢捌分水脚銀壹兩壹錢玖分陸釐捌毫解費銀貳兩叁錢玖分叁釐陸

毫

溧水縣銀捌拾兩水脚銀捌錢解費銀壹兩陸錢

高淳縣銀壹百貳拾兩水脚銀壹兩貳錢解費銀貳兩肆錢

銀硃折色銀壹千壹百肆拾兩伍錢陸分貳釐伍毫

鋪墊銀肆拾壹兩捌錢貳分陸毫貳絲伍忽水脚

銀壹拾壹兩肆錢伍釐陸毫貳絲伍忽解費銀貳

拾貳兩捌錢壹分壹釐貳毫伍絲此項原解甲字庫本色銀硃陸

百叁拾伍觔每觔原編銀伍錢鋪墊銀壹錢壹分

於順治拾年陸月內奉

旨除解本色外該折色銀硃叁百捌拾觔叁兩每觔折價

叁兩共銀壹千壹百肆拾兩伍錢陸分貳釐伍毫

鋪墊銀肆拾壹兩捌錢貳分陸毫貳絲伍忽水脚

銀壹拾壹兩肆錢伍釐陸毫貳絲伍忽解費銀貳

拾貳兩捌錢壹分壹釐貳毫伍絲内
上元縣折色銀硃肆拾壹觔拾伍兩共銀壹百貳拾
伍兩捌錢壹分貳釐伍毫鋪墊銀肆兩陸錢壹分
叁釐壹毫貳絲伍忽水脚銀壹兩貳錢伍分捌釐
壹毫貳絲伍忽解費銀貳兩伍錢壹分陸釐貳毫
伍絲
江寧縣折色銀硃肆拾壹觔拾伍兩共銀壹百貳拾
伍兩捌錢壹分貳釐伍毫鋪墊銀肆兩陸錢壹分
叁釐壹毫貳絲伍忽水脚銀壹兩貳錢伍分捌釐
壹毫貳絲伍忽解費銀貳兩伍錢壹分陸釐貳毫
伍絲
句容縣折色銀硃柒拾柒觔拾叁兩共銀貳百叁拾
叁兩肆錢叁分柒釐伍毫鋪墊銀捌兩伍錢伍分
玖釐叁毫柒絲伍忽水脚銀貳兩叁錢叁分肆釐
叁毫柒絲伍忽解費銀肆兩陸錢陸分捌釐柒毫
伍絲
溧陽縣折色銀硃壹百柒觔拾貳兩共銀叁百貳拾
叁兩貳錢伍分鋪墊銀拾壹兩捌錢伍分貳釐伍

毫水脚銀叄兩貳錢叄分貳釐伍毫解費銀陸兩肆錢陸分伍釐

溧水縣折色銀硃伍拾陸觔拾肆兩共銀壹百柒拾兩陸錢貳分伍釐鋪墊銀陸兩貳錢伍分陸釐貳毫伍絲水脚銀壹兩柒錢陸釐貳毫伍絲解費銀叄兩肆錢壹分貳釐伍毫

高淳縣折色銀硃伍拾叄觔拾肆兩共銀壹百陸拾壹兩陸錢貳分伍釐鋪墊銀伍兩玖錢貳分陸釐貳毫伍絲水脚銀壹兩陸錢壹分陸釐貳毫伍絲解費銀叄兩貳錢叄分貳釐伍毫

賦硃折色銀陸兩柒錢肆分伍釐鋪墊銀叄兩玖錢伍釐水脚銀陸分柒釐肆毫伍絲解費銀壹錢叄分肆釐玖毫此項原解甲字庫本色賦硃叄百貳觔捌兩每觔原編銀壹錢玖分鋪墊銀壹錢壹分於順治拾年陸月內奉

旨除解本色外該折色賦硃叄拾伍觔捌兩每觔折價壹

錢玖分共銀陸兩柒錢肆分伍釐鋪墊銀叁兩玖
錢伍釐水腳銀陸分柒釐肆毫伍絲解費銀壹錢
叁分肆釐玖毫内

上元縣折色賦硃叁觔捌兩共銀陸錢陸分伍釐鋪
墊銀叁錢捌分伍釐水腳銀陸釐陸毫伍絲解費
銀壹分叁釐叁毫

江寧縣折色賦硃叁觔捌兩共銀陸錢陸分伍釐鋪
墊銀叁錢捌分伍釐水腳銀陸釐陸毫伍絲解費
銀壹分叁釐叁毫

句容縣折色賦硃捌觔肆兩共銀壹兩伍錢陸分柒
釐伍毫鋪墊銀玖錢柒釐伍毫水腳銀壹分伍釐
陸毫柒絲伍忽解費銀叁分壹釐叁毫伍絲

溧陽縣折色賦硃拾觔玖兩共銀貳兩陸釐捌毫柒
絲伍忽鋪墊銀壹兩壹錢陸分壹釐捌毫柒絲伍
忽水腳銀貳分陸絲捌忽柒微伍纖解費銀肆分
壹毫叁絲柒忽伍微

溧水縣折色賦硃伍觔伍兩共銀壹兩玖釐叁毫柒
絲伍忽鋪墊銀伍錢捌分肆釐叁毫柒絲伍忽水

脚銀壹分玖絲叁忽柒微伍纖解費銀貳分壹毫
捌絲柒忽伍微
高淳縣折色賦硃肆觔陸兩共銀捌錢叁分壹釐貳
毫伍絲鋪墊銀肆錢捌分壹釐貳毫伍絲水脚銀
捌釐叁毫壹絲貳忽伍微解費銀壹分陸釐陸毫
貳絲伍忽
藤黃折色銀捌兩伍錢陸分貳釐伍毫鋪墊銀肆兩
柒錢玖釐叁毫柒絲伍忽水脚銀捌分伍釐陸毫
貳絲伍忽解費銀壹錢柒分壹釐貳毫伍絲此項原解
甲字庫本色藤黃壹百壹拾肆觔每觔原編銀壹
錢鋪墊銀壹錢壹分於順治拾年陸月內奉
旨除解本色外該折色藤黃肆拾貳觔拾叁兩每觔折價
貳錢共銀捌兩伍錢陸分貳釐伍毫鋪墊銀肆兩
柒錢玖釐叁毫柒絲伍忽水脚銀捌分伍釐陸毫
貳絲伍忽解費銀壹錢柒分壹釐貳毫伍絲內

上元縣折色藤黃伍觔拾兩共銀壹兩壹錢貳分伍釐鋪墊銀陸錢壹分捌釐柒毫伍絲水脚銀壹分壹釐貳毫伍絲解費銀貳分貳釐伍毫

江寧縣折色藤黃伍觔拾兩共銀壹兩壹錢貳分伍釐鋪墊銀陸錢壹分捌釐柒毫伍絲水脚銀壹分壹釐貳毫伍絲解費銀貳分貳釐伍毫

句容縣折色藤黃玖觔陸兩共銀壹兩捌錢柒分伍釐鋪墊銀壹兩叁分壹釐貳毫伍絲水脚銀壹分捌釐柒毫伍絲解費銀叁分柒釐伍毫

溧陽縣折色藤黃壹拾壹觔肆兩共銀貳兩貳錢伍分鋪墊銀壹兩貳錢叁分柒釐伍毫水脚銀貳分貳釐伍毫解費銀肆分伍釐

溧水縣折色藤黃伍觔拾壹兩共銀壹兩壹錢叁分柒釐伍毫鋪墊銀陸錢貳分伍釐陸毫貳絲伍忽水脚銀壹分壹釐叁毫柒絲伍忽解費銀貳分貳釐柒毫伍絲

高淳縣折色藤黃伍觔肆兩共銀壹兩伍分鋪墊銀伍錢柒分柒釐伍毫水脚銀壹分伍毫解費銀貳

分壹

釐

黑鉛折色銀陸拾肆兩壹錢叁分柒釐伍毫鋪墊銀壹拾兩柒分捌釐柒毫伍絲水脚銀陸錢肆分壹釐叁毫柒絲伍忽解費銀壹兩貳錢捌分貳釐柒毫伍絲此項原解甲字庫本色黑鉛壹千捌百玖拾貳觔捌兩每觔原編銀叁分伍釐鋪墊銀壹分壹釐於順治拾年陸月內奉

旨除解本色外該折色黑鉛玖百壹拾陸觔肆兩每觔折價柒分共銀陸拾肆兩壹錢叁分柒釐伍毫鋪墊銀壹拾兩柒分捌釐柒毫伍絲水脚銀陸錢肆分壹釐叁毫柒絲伍忽解費銀壹兩貳錢捌分貳釐柒毫伍絲內

上元縣折色黑鉛壹百壹拾陸觔叁兩共銀捌兩壹錢叁分叁釐壹毫貳絲伍忽鋪墊銀壹兩貳錢柒

分捌釐陸絲貳忽伍微水脚銀捌分壹釐叁毫叁
絲壹忽貳微伍纖解費銀壹錢陸分貳釐陸毫陸
絲貳忽伍微

江寧縣折色黑鉛壹百壹拾陸觔叁兩共銀捌兩壹
錢叁分叁釐壹毫貳絲伍忽鋪墊銀壹兩貳錢柒
分捌釐陸絲貳忽伍微水脚銀捌分壹釐叁毫叁
絲壹忽貳微伍纖解費銀壹錢陸分貳釐陸毫陸
絲貳忽伍微

句容縣折色黑鉛貳百貳觔陸兩共銀壹拾肆兩壹
錢陸分陸釐貳毫伍絲鋪墊銀貳兩貳錢貳分陸
釐壹毫貳絲伍忽水脚銀壹錢肆分壹釐陸毫陸
絲貳忽伍微解費銀貳錢捌分叁釐叁毫貳絲伍
忽

溧陽縣折色黑鉛貳百玖觔叁兩共銀壹拾肆兩陸
錢肆分叁釐壹毫貳絲伍忽鋪墊銀貳兩叁錢壹
釐陸絲貳忽伍微水脚銀壹錢肆分陸釐肆毫叁
絲壹忽貳微伍纖解費銀貳錢玖分貳釐捌毫陸
絲貳忽伍微

溧水縣折色黑鉛壹百叁拾柒觔肆兩共銀玖兩陸錢柒釐伍毫鋪墊銀壹兩伍錢玖釐柒毫伍絲水脚銀玖分陸釐柒絲伍忽解費銀壹錢玖分貳釐壹毫伍絲

高淳縣折色黑鉛壹百叁拾伍觔壹兩共銀玖兩肆錢伍分肆釐叁毫柒絲伍忽鋪墊銀壹兩肆錢捌分伍釐陸毫捌絲柒忽伍微水脚銀玖分肆釐伍毫肆絲叁忽柒微伍纖解費銀壹錢捌分玖釐捌絲柒忽伍微

烏梅折色銀伍拾陸兩伍錢叁分貳釐伍毫鋪墊銀壹拾伍兩伍錢肆分陸釐肆毫叁絲柒忽伍微水脚銀伍錢陸分伍釐叁毫貳絲伍忽解費銀壹兩壹錢叁分陸毫伍絲此項原解甲字庫本色烏梅壹千柒百貳拾柒觔肆兩每

觔原編銀貳分鋪墊銀壹分壹釐於順治拾年陸
月內奉
旨除解本色外該折色烏梅壹千肆百壹拾叁觔伍兩每
觔折價肆分共銀伍拾陸兩伍錢叁分貳釐伍毫
鋪墊銀壹拾伍兩伍錢肆分陸釐肆毫叁絲柒忽
伍微水脚銀伍錢陸分伍釐叁毫貳絲伍忽解費
銀壹兩壹錢叁分陸毫伍絲內
上元縣折色烏梅壹百陸拾叁觔拾兩共銀陸兩伍
錢肆分伍釐鋪墊銀壹兩柒錢玖分玖釐捌毫柒
絲伍忽水脚銀陸分伍釐肆毫伍絲解費銀壹錢
叁分玖毫
江寧縣折色烏梅壹百柒拾壹觔拾叁兩共銀陸兩
捌錢柒分貳釐伍毫鋪墊銀壹兩捌錢捌分玖釐
玖毫叁絲柒忽伍微水脚銀陸分捌釐柒毫貳絲
伍忽解費銀壹錢叁分柒釐肆毫伍絲
句容縣折色烏梅貳百玖拾肆觔玖兩共銀壹拾壹
兩柒錢捌分貳釐伍毫鋪墊銀叁兩貳錢肆分壹
毫捌絲柒忽伍微水脚銀壹錢壹分柒釐捌毫貳

絲伍忽解費銀貳錢叁分伍釐陸毫伍絲

溧陽縣折色烏梅叁百叁拾伍觔捌兩共銀壹拾叁兩肆錢貳分鋪墊銀叁兩陸錢玖分伍毫水脚銀壹錢叁分肆釐貳毫解費銀貳錢陸分捌釐肆毫

溧水縣折色烏梅貳百肆拾伍觔捌兩共銀玖兩捌錢貳分鋪墊銀貳兩柒錢伍毫水脚銀玖分捌釐貳毫解費銀壹錢玖分陸釐肆毫

高淳縣折色烏梅貳百貳觔伍兩共銀捌兩玖分貳釐伍毫鋪墊銀貳兩貳錢貳分伍釐肆毫叁絲柒忽伍微水脚銀捌分玖毫貳絲伍忽解費銀壹錢陸分壹釐捌毫伍絲

生銅折色銀肆拾叁兩貳錢鋪墊銀捌兩陸錢肆分

水脚銀肆錢叁分貳釐解費銀捌錢陸分肆釐此項原解丁字庫本色生銅伍百肆拾觔每觔原編銀伍分鋪墊銀壹分陸釐於順治拾年陸月內奉

旨全改折該折色生銅伍百肆拾觔每觔折價捌分共銀肆拾叁兩貳錢鋪墊銀捌兩陸錢肆分水脚銀肆錢叁分貳釐解費銀捌錢陸分肆釐勺

上元縣折色生銅捌拾觔共銀陸兩肆錢鋪墊銀壹兩貳錢捌分水脚銀陸分肆釐解費銀壹錢貳分捌釐

江寧縣折色生銅捌拾觔共銀陸兩肆錢鋪墊銀壹兩貳錢捌分水脚銀陸分肆釐解費銀壹錢貳分捌釐

句容縣折色生銅壹百伍拾觔共銀壹拾貳兩鋪墊銀貳兩肆錢水脚銀壹錢貳分解費銀貳錢肆分

溧陽縣折色生銅壹百貳拾觔共銀玖兩陸錢鋪墊銀壹兩玖錢貳分水脚銀玖分陸釐解費銀壹錢玖分貳釐

溧水縣折色生銅伍拾觔共銀肆兩鋪墊銀捌錢水脚銀肆分解費銀捌分

高淳縣折色生銅陸拾觔共銀肆兩捌錢鋪墊銀玖錢陸分水脚銀肆分捌釐解費銀玖分陸釐

紅熟銅折色銀壹百叁拾捌兩貳錢肆分陸釐捌毫柒

絲伍忽鋪墊銀壹拾柒兩壹分伍釐水脚銀壹兩
叁錢捌分貳釐肆毫陸絲捌忽柒微伍纖解費銀
貳兩柒錢陸分肆釐玖毫叁絲柒忽伍微此項原解丁字
庫本色紅熟銅壹千叁百伍拾陸觔每觔原編銀
壹錢鋪墊銀壹分陸釐於順治拾年陸月內奉
旨除解本色外該折色紅熟銅壹千陸拾叁觔柒兩每觔
折價壹錢叁分共銀壹百叁拾捌兩貳錢肆分陸
釐捌毫柒絲伍忽鋪墊銀壹拾柒兩壹分伍釐水
脚銀壹兩叁錢捌分貳釐肆毫陸絲捌忽柒微伍
纖解費銀貳兩柒錢陸分肆釐玖毫叁絲柒忽伍
微內
上元縣折色紅熟銅壹百壹拾柒觔拾兩共銀壹拾
伍兩貳錢玖分壹釐貳毫伍絲鋪墊銀壹兩捌錢
捌分貳釐水脚銀壹錢伍分貳釐玖毫壹絲貳忽
伍微解費銀叁錢伍釐捌毫貳絲伍忽

江寧縣折色紅熟銅壹百壹拾柒觔拾兩共銀壹拾
伍兩貳錢玖分壹釐貳毫伍絲鋪墊銀壹兩捌錢
捌分貳釐水脚銀壹錢伍分貳釐玖毫壹絲貳忽
伍微解費銀叁錢伍釐捌毫貳絲伍忽

句容縣折色紅熟銅叁百伍觔拾肆兩共銀叁拾玖
兩柒錢陸分叁釐柒毫伍絲鋪墊銀肆兩捌錢玖
分肆釐水脚銀叁錢玖分柒釐陸毫叁絲柒忽伍
微解費銀柒錢玖分伍釐貳毫柒絲伍忽

溧陽縣折色紅熟銅貳百玖拾觔叁兩共銀叁拾柒
兩柒錢貳分肆釐叁毫柒絲伍忽鋪墊銀肆兩陸
錢肆分叁釐水脚銀叁錢柒分柒釐貳毫肆絲叁
忽柒微伍纖解費銀柒錢伍分肆釐捌絲柒
忽伍微

溧水縣折色紅熟銅壹百壹拾柒觔拾兩共銀壹拾
伍兩貳錢玖分壹釐貳毫伍絲鋪墊銀壹兩捌錢
捌分貳釐水脚銀壹錢伍分貳釐玖毫壹絲貳忽
伍微解費銀叁錢伍釐捌毫貳絲伍忽

高淳縣折色紅熟銅壹百壹拾肆觔捌兩共銀拾肆

兩捌錢捌分伍釐鋪墊銀壹兩捌錢叁分貳釐水脚銀壹錢肆分捌釐捌毫伍絲解費銀貳錢玖分柒釐

柒毫

黃蠟折色銀壹百肆拾肆兩伍錢伍分鋪墊銀伍兩柒錢捌分貳釐水脚銀壹兩肆錢肆分伍釐伍毫解費銀貳兩捌錢玖分壹釐此項原解丁字庫本色黃蠟肆百柒拾陸觔毋觔原編銀貳錢鋪墊銀壹分陸釐於順治拾年陸月內奉

旨除解本色外該折色黃蠟叁百陸拾壹觔陸兩毋觔折價肆錢共銀壹百肆拾肆兩伍錢伍分鋪墊銀伍兩柒錢捌分貳釐水脚銀壹兩肆錢肆分伍釐伍毫解費銀貳兩捌錢玖分壹釐內

上元縣折色黃蠟叁拾捌觔肆兩共銀壹拾伍兩叁錢鋪墊銀陸錢壹分貳釐水脚銀壹錢伍分叁釐解費銀叁錢陸釐

江寧縣折色黄蠟叁拾捌觔貳兩共銀壹拾伍兩貳錢伍分鋪墊銀陸錢壹分水脚銀壹錢伍分貳釐伍毫解費銀叁錢伍釐

句容縣折色黄蠟玖拾玖觔共銀叁拾玖兩陸錢鋪墊銀壹兩伍錢捌分肆釐水脚銀叁錢玖分陸釐解費銀柒錢玖分貳釐

溧陽縣折色黄蠟玖拾壹觔伍兩共銀叁拾陸兩伍錢貳分伍釐鋪墊銀壹兩肆錢陸分壹釐水脚銀叁錢陸分伍釐貳毫伍絲解費銀柒錢叁分零伍毫

溧水縣折色黄蠟叁拾捌觔壹兩共銀拾伍兩貳錢貳分伍釐鋪墊銀陸錢玖釐水脚銀壹錢伍分貳釐貳毫伍絲解費銀叁錢肆釐伍毫

高淳縣折色黄蠟伍拾陸觔拾兩共銀貳拾貳兩陸錢伍分鋪墊銀玖錢陸釐水脚銀貳錢貳分陸釐伍毫解費銀肆錢伍分叁釐

牛筋折色銀壹拾玖兩肆錢捌分鋪墊銀壹兩玖錢

肆分捌釐水脚銀壹錢玖分肆釐捌毫解費銀叁錢捌分玖釐陸毫此項原解丁字庫本色牛筋壹百貳拾壹觔拾貳兩每觔原編銀捌分鋪墊銀壹分陸釐於順治拾年陸月内奉旨全改折該折色牛筋壹百貳拾壹筋拾貳兩每觔折價壹錢陸分共銀壹拾玖兩肆錢捌分鋪墊銀壹兩玖錢肆分捌釐水脚銀壹錢玖分肆釐捌毫解費銀叁錢捌分玖釐陸毫内

上元縣折色牛筋貳拾觔共銀叁兩貳錢鋪墊銀叁錢貳分水脚銀叁分貳釐解費銀陸分肆釐

江寧縣折色牛筋貳拾觔共銀叁兩貳錢鋪墊銀叁錢貳分水脚銀叁分貳釐解費銀陸分肆釐

句容縣折色牛筋貳拾觔共銀叁兩貳錢鋪墊銀叁錢貳分水脚銀叁分貳釐解費銀陸分肆釐

溧陽縣折色牛筋貳拾觔共銀叁兩貳錢鋪墊銀叁錢貳分水脚銀叁分貳釐解費銀陸分肆釐

溧水縣折色牛筋貳拾觔共銀叁兩貳錢鋪墊銀叁

錢貳分水脚銀叁分貳釐解費銀陸分肆釐
高淳縣折色牛筋貳拾壹觔拾貳兩共銀叁兩肆錢
捌分鋪墊銀叁錢肆分捌釐水脚銀叁分肆釐捌
毫解費銀陸分玖釐陸毫

水牛角折色銀壹百貳拾伍兩鋪墊銀捌兩柒錢伍
分水脚銀壹兩貳錢伍分解費銀貳兩伍錢此項原解
丁字庫本色水牛角壹百貳拾伍副每副原編銀
壹錢鋪墊銀柒分於順治拾年陸月內奉
旨全改折議折色水牛角壹百貳拾伍副每副折價壹兩
共銀壹百貳拾伍兩鋪墊銀捌兩柒錢伍分水脚
銀壹兩貳錢伍分解費銀貳兩伍錢內
上元縣折色水牛角貳拾副共銀貳拾兩鋪墊銀壹
兩肆錢水脚銀貳錢解費銀肆錢
江寧縣折色水牛角貳拾副共銀貳拾兩鋪墊銀壹
兩肆錢水脚銀貳錢解費銀肆錢
句容縣折色水牛角貳拾副共銀貳拾兩鋪墊銀壹

兩肆錢水脚銀貳錢解費銀肆錢

溧陽縣折色水牛角貳拾伍副共銀貳拾伍兩鋪墊銀壹兩柒錢伍分水脚銀貳錢伍分外解費銀伍錢

溧水縣折色水牛角貳拾副共銀貳拾兩鋪墊銀壹兩肆錢水脚銀貳錢解費銀肆錢

高淳縣折色水牛角貳拾副共銀貳拾兩鋪墊銀壹兩肆錢水脚銀貳錢解費銀肆錢

黃牛皮折色銀捌兩壹錢肆分鋪墊銀貳兩玖錢陸分水脚銀捌分壹釐肆毫解費銀壹錢陸分貳釐捌毫　此項原解丁字庫本色黃牛皮叁拾柒張每張原編銀貳錢貳分鋪墊銀捌分於順治拾年陸月內奉

旨全改折該折色黃牛皮叁拾柒張每張折價貳錢貳分共銀捌兩壹錢肆分鋪墊銀貳兩玖錢陸分水脚銀捌分壹釐肆毫解費銀壹錢陸分貳釐捌毫內

上元縣折色黃牛皮柒張半共銀壹兩陸錢伍分鋪墊銀陸錢水脚銀壹分陸釐伍毫解費銀叁分叁釐

江寧縣折色黃牛皮柒張半共銀壹兩陸錢伍分鋪墊銀陸錢水脚銀壹分陸釐伍毫解費銀叁分叁釐

句容縣折色黃牛皮捌張共銀壹兩柒錢陸分鋪墊銀陸錢肆分水脚銀壹分柒釐陸毫解費銀叁分伍釐貳毫

溧陽縣折色黃牛皮柒張共銀壹兩伍錢肆分鋪墊銀伍錢陸分水脚銀壹分伍釐肆毫解費銀叁分捌毫

溧水縣折色黃牛皮叁張共銀陸錢陸分鋪墊銀貳錢肆分水脚銀陸釐陸毫解費銀壹分叁釐貳毫

高淳縣折色黃牛皮肆張共銀捌錢捌分鋪墊銀叁錢貳分水脚銀捌釐捌毫解費銀壹分柒釐陸毫

藥草折色銀伍兩水脚銀伍分解費銀壹錢　此項原解南供

用庫今改解北本色蘱草壹千觔每觔原編銀貳
釐伍毫於順治拾年陸月内奉
旨全改折該折色蘱草壹千觔每觔折價伍釐共銀伍兩
水脚銀伍分解費銀壹錢内
句容縣折色蘱草叁百觔共銀壹兩伍錢水脚銀壹
分伍釐解費銀叁分
溧陽縣折色蘱草叁百觔共銀壹兩伍錢水脚銀壹
分伍釐解費銀叁分
溧水縣折草蘱草貳百觔共銀壹兩水脚銀壹分解
費銀貳分
高淳縣折色蘱草貳百觔共銀壹兩水脚銀壹分解
費銀貳分
以上戶部下折色自太倉庫麥折銀起至供用庫折
色蘱草銀止計拾叁款共銀貳千叁百玖拾捌兩
陸錢肆分陸釐柒毫陸絲捌忽柒微伍纖内正銀貳千

貳百壹拾壹兩壹錢伍分陸釐捌毫柒絲伍忽鋪墊銀壹百貳拾壹兩壹錢伍分伍釐壹毫捌絲柒忽伍微水脚銀貳拾貳兩壹錢壹分壹釐伍毫陸絲捌忽柒微伍纖解費銀肆拾肆兩貳錢貳分叁釐壹毫叁絲柒忽伍微

秋糧折色起運

戶部項下折色

太倉庫米折銀壹萬貳千叁百伍拾陸兩伍錢壹分伍釐柒毫壹絲貳忽捌微捌纖水脚銀壹百貳拾叁兩伍錢陸分伍釐壹毫伍絲柒忽壹微貳纖捌沙捌塵解費銀貳百肆拾柒兩壹錢叁分叁毫壹

絲肆忽貳微伍纖柒沙陸塵查此項原額折色米
貳萬伍百玖拾肆石
壹斗玖升貳合捌勺伍抄肆撮捌圭每石折銀陸
錢共銀壹萬貳千叁百伍拾陸兩伍錢壹分伍釐
柒毫壹絲貳忽捌微捌纖水脚銀壹百貳拾叁兩
伍錢陸分伍釐壹毫伍絲柒忽壹微貳纖捌沙捌
塵奉文每兩加解費貳分共銀貳百肆拾柒兩壹
錢叁分叁毫壹絲肆忽貳微伍纖柒沙陸塵内

上元縣銀玖百玖拾陸兩叁錢柒分玖毫壹絲叁忽
肆微壹纖肆沙肆塵水脚銀玖兩玖錢陸分叁釐
柒毫玖忽壹微叁纖肆沙壹塵肆渺肆漠解費銀
壹拾玖兩玖錢貳分柒釐肆毫壹絲捌忽貳微陸
纖捌沙貳塵捌渺捌漠

江寧縣銀壹千叁百貳拾玖兩肆錢叁分肆釐貳毫
肆絲玖忽柒微柒纖貳沙肆塵貳渺水脚銀壹拾
叁兩貳錢玖分肆釐叁毫肆絲貳忽肆微玖纖柒
沙柒塵貳渺肆漠解費銀貳拾陸兩伍錢捌分捌
釐陸毫捌絲肆忽玖微玖纖伍沙肆塵肆渺捌漠

句容縣銀叁千壹百壹拾兩柒錢玖分叁釐壹毫貳絲壹忽貳微叁塵水脚銀叁拾壹兩壹錢柒釐玖毫叁絲壹忽貳微壹纖貳沙叁漠解費銀陸拾貳兩貳錢壹分伍釐捌毫陸絲貳忽肆微貳纖肆沙陸漠

溧陽縣銀叁千伍百貳拾肆兩壹錢伍分陸釐玖毫伍絲伍忽玖微貳纖柒沙水脚銀叁拾伍兩貳錢肆分壹釐伍毫陸絲玖忽伍微伍纖玖沙貳塵柒渺解費銀柒拾兩肆錢捌分叁釐壹毫叁絲玖忽壹微壹纖捌沙伍塵肆渺

溧水縣銀壹千陸百肆拾兩柒錢貳分捌釐捌毫玖絲伍忽肆微肆纖玖沙陸塵捌渺水脚銀壹拾陸兩肆錢柒釐貳毫捌絲捌忽玖微伍纖肆沙肆塵玖渺柒漠解費銀叁拾貳兩捌錢壹分肆釐伍毫柒絲柒忽玖微捌沙玖塵玖渺肆漠

高淳縣銀壹千柒百伍拾壹兩伍錢肆分叁釐貳絲玖忽玖微柒纖柒沙陸塵水脚銀壹拾柒兩伍錢壹分伍釐肆毫叁絲貳微玖纖玖沙柒塵柒渺陸

漠解費銀叁拾伍兩叁分捌毫陸絲伍微玖纖玖沙伍塵伍渺貳漠

江浦縣銀貳兩肆錢肆分叁釐玖毫伍絲伍忽叁微壹纖水脚銀貳分肆釐肆毫叁絲玖忽伍微伍纖叁沙壹塵解費銀肆分捌釐捌毫柒絲玖忽壹微陸沙貳塵

六合縣銀壹兩肆分肆釐伍毫玖絲壹忽捌微貳纖捌沙陸塵水脚銀壹分肆毫肆絲伍忽玖微壹纖捌沙貳塵捌渺陸漠解費銀貳分捌毫玖絲壹忽捌微叁纖陸沙伍塵柒渺貳漠

光祿寺米折銀貳千伍百玖拾兩水脚銀貳拾伍兩玖錢解費銀伍拾壹兩捌錢此項原額折色米叁千柒百石每石折銀柒錢共銀貳千伍百玖拾兩水脚銀貳拾伍兩玖錢奉文每兩加解費貳分共銀伍拾壹兩捌錢內

上元縣銀肆百柒拾柒兩肆錢水脚銀肆兩柒錢柒分肆釐解費銀玖兩伍錢肆分捌釐

江寧縣銀叁百捌拾陸兩壹錢玖分水脚銀叁兩捌錢陸分壹釐玖毫解費銀柒兩柒錢貳分叁釐捌毫

句容縣銀叁百柒拾伍兩伍錢伍分水脚銀叁兩柒錢伍分伍釐伍毫解費銀柒兩伍錢壹分壹釐

溧陽縣銀陸百壹拾柒兩捌錢玖分水脚銀陸兩壹錢柒分捌釐玖毫解費銀壹拾貳兩叁錢伍分柒釐捌毫

溧水縣銀貳百貳拾柒兩捌錢壹分伍釐水脚銀貳兩貳錢柒分捌釐壹毫伍絲解費銀肆兩伍錢伍分陸釐叁毫

高淳縣銀伍百伍兩壹錢伍分伍釐水脚銀伍兩伍分壹釐伍毫伍絲解費銀壹拾兩壹錢叁釐壹毫

京庫草折銀玖千壹百柒拾貳兩貳錢水脚銀玖拾壹兩柒錢貳分貳釐解費銀壹百捌拾叁兩肆錢

肆分肆釐查此項原額馬草叁拾萬伍千柒百肆拾包每包折銀叁分共銀玖千壹百柒拾貳兩貳錢水脚銀玖拾壹兩柒錢貳分貳釐奉文每兩加解費貳分共銀壹百捌拾叁兩肆錢肆分肆釐内

上元縣銀壹千貳百玖拾柒兩陸錢伍分水脚銀壹拾貳兩玖錢柒分陸釐伍毫解費銀貳拾伍兩玖錢伍分叁釐

江寧縣銀壹千叁兩陸錢貳分水脚銀壹拾兩叁分陸釐貳毫解費銀貳拾兩柒分貳釐肆毫

句容縣銀壹千陸百捌拾壹兩貳分水脚銀壹拾陸兩捌錢壹分貳毫解費銀叁拾叁兩陸錢貳分肆毫

溧陽縣銀貳千貳百叁拾玖兩捌錢陸分水脚銀貳拾貳兩叁錢玖分捌釐陸毫解費銀肆拾肆兩柒錢玖分柒釐貳毫

溧水縣銀壹千叁百玖拾捌兩玖錢叁分水脚銀壹拾叁兩玖錢捌分玖釐叁毫解費銀貳拾柒兩玖

錢柒分捌釐陸毫

高淳縣銀玖百玖拾玖兩壹錢貳分水脚銀玖玖兩玖錢玖分壹釐貳毫解費銀壹拾玖兩玖錢捌分貳釐肆毫

江浦縣銀叁百捌拾兩柒錢叁分水脚銀叁兩捌錢柒釐叁毫解費銀柒兩陸錢壹分肆釐陸毫

六合縣銀壹百柒拾壹兩貳錢柒分水脚銀壹兩柒錢壹分貳釐柒毫解費銀叁兩肆錢貳分伍釐肆毫

光祿寺改解稻穀銀叁拾伍兩水脚銀叁錢伍分解費銀柒錢　查此項原解南光祿寺續改解北原額折色稻穀壹百石准正米伍拾石每石折銀柒錢共銀叁拾伍兩水脚銀叁錢伍分解費銀柒錢內

上元縣銀壹拾壹兩肆錢伍分陸釐伍毫壹絲伍忽水脚銀壹錢壹分肆釐伍毫陸絲伍忽壹微伍纖

解費銀貳錢貳分玖釐壹毫叁絲叁微

江寧縣銀壹拾兩陸錢陸釐捌絲伍忽水脚銀壹錢陸釐陸絲捌微伍纖解費銀貳錢壹分貳釐壹毫貳絲壹忽柒微

高淳縣銀壹拾貳兩玖錢叁分柒釐肆毫水脚銀壹錢貳分玖釐叁毫柒絲肆忽解費銀貳錢伍分捌釐柒毫肆絲捌忽

京倉兊運漕糧改折銀壹萬柒千捌百貳拾玖兩柒錢水脚銀壹百柒拾捌兩貳錢玖分柒釐解費銀叁百伍拾陸兩伍錢玖分肆釐查此項高淳縣原額兊軍正米壹萬叁千壹百貳拾玖石萬曆年題准永折每石折銀柒錢共銀玖千壹百玖拾兩叁錢水脚銀玖拾壹兩玖錢叁釐於天啓伍年復改本色實徵正米壹萬叁千壹百貳拾玖石加耗肆斗該耗米伍千貳百伍

拾壹石陸斗共正耗米壹萬捌千叁百捌拾石陸斗於順治捌年玖月拾伍日准　巡按上官　題請折色戶部題覆於順治捌年拾貳月貳拾伍日奉
聖旨是依議欽遵在案改折正兌米壹萬叁千壹百貳拾玖石每石折銀柒錢共銀玖千壹百玖拾兩叁錢水脚銀玖拾壹兩玖錢叁釐每正銀壹兩加解費貳分該銀壹百捌拾叁兩捌錢陸釐其耗米伍千貳百伍拾壹石陸斗免派於民又溧水縣爲水雹虛粮日增等事申詳撫院張　題請折色戶部覆題於順治拾伍年叁月初肆日奉
旨准改折色正兌米壹萬貳千叁百肆拾貳石每石比照高淳縣事例折銀柒錢共銀捌千陸百叁拾玖兩肆錢水脚銀捌拾陸兩叁錢玖分肆釐解費銀壹百柒拾貳兩柒錢捌分捌釐其耗米肆千玖百叁拾陸石捌斗免派於民內

溧水縣銀捌千陸百叁拾玖兩肆錢水脚銀捌拾陸兩叁錢玖分肆釐解費銀壹百柒拾貳兩柒錢捌

分捌釐
高淳縣銀玖千壹百玖拾兩叁錢水脚銀玖拾壹兩玖錢叁釐解費銀壹百捌拾叁兩捌錢陸釐
改兌淮安府常盈倉漕粮改折銀肆千叁百叁拾貳兩水脚銀肆拾叁兩叁錢貳分解費銀捌拾陸兩陸錢肆分
查此項高淳縣原額改兌正米叁千柒百貳拾壹石每石折銀陸錢共銀貳千貳百叁拾貳兩陸錢於天啓伍年復改本色實徵正米叁千柒百貳拾壹石每石加叁耗米壹千壹百壹拾陸石叁斗於順治捌年玖月拾伍日准巡按上官　題請折色戶部覆題於順治捌年拾貳月貳拾伍日奉
聖旨是依議欽遵在案改徵改兌米叁千柒百貳拾壹石每石折銀陸錢共銀貳千貳百叁拾貳兩陸錢水脚銀貳拾貳兩叁錢貳分陸釐解費銀肆拾肆兩

陸錢伍分貳釐其耗米壹千壹百壹拾陸石叁斗
免派於民又溧水縣爲水𩃬虛粮日增等事申詳
撫院張　題請折色戶部覆題於順治拾伍年叁
月初肆日奉
旨准改折色改兌米叁千肆百玖拾玖石每石比照高淳
縣例折銀陸錢共銀貳千玖拾玖兩肆錢水脚銀
貳拾兩玖錢玖分肆釐解費銀肆拾壹兩玖錢捌
分捌釐其耗米壹千零肆
拾玖石柒斗免派於民內
溧水縣銀貳千玖拾玖兩肆錢水脚銀貳拾兩玖錢
玖分肆釐解費銀肆拾壹兩玖錢捌分捌釐
高淳縣銀貳千貳百叁拾貳兩陸錢水脚銀貳拾貳
兩叁錢貳分陸釐解費銀肆拾肆兩陸錢伍分貳
釐
原解南今新准部文改解北各衛倉無耗折色平米
銀捌百貳拾玖兩伍錢伍分伍釐水脚銀捌兩貳

錢玖分伍釐伍毫伍絲解費銀壹拾陸兩伍錢玖
分壹釐壹毫係高淳縣徵解查此項原額刊載南
京各衛倉無耗折色平米壹千陸百
伍拾玖石壹斗壹升每石折銀伍錢共銀捌百貳
拾玖兩伍錢伍分伍釐水脚銀肆兩壹錢肆分柒
釐柒毫伍忽於崇禎元年爲留都空匱等事准
南戶部正堂張　題准自貳年起改徵本色各衛
倉水兌平米壹千陸百伍拾玖石壹斗壹升加貳
捌耗米肆百陸拾肆石伍斗伍升捌勺今據高淳
縣申詳　撫院張　題請改折部覆於順治拾伍
年叁月拾柒日奉
旨仍徵折色照數改編前銀隨漕折一併解部其耗米肆
百陸拾肆石伍斗伍升伍合比照漕粮事例免派
於
民

玖釐地畝銀陸萬貳千陸百貳兩伍錢伍分柒釐柒

毫捌絲壹忽陸微肆纖貳沙壹塵捌渺貳漠水脚
銀陸百貳拾陸兩貳分伍釐伍毫柒絲柒忽捌微
壹纖陸沙肆塵貳渺壹漠解費銀壹千貳百伍拾
貳兩伍分壹釐壹毫伍絲伍忽陸微叁纖貳沙捌
塵肆渺叁漠內

上元縣銀捌千貳百玖拾柒兩叁錢捌分叁釐玖毫
捌絲水脚銀捌拾貳兩玖錢柒分叁釐捌毫叁絲
玖忽捌微解費銀壹百陸拾伍兩玖錢肆分柒釐
陸毫柒絲玖忽陸微

江寧縣銀陸千捌百壹拾陸兩肆錢叁分捌釐玖毫
伍絲叁忽捌微肆沙叁塵陸渺水脚銀陸拾捌兩
壹錢陸分肆釐叁毫捌絲玖忽伍微叁纖捌沙肆
渺叁漠解費銀壹百叁拾陸兩叁錢貳分捌釐柒

毫柒絲玖忽柒纖陸沙捌渺柒漠

句容縣銀壹萬叁千貳百玖兩玖錢貳分伍釐捌毫
水脚銀壹百叁拾貳兩玖分玖釐貳毫伍絲捌忽
解費銀貳百陸拾肆兩壹錢玖分捌釐伍毫壹絲
陸忽

溧陽縣銀壹萬伍千陸拾兩捌分叁釐貳毫陸絲玖
忽捌微貳纖水脚銀壹百伍拾兩陸錢捌毫叁絲
貳忽陸微玖纖捌沙貳塵解費銀叁百壹兩貳錢
壹釐陸毫陸絲伍忽叁微玖纖陸沙肆塵

溧水縣銀玖千肆百陸拾兩伍錢壹分壹釐叁毫肆
絲肆忽水脚銀玖拾肆兩陸錢伍釐壹毫壹絲叁
忽肆微肆纖解費銀壹百捌拾玖兩貳錢壹分貳
毫貳絲陸忽捌微捌纖

高淳縣銀陸千柒百貳拾叁兩伍錢壹分肆釐壹毫
玖絲水脚銀陸拾柒兩貳錢叁分伍釐壹毫肆絲
壹忽玖微解費銀壹百叁拾肆兩肆錢柒分貳毫
捌絲叁忽捌微

江浦縣銀貳千壹百叁拾伍兩肆錢肆分貳釐玖毫

貳絲肆忽壹纖柒沙捌塵貳渺貳漠水脚銀貳拾壹兩叁錢伍分肆釐肆毫貳絲玖忽貳微肆纖壹塵柒渺捌漠解費銀肆拾貳兩柒錢捌釐捌毫伍絲捌忽肆微捌纖叁塵伍渺陸漠

六合縣銀捌百玖拾玖兩貳錢伍分柒釐叁毫貳絲水脚銀捌兩玖錢玖分貳釐伍毫柒絲叁忽貳微解費銀壹拾柒兩玖錢捌分伍釐壹毫肆絲陸忽肆微

以上戶部自太倉庫米折起至玖釐地畝止計捌款共銀壹拾壹萬叁千叁拾玖兩玖錢伍分肆釐叁毫肆絲玖忽叁微伍纖柒沙捌塵肆渺陸漠內正銀拾萬玖千柒百肆拾柒兩伍錢貳分捌釐肆毫玖絲肆忽伍微貳纖貳沙壹塵捌渺貳漠水脚銀壹千玖拾柒兩肆錢柒分伍釐貳毫捌絲肆忽玖微肆纖伍沙貳塵貳渺壹漠解費銀貳千壹百玖拾

肆兩玖錢伍分伍毫陸絲玖
忽捌微玖纖肆塵肆渺叁漠

夏稅折色起運

禮部項下折色

光祿寺麥折銀肆百捌兩水脚銀肆兩捌分解費銀捌兩壹錢陸分

查此項原額折色正麥肆百捌石每石折銀壹兩共銀肆百捌兩水脚銀肆兩捌分解費銀捌兩壹錢陸分內

句容縣銀叁百玖兩水脚銀叁兩玖分解費銀陸兩壹錢捌分

溧陽縣銀玖拾玖兩水脚銀玖錢玖分解費銀壹兩玖錢捌分

秋糧折色起運

禮部供應肥猪羊隻鷄鵝共銀壹千伍百伍拾貳兩貳錢水脚銀壹拾伍兩伍錢貳分貳釐解費銀叄拾壹兩肆分肆釐　查此項原額肥猪肆百肆拾口每口價銀壹兩柒錢該銀柒百肆拾捌兩綿羯羊貳百隻每隻價銀壹兩該銀貳百兩鵞貳千隻每隻價銀叄錢該銀陸百兩鷄陸拾隻每隻價銀柒分該銀肆兩貳錢以上肆項共銀壹千伍百伍拾貳兩貳錢水脚銀壹拾伍兩伍錢貳分貳釐解費銀叄拾壹兩肆分肆釐內

句容縣銀伍百壹拾壹兩貳錢水脚銀伍兩壹錢壹分貳釐解費銀壹拾兩貳錢貳分肆釐

溧陽縣銀肆百捌拾陸兩柒錢貳分水脚銀肆兩捌錢陸分柒釐貳毫解費銀玖兩柒錢叄分肆釐肆毫

溧水縣銀貳百陸拾捌兩玖錢捌分水脚銀貳兩陸錢捌分玖釐捌毫解費銀伍兩叄錢柒分玖釐陸

毫

高淳縣銀貳百捌拾伍兩叁錢水脚銀貳兩捌錢伍分叁釐解費銀伍兩柒錢陸釐

太常寺牛犢銀捌拾伍兩伍錢水脚銀陸兩解費銀壹兩柒錢壹分　查此項原額牛犢壹拾玖隻每隻銀肆兩伍錢共銀捌拾伍兩伍錢水脚銀陸兩解費銀壹兩柒錢壹分係高淳縣徵解

禮部蒼朮銀玖百玖拾貳兩貳錢伍分水脚銀壹百伍拾貳兩伍錢外加解費銀壹拾玖兩捌錢肆分伍釐　查此項原額蒼朮叁萬玖千陸百玖拾觔每觔價銀柒釐該銀貳百柒拾柒兩捌錢叁分水脚銀貳百兩於萬曆肆拾柒年奉部劄開本色改折色壹萬觔每觔折銀貳分伍釐該銀貳百伍拾兩水脚銀貳兩伍錢實徵本色貳萬玖千陸百

玖拾觔每觔價銀柒釐該銀貳百柒兩捌錢叁分
原編水脚除改折色减肆分之壹實該水脚銀壹
百伍拾兩今於順治捌年玖月內奉
旨全改折該折色脊米叁萬玖千陸百玖拾觔每觔折銀
貳分伍釐共銀玖百玖拾貳兩貳錢伍分原編水
脚銀壹百伍拾貳兩伍錢解費銀壹拾玖兩捌錢
肆分伍釐內

上元縣銀壹百肆拾叁兩柒錢伍分水脚銀貳拾貳
兩玖分叁釐肆毫壹絲貳忽伍微解費銀貳兩捌
錢柒分伍釐

江寧縣銀壹百壹拾叁兩柒錢伍分水脚銀壹拾柒
兩肆錢捌分貳釐柒毫陸絲柒忽伍微解費銀貳
兩貳錢柒分伍釐

句容縣銀壹百柒拾貳兩柒錢伍分水脚銀貳拾陸
兩伍錢伍分三毫捌絲柒忽伍微解費銀叁兩肆
錢伍分伍釐

溧陽縣銀壹百柒拾貳兩柒錢伍分水脚銀貳拾陸
兩伍錢伍分叁毫捌絲柒忽伍微解費銀叁兩肆

錢伍分伍釐

溧水縣銀壹百肆拾柒兩水脚銀貳拾貳兩伍錢玖分貳釐貳毫貳絲貳忽伍微外解費銀貳兩玖錢肆分

高淳縣銀壹百壹拾叁兩柒錢伍分水脚銀拾柒兩肆錢捌分貳釐柒毫陸絲柒忽伍微解費銀貳兩貳錢柒分伍釐

江浦縣銀陸拾肆兩貳錢伍分水脚銀玖兩捌錢柒分肆釐貳絲柒忽伍微解費銀壹兩貳錢捌分伍釐

六合縣銀陸拾肆兩貳錢伍分水脚銀玖兩捌錢柒分肆釐貳絲柒忽伍微解費銀壹兩貳錢捌分伍釐內除商稅抵解銀叁拾玖兩肆錢柒分肆釐貳絲柒忽伍微不派條編外實編銀貳拾肆兩柒錢柒分伍釐玖毫柒絲貳忽伍微水脚銀玖兩捌錢柒分肆釐貳絲柒忽伍微解費銀壹兩貳錢捌分伍釐

禮部藥材并紅黃紙價銀伍拾伍兩伍錢壹分貳釐

水脚銀伍錢伍分伍釐壹毫貳絲解費銀壹兩壹錢壹分貳毫肆絲查此項原額折色○石膏貳百貳拾肆觔每觔價銀壹釐該銀貳錢貳分肆釐○何首烏叁百觔每觔價銀伍釐該銀壹兩伍錢○瞿麥捌拾壹觔每觔價銀捌釐該銀陸錢肆分捌釐○穀精草捌觔壹兩陸錢每觔價銀伍釐該銀肆分伍釐○苦參肆百伍觔每觔價銀肆釐該銀壹兩陸錢貳分○葳靈僊壹百壹拾貳觔每觔價銀柒釐該銀柒錢捌分肆釐○葳靈僊壹百壹拾貳觔每觔價銀壹分該銀壹兩壹錢貳分○茵陳捌拾壹觔每觔價銀伍釐該銀肆錢伍釐以上藥材捌味共壹千叁百貳拾叁觔壹兩陸錢原編價銀陸兩叁錢肆分陸釐又准部文原派折色伍百叁拾貳觔伍兩陸錢未經開載觔兩止列俱奉例折銀捌兩壹錢柒分壹釐玖毫又包裹紅黄紙價銀肆拾兩玖錢玖分肆釐壹毫以上三項共銀五拾五兩五錢壹分貳釐内

句容縣銀貳拾柒兩柒錢玖分壹釐伍毫水脚銀貳錢柒分柒釐玖毫壹忽伍微解費銀伍錢伍分伍釐捌毫叁絲

溧陽縣銀壹拾叁兩捌錢柒分捌釐水脚銀壹錢叁分捌釐柒毫捌絲解費銀貳錢柒分柒釐伍毫陸絲

溧水縣銀壹拾叁兩捌錢肆分貳釐伍毫水脚銀壹錢叁分捌釐肆毫貳絲伍忽解費銀貳錢柒分陸釐捌毫伍絲

貼備蒼朮藥材使費銀伍拾兩內

江浦縣銀貳拾兩

六合縣銀叁拾兩

以上禮部自光祿寺麥折起至貼備蒼朮藥材使費止計陸欵共銀叁千叁百捌拾叁兩玖錢捌分捌釐叁毫陸絲內正銀叁千玖拾叁兩肆錢陸分貳釐水脚銀貳百貳拾捌兩陸錢伍分

柒釐壹毫貳絲解費陸拾壹兩捌錢陸分玖釐貳毫肆絲

外禮部原編本色藥材今改折色銀數

生玄胡折色銀捌兩柒錢貳分捌釐水脚銀捌分柒釐貳毫捌絲解費銀壹錢柒分肆釐伍毫陸絲此項原編本色生玄胡壹百柒拾玖觔壹兩陸錢每觔原編銀捌分於順治捌年玖月內奉

旨除解本色外該折色生玄胡壹百玖觔壹兩陸錢每觔折價捌分共銀捌兩柒錢貳分捌釐水脚銀捌分柒釐貳毫捌絲解費銀壹錢柒分肆釐伍毫陸絲

金銀花折色銀壹兩玖錢玖分捌釐水脚銀壹分玖釐玖毫捌絲解費銀叁分玖釐玖毫陸絲此項原編本色

金銀花貳百肆拾玖觔拾貳兩捌錢毎觔原編銀
壹分於順治捌年玖月内奉
旨除解本色外該折色金銀花壹百玖拾玖觔拾貳兩捌
錢毎觔折銀壹分共銀壹兩玖錢玖分捌釐水脚
銀壹分玖釐玖毫捌絲解
費銀叁分玖釐玖毫陸絲

白扁豆折色銀壹兩陸錢貳分水脚銀壹分陸釐貳
毫解費銀叁分貳釐肆毫此項原編本色白扁豆壹百陸拾貳觔毎觔原
編銀壹分於順治捌年玖月内奉
旨全改折該折色白扁豆壹百陸拾貳觔毎觔折銀壹分
共銀壹兩陸錢貳分水脚銀壹分
陸釐貳毫解費銀叁分貳釐肆毫

瓜蔞子折色銀捌錢壹分水脚銀捌釐壹毫解費銀
壹分陸釐貳毫此項原編本色瓜蔞子捌拾壹觔毎觔原編銀壹分於順治捌年玖

月内奉

旨全改折該折色爪篗子捌拾壹觔每觔折價壹分共銀

捌錢壹分水脚銀捌釐壹

毫解費銀壹分陸釐貳毫

黑牽牛折色銀貳兩捌錢貳分陸釐伍毫水脚銀貳

分捌釐貳毫陸絲伍忽解費銀伍分陸釐伍毫叁

絲此項原編本色黑牽牛肆百叁拾觔捌兩每觔原編銀柒釐於順治捌年玖月内奉

旨全改折該折色黑牽牛肆百叁拾觔捌兩每觔折銀柒

釐共銀貳兩捌錢貳分陸釐伍毫水脚銀貳分捌

釐貳毫陸絲伍忽解費

銀伍分陸釐伍毫叁絲

紫蕨折色銀壹錢肆分玖釐玖毫水脚銀壹釐肆毫

玖絲玖忽解費銀貳釐玖毫玖絲捌忽此項原編本色紫蕨

肆觔捌錢每觔原編銀叁分柒釐於順治捌年玖
月内奉
旨全改折該折色紫蕨肆觔捌錢每觔折價叁分柒釐共
銀壹錢肆分玖釐玖毫水脚銀壹釐肆毫玖絲玖
忽解費銀貳釐
玖毫玖絲陸忽

馬蹄香折色銀壹兩壹錢伍釐水脚銀壹分壹釐伍
絲解費銀貳分貳釐壹毫此項原編本色馬蹄香貳百貳拾壹觔每觔原
編銀伍釐於順治捌年玖月内奉
旨全改折該折色馬蹄香貳百貳拾壹觔每觔折價伍釐
共銀壹兩壹錢伍釐水脚銀壹分
壹釐伍絲解費銀貳分貳釐壹毫

玄胡索折色銀叁兩捌錢捌分捌釐水脚銀叁分捌
釐捌毫捌絲解費銀柒分柒釐柒毫陸絲此項原編本色

玄胡索肆拾捌觔玖兩陸錢每觔原編價銀捌分
於順治捌年玖月內奉
旨全改折該折色玄胡索肆拾捌觔玖兩陸錢每觔折價
捌分共銀叁兩捌錢捌分捌釐水脚銀叁分捌釐
捌毫捌絲解費銀柒
分柒釐柒毫陸絲

以上禮部項下原編本色藥材今改折色藥材壹款
計捌味共銀貳拾壹兩柒錢伍分玖釐壹毫陸絲
貳忽隨本徵解原派句容溧陽溧水叁縣徵收各
縣輪流壹遞壹年起解不入縣撤內正銀貳拾壹
兩壹錢貳分
伍釐肆毫水脚銀貳錢壹分壹釐貳毫伍
絲肆忽解費銀肆錢貳分貳釐伍毫捌忽

兵部項下折色

兵部備用折色馬捌百叁拾叁匹伍分每匹折銀叁拾兩共銀貳萬伍千伍兩內除六合縣滁州衛軍馬田畝佃戶輸納銀壹百貳兩又功臣田畝佃戶銀壹拾兩壹錢肆分伍釐玖毫陸絲叁忽捌微又商稅抵解銀壹百伍拾貳兩叁錢伍釐伍毫玖絲陸忽肆微以上叁項除抵解外實徵條編銀貳萬肆千柒百肆拾兩伍錢肆分捌釐肆毫叁絲玖忽捌微水脚銀貳百伍拾兩伍分解費銀伍百兩壹錢

查此項原額本折馬捌百叁拾叁匹伍分內江浦縣本色馬貳拾匹六合縣本色馬貳拾匹捌

分原改折色每匹銀叁拾兩折色馬柒百玖拾貳匹柒分每匹銀貳拾肆兩本折共銀貳萬貳百肆拾捌兩捌錢內除滁州衛軍馬田畝內輸納銀壹百貳兩實編銀貳萬壹百肆拾陸兩捌錢水脚銀貳百貳兩肆錢捌分捌釐於順治貳年陸月內准

太僕寺劉　題

准俵馬無論本折每匹徵銀叁拾兩除原額外新折銀肆千柒百伍拾陸兩貳錢水脚銀肆拾柒兩伍錢陸分貳釐原額新折共銀貳萬伍千伍兩內除六合縣軍馬田畝佃戶輸納銀壹百貳兩又功臣田畝佃戶輸納銀壹拾兩壹錢肆分伍釐玖毫陸絲叁忽捌微又商稅抵解銀壹百伍拾貳兩叁錢伍釐伍毫玖絲陸忽肆微實徵條編銀貳萬肆千柒百肆拾兩伍錢肆分捌釐肆毫叁絲玖忽捌微水脚銀貳百伍拾兩伍分解費銀伍百兩壹錢內

上元縣銀肆千貳百陸拾兩水脚銀肆拾貳兩陸錢解費銀捌拾伍兩貳錢

江寧縣銀壹千伍百玖拾兩水脚銀壹拾伍兩玖錢
解費銀叁拾壹兩捌錢
句容縣銀伍千柒拾兩水脚銀伍拾兩柒錢解費銀
壹百壹兩肆錢
溧陽縣銀肆千伍百叁拾兩水脚銀肆拾伍兩叁錢
解費銀玖拾兩陸錢
溧水縣銀叁千柒百貳拾兩水脚銀叁拾柒兩貳錢
解費銀柒拾肆兩肆錢
高淳縣銀貳千玖百肆拾兩水脚銀貳拾玖兩肆錢
解費銀伍拾捌兩捌錢
江浦縣銀壹千肆百貳拾伍兩水脚銀壹拾肆兩貳
錢伍分解費銀貳拾捌兩伍錢
六合縣銀壹千肆百柒拾兩水脚銀壹拾肆兩柒錢
解費銀貳拾玖兩肆錢

兵部草料銀肆千肆百兩貳錢伍分柒釐肆毫柒絲
內除六合縣商稅抵解江浦縣協濟草料不派條

編銀貳拾兩柒錢柒分玖釐貳毫壹絲實徵條編
銀肆千叁百柒拾玖兩肆錢柒分捌釐貳毫陸絲
水脚銀肆拾肆兩貳釐伍毫柒絲肆忽柒微內除
六合縣商稅抵解協濟江浦縣草料水脚銀貳錢
柒釐柒毫玖絲貳忽壹微實徵條編銀肆拾叁兩
柒錢玖分肆釐柒毫捌絲貳忽陸微奉文每兩加
解費貳分共銀捌拾捌兩伍釐壹毫肆絲玖忽肆
微內
上元縣銀捌百兩水脚銀捌兩解費銀拾陸兩
江寧縣銀叁百兩水脚銀叁兩解費銀陸兩

句容縣銀玖百伍拾兩水脚銀玖兩伍錢解費銀拾
玖兩
溧陽縣銀玖百伍拾壹兩玖錢玖分叁釐柒絲水脚
銀玖兩伍錢壹分玖釐玖毫叁絲柒微解費銀拾
玖兩叁分玖釐捌毫陸絲壹忽肆微
溧水縣銀捌百壹拾捌兩捌錢壹分壹釐捌毫捌絲
水脚銀捌兩壹錢捌分捌釐壹毫壹絲捌忽捌微
解費銀壹拾陸兩叁錢柒分陸釐貳毫叁絲柒忽
陸微
高淳縣銀貳百玖拾兩貳錢伍分柒釐肆毫柒絲水
脚銀貳兩玖錢貳釐伍毫柒絲肆忽柒微解費銀
伍兩捌錢伍釐壹毫肆絲玖忽肆微
江浦縣銀捌兩肆錢壹分伍釐捌毫肆絲水脚銀捌
分肆釐壹毫伍絲捌忽肆微解費銀壹錢陸分捌
釐叁毫壹絲陸忽捌微
六合縣銀并協濟江浦縣銀貳百捌拾兩柒錢柒分
玖釐貳毫壹絲水脚銀貳兩捌錢柒釐柒毫玖絲
貳忽壹微解費銀伍兩陸錢壹分伍釐伍毫捌絲

肆忽
貳微

兵部草場租銀貳百伍拾玖兩柒錢肆分貳釐伍毫

叄絲水脚銀貳兩伍錢玖分柒釐肆毫貳絲伍忽

叄微解費銀伍兩壹錢玖分肆釐捌毫伍絲陸微

查此項原額草場租銀貳百伍拾玖兩肆分貳釐伍毫叄絲水脚銀貳兩伍錢玖分肆毫貳絲伍忽叄微於順治拾伍年伍月貳拾日准太僕寺手本為移查

奏銷文册事該寺查得册內江寧府屬高淳縣少開原額草料銀柒錢合用手本前來查明更正等因在案遵依改編前數

係高淳縣徵解

草場租銀柒百陸拾兩壹錢玖分捌釐水脚銀柒兩

陸錢壹釐玖毫捌絲解費銀壹拾伍兩貳錢叁釐

玖毫陸絲係溧陽縣徵解

太僕寺短班醫獸拾名每名銀拾貳兩共銀壹百貳

拾兩拾年一解每年徵銀拾貳兩水腳銀陸分解

費銀貳錢肆分內

上元縣銀壹兩貳錢水腳銀陸釐解費銀貳分肆釐

江寧縣銀壹兩貳錢水腳銀陸釐解費銀貳分肆釐

句容縣銀貳兩肆錢水腳銀壹分貳釐解費銀肆分

捌釐

溧陽縣銀貳兩肆錢水腳銀壹分貳釐解費銀肆分

捌釐

溧水縣銀壹兩貳錢水腳銀陸釐解費銀貳分肆釐

高淳縣銀壹兩貳錢水腳銀陸釐解費銀貳分肆釐

江浦縣銀壹兩貳錢水脚銀陸釐解費銀貳分肆釐

六合縣銀壹兩貳錢水脚銀陸釐解費銀貳分肆釐

以上兵部自馬價起至太僕寺醫獸止計伍欵共銀

叁萬壹千叁百伍拾兩貳錢伍分叁釐玖毫肆絲

内正銀叁萬肆百叁拾柒兩壹錢玖分捌釐水脚銀叁百肆兩叁錢壹分壹釐玖毫捌絲解費銀陸百捌兩柒錢肆分叁釐玖毫陸絲

工部項下折色

工部四司料價銀壹萬陸千貳百壹拾貳兩陸錢玖

分伍毫陸絲伍忽水脚銀壹百陸拾貳兩壹錢貳

分陸釐玖毫伍忽陸微伍纖解費銀叁百貳拾肆

兩貳錢伍分叁釐捌毫壹絲壹忽叁微内

營繕司料價銀伍千壹百捌拾捌兩陸分玖毫捌絲

捌微水脚銀伍拾壹兩捌錢捌分陸毫玖忽捌微

捌沙解費銀壹百叁兩柒錢陸分壹釐貳毫壹絲

玖忽陸微壹纖陸沙内

上元縣銀伍百玖拾肆兩肆錢捌釐陸毫陸絲捌忽

捌微水脚銀伍兩玖錢肆分肆釐捌絲陸忽陸微

捌纖捌沙解費銀壹拾壹兩捌錢捌分捌釐壹毫

柒絲叁忽叁微柒纖陸沙

江寧縣銀叁百伍拾玖兩叁錢柒分叁釐壹毫貳絲

水脚銀叁兩伍錢玖分叁釐柒毫叁絲壹忽貳微

解費銀柒兩壹錢捌分柒釐肆毫陸絲貳忽肆微

句容縣銀壹千貳百伍拾捌兩玖錢柒分捌毫捌絲

水脚銀壹拾貳兩伍錢捌分玖釐柒毫捌忽捌微
解費銀貳拾伍兩壹錢柒分玖釐肆毫壹絲柒忽
陸微
溧陽縣銀壹千陸百柒拾兩壹錢肆分伍釐玖毫貳
絲水脚銀壹拾陸兩柒錢壹釐肆毫伍絲玖忽貳
微解費銀叁拾叁兩肆錢貳釐玖毫壹絲捌忽肆
微
溧水縣銀捌百貳拾肆兩肆毫肆絲捌忽水脚銀捌
兩貳錢肆分肆忽肆微捌纖解費銀壹拾陸兩肆
錢捌分捌忽玖微陸纖
高淳縣銀肆百柒拾兩壹錢貳分柒釐陸絲肆忽水
脚銀肆兩柒錢壹釐貳毫柒絲陸微肆纖解費銀
玖兩肆錢貳釐伍毫肆絲壹忽貳微捌纖
江浦縣銀伍兩伍錢壹分柒釐肆毫肆絲水脚銀伍
分伍釐壹毫柒絲肆忽肆微解費銀壹錢壹分叁
毫肆絲捌忽捌微
六合縣銀伍兩伍錢壹分柒釐肆毫肆絲水脚銀伍
分伍釐壹毫柒絲肆忽肆微解費銀壹錢壹分叁

毫肆絲捌
忽捌微
虞衡司料價銀貳千伍百玖拾肆兩叁分肆毫玖絲
肆微水脚銀貳拾伍兩玖錢肆分叁毫肆忽玖微
肆沙解費銀伍拾壹兩捌錢捌分陸毫玖忽捌微
捌沙內
上元縣銀貳百玖拾柒兩貳錢肆釐叁毫叁絲肆忽
肆微水脚銀貳兩玖錢柒分貳釐肆絲叁忽叁微
肆纖肆沙解費銀伍兩玖錢肆分肆釐捌絲陸忽
陸微捌纖捌沙
江寧縣銀壹百柒拾玖兩陸錢捌分陸釐伍毫陸絲
水脚銀壹兩柒錢玖分陸釐捌毫陸絲伍忽陸微
解費銀叁兩伍錢玖分叁釐柒毫叁絲壹忽貳微
句容縣銀陸百貳拾玖兩肆錢捌分伍釐肆毫肆絲

水脚銀陸兩貳錢玖分肆釐捌毫伍絲肆忽肆微

解費銀壹拾貳兩伍錢捌分玖釐柒毫捌忽捌微

溧陽縣銀捌百叁拾伍兩柒分貳釐玖毫陸絲水脚銀捌兩叁錢伍分柒毫貳絲玖忽陸微解費銀壹拾陸兩柒錢壹釐肆毫伍絲玖忽貳微

溧水縣銀肆百壹拾貳兩貳毫貳絲肆忽水脚銀肆兩壹錢貳分貳忽貳微肆纖解費銀捌兩貳錢肆分肆忽肆微捌纖

高淳縣銀貳百叁拾伍兩陸分叁釐伍毫叁絲貳忽水脚銀貳兩叁錢伍分陸毫叁絲伍忽叁微貳纖解費銀肆兩柒錢壹釐貳毫柒絲陸微肆纖

江浦縣銀貳兩柒錢伍分捌釐柒毫貳絲水脚銀貳分柒釐伍毫捌絲柒忽貳微解費銀伍分伍釐壹毫柒絲肆忽肆微

六合縣銀貳兩柒錢伍分捌釐柒毫貳絲水脚銀貳分柒釐伍毫捌絲柒忽貳微解費銀伍分伍釐壹毫柒絲肆忽肆微

都水司料價銀肆千伍百叁拾玖兩伍錢伍分叁釐
叁毫伍絲捌忽貳微水脚銀肆拾伍兩叁錢玖分
伍釐伍毫叁絲叁忽伍微捌纖貳沙解費銀玖拾
兩柒錢玖分壹釐陸絲柒忽壹微陸纖肆沙內

上元縣銀伍百貳拾兩壹錢柒釐伍毫捌絲伍忽貳
微水脚銀伍兩貳錢壹釐柒絲伍忽捌微伍纖貳
沙解費銀壹拾兩肆錢貳釐壹毫伍絲壹忽柒微
肆沙

江寧縣銀叁百壹拾肆兩肆錢伍分壹釐肆毫捌絲
水脚銀叁兩壹錢肆分肆釐伍毫壹絲肆忽捌微
解費銀陸兩貳錢捌分玖釐貳絲玖忽陸微

句容縣銀壹千壹百壹兩伍錢玖分玖釐伍毫貳絲
水脚銀壹拾壹兩壹分伍釐玖毫玖絲伍忽貳微
解費銀貳拾貳兩叁分壹釐玖毫玖絲肆微

溧陽縣銀壹千肆百陸拾壹兩叁錢柒分柒釐陸毫
捌絲水脚銀壹拾肆兩陸錢壹分叁釐柒毫柒絲
陸忽捌微解費銀貳拾玖兩貳錢貳分柒釐伍毫
伍絲叁忽陸微

溧水縣銀柒百貳拾壹兩叁毫玖絲貳忽水脚銀柒
兩貳錢壹分叁忽玖微貳纖解費銀壹拾肆兩肆
錢貳分柒忽捌微肆纖

高淳縣銀肆百壹拾壹兩叁錢陸分壹釐壹毫捌絲
壹忽水脚銀肆兩壹錢壹分叁釐陸毫壹絲壹忽
捌微壹纖解費銀捌兩貳錢貳分柒釐貳毫貳絲
叁忽陸微貳纖

江浦縣銀肆兩捌錢貳分柒釐柒毫陸絲水脚銀肆
分捌釐貳毫柒絲柒忽陸微解費銀玖分陸釐伍
毫伍絲伍忽貳微

六合縣銀肆兩捌錢貳分柒釐柒毫陸絲水脚銀肆
分捌釐貳毫柒絲柒忽陸微解費銀玖分陸釐伍
毫伍絲伍
忽貳微

屯田司料價銀叄千捌百玖拾壹兩肆分伍釐柒毫
叄絲伍忽陸微水脚銀叄拾捌兩玖錢壹分肆毫
伍絲柒忽叄微伍纖陸沙解費銀柒拾柒兩捌錢
貳分玖毫壹絲肆忽柒微壹纖貳沙內

上元縣銀肆百肆拾伍兩捌錢陸釐伍毫壹忽陸微
水脚銀肆兩肆錢伍分捌釐陸絲伍忽壹纖陸沙
解費銀捌兩玖錢壹分陸釐壹毫叄絲叄纖貳沙

江寧縣銀貳百陸拾玖兩伍錢貳分玖釐捌毫肆絲
水脚銀貳兩陸錢玖分伍釐貳毫玖絲捌忽肆微
解費銀伍兩叄錢玖分伍毫玖絲陸忽捌微

句容縣銀玖百肆拾肆兩貳錢貳分捌釐壹毫陸絲
水脚銀玖兩肆錢肆分貳釐貳毫捌絲壹忽陸微
解費銀壹拾捌兩捌錢捌分肆釐伍毫陸絲叄忽
貳微

溧陽縣銀壹千貳百伍拾貳兩陸錢玖釐肆毫肆絲
水脚銀壹拾貳兩伍錢貳分陸釐玖絲肆忽肆微
解費銀貳拾伍兩伍分貳釐壹毫捌絲捌忽捌微
溧水縣銀陸百壹拾捌兩叁毫叁絲陸忽水脚銀陸
兩壹錢捌分叁忽叁微陸纖解費銀壹拾貳兩叁
錢陸分陸忽柒微貳纖
高淳縣銀叁百伍拾貳兩伍錢玖分伍釐貳毫玖絲
捌忽水脚銀叁兩伍錢貳分伍釐玖毫伍絲貳忽
玖微捌纖解費銀柒兩伍分壹釐玖毫伍忽玖微
陸纖
江浦縣銀肆兩壹錢叁分捌釐捌絲水脚銀肆分壹
釐叁毫捌絲捌微解費銀捌分貳釐柒毫陸絲壹
忽陸微
六合縣銀肆兩壹錢叁分捌釐捌絲水脚銀肆分壹
釐叁毫捌絲捌微解費銀捌分貳釐柒毫陸絲壹
忽陸微
工部營繕司磚料銀玖百兩水脚銀玖兩解費銀拾

捌兩內

上元縣銀陸拾兩貳錢貳分貳釐水脚銀陸錢貳釐貳毫貳絲解費銀壹兩貳錢肆釐肆毫肆絲

江寧縣銀叁拾貳兩壹錢叁分伍釐水脚銀叁錢貳分壹釐叁毫伍絲解費銀陸錢肆分貳釐柒毫

句容縣銀貳百柒兩叁錢捌分玖釐水脚銀貳兩柒分叁釐捌毫玖絲解費銀肆兩壹錢肆分柒釐柒毫捌絲

溧陽縣銀叁百陸兩陸分貳釐水脚銀叁兩陸分陸毫貳絲解費銀陸兩壹錢貳分壹釐貳毫肆絲

溧水縣銀壹百捌拾壹兩壹錢壹分叁釐水脚銀壹兩捌錢壹分壹釐壹毫叁絲解費銀叁兩陸錢貳分貳釐貳毫陸絲

高淳縣銀柒拾捌兩伍錢玖分伍釐水脚銀柒錢捌分伍釐玖毫伍絲解費銀壹兩伍錢柒分壹釐玖毫

江浦縣銀壹拾柒兩貳錢肆分貳釐水脚銀壹錢柒

分貳釐肆毫貳絲解費銀叁錢肆分肆釐捌毫肆
絲

六合縣銀壹拾柒兩貳錢肆分貳釐水脚銀壹錢柒
分貳釐肆毫貳絲解費銀叁錢肆分肆釐捌毫肆
絲

工部都水司黃蔴銀陸拾肆兩伍錢捌分肆釐水脚
銀陸錢肆分伍釐捌毫肆絲解費銀壹兩貳錢玖
分壹釐陸毫捌絲遇閏加銀壹兩捌錢柒釐壹毫
捌絲壹忽貳微伍纖查此項原額河泊所蔴料銀兩於順治拾壹年肆月內奉
部頒發款目冊內開載折色黃蔴貳千捌百捌觔
每觔折銀貳分叁釐共銀陸拾肆兩伍錢捌分肆
釐水脚銀陸錢肆分伍釐捌毫肆絲解費銀壹兩
貳錢玖分壹釐陸毫捌絲遇閏加蔴柒拾捌觔玖

兩壹錢共銀壹兩捌錢柒釐壹毫捌絲壹忽貳微伍纖内

上元縣銀壹拾叁兩貳錢捌分叁釐玖毫叁絲柒忽伍微水脚銀壹錢叁分貳釐捌毫叁絲玖忽叁微柒纖伍沙解費銀貳錢陸分伍釐陸毫柒絲捌忽柒微伍纖遇閏加銀叁錢柒分壹釐柒毫叁絲柒忽伍微

江寧縣銀肆拾貳兩貳分捌釐壹毫捌絲柒忽伍微水脚銀肆錢貳分貳毫捌絲壹忽捌微柒纖伍沙解費銀捌錢肆分伍毫陸絲叁忽柒微伍纖遇閏加銀壹兩壹錢柒分伍釐捌毫柒絲伍忽

句容縣銀玖兩貳錢柒分壹釐捌毫柒絲伍忽水脚銀玖分貳釐柒毫壹絲捌忽柒微伍纖解費銀壹錢捌分伍釐肆毫叁絲柒忽伍微遇閏加銀貳錢伍分玖釐伍毫陸絲捌忽柒微伍纖

工部都水司白蔴銀肆拾伍兩伍錢玖分玖釐柒毫

玖絲叁忽柒微伍纖水脚銀肆錢伍分伍釐玖毫
玖絲柒忽玖微叁纖柒沙伍塵解費銀玖錢壹分
壹釐玖毫玖絲伍忽捌微柒纖伍沙遇閏加銀壹
兩叁錢伍分壹釐捌絲柒忽伍微查此項原額河泊所蘇料銀兩
於順治拾壹年肆月内奉　部頒發款目册開白
蘇貳千壹百柒拾壹觔陸兩柒錢遇閏加蘇陸拾
肆觔伍兩陸錢先於順治拾年陸月内奉
旨除解本色外該折色白蘇壹千伍百壹拾玖觔壹拾伍
兩捌錢玖分每觔折銀叁分共銀肆拾伍兩伍錢
玖分玖釐柒毫玖絲叁忽柒微伍纖水脚銀肆錢
伍分伍釐玖毫玖絲柒忽玖微叁纖柒沙伍塵解
費銀玖錢壹分壹釐玖毫玖絲伍忽捌微柒纖伍
沙遇閏加銀壹兩叁錢伍分壹釐捌絲柒忽伍微
内

上元縣銀玖兩叁錢柒分玖釐陸毫伍絲水脚銀玖分叁釐柒毫玖絲陸忽伍微解費銀壹錢捌分柒釐伍毫玖絲叁忽遇閏加銀貳錢柒分柒釐叁毫叁絲壹忽貳微伍纖

江寧縣銀貳拾玖兩陸錢柒分貳釐陸毫陸忽貳微伍纖水脚銀貳錢玖分陸釐柒毫貳絲陸忽陸纖貳沙伍塵解費銀伍錢玖分叁釐肆毫伍絲貳忽壹微貳纖伍沙遇閏加銀捌錢柒分玖釐陸毫叁絲柒忽伍微

句容縣銀陸兩伍錢肆分柒釐伍毫叁絲柒忽伍微水脚銀陸分伍釐肆毫柒絲伍忽叁微柒纖伍沙解費銀壹錢叁分玖毫伍絲柒微伍纖遇閏加銀壹錢玖分肆釐壹毫壹絲捌忽柒微伍纖

工部都水司魚線膠銀陸兩肆錢壹分柒釐壹毫壹絲水脚銀陸分肆釐壹毫柒絲壹忽壹微解費銀

壹錢貳分捌釐叁毫肆絲貳忽貳微遇閏加銀壹
錢柒分壹釐陸毫肆絲　查此項原額河泊所蘇料
銀兩於順治拾壹年肆月
内奉　部頒發款目册内開魚線膠壹百壹拾肆
觔玖兩肆錢陸分遇閏加膠叁觔壹兩肆分先於
順治拾年陸月内奉
旨除解本色外該折色魚線膠捌拾觔叁兩肆錢貳分貳
釐每觔折銀捌分共銀陸兩肆錢壹分柒釐壹毫
壹絲水脚銀陸分肆釐壹毫柒絲壹忽壹微解費
銀壹錢貳分捌釐叁毫肆絲貳忽貳微遇閏加銀
壹錢柒分壹釐陸毫肆絲内
上元縣銀壹兩叁錢壹分玖釐玖毫玖絲水脚銀壹
分叁釐壹毫玖絲玖忽玖微解費銀貳分陸釐叁
毫玖絲玖忽捌微遇閏加銀叁分伍釐貳毫壹絲
江寧縣銀肆兩壹錢柒分伍釐伍毫柒絲水脚銀肆
分壹釐柒毫伍絲伍忽柒微解費銀捌分叁釐伍
毫壹絲壹忽肆微遇閏加銀壹錢壹分壹釐捌毫

貳絲伍忽

句容縣銀玖錢貳分壹釐伍毫伍絲水脚銀玖釐貳毫壹絲伍忽伍微解費銀壹分捌釐肆毫叁絲壹忽遇閏加銀貳分肆釐陸毫伍忽

御用監匠役衣糧銀叁百貳拾肆兩水脚銀叁兩貳錢肆分解費銀陸兩肆錢捌分遇閏加銀貳拾柒兩

查此項原額銀貳百捌拾叁兩柒錢壹分陸釐遇閏加銀貳拾肆兩貳錢玖分捌釐於順治拾壹年肆月內奉工部頒發款目冊改編前數內

上元縣銀伍拾壹兩肆錢伍釐陸毫水脚銀伍錢壹分肆釐伍絲陸忽解費銀壹兩貳分捌釐壹毫壹絲貳忽遇閏加銀肆兩叁錢壹分叁絲捌忽伍微

江寧縣銀肆拾陸兩肆錢捌分叁釐肆毫水脚銀肆錢陸分肆釐捌毫叁絲肆忽解費銀玖錢貳分玖釐陸毫陸絲捌忽遇閏加銀叁兩玖錢貳分伍釐柒毫伍絲玖忽

句容縣銀伍拾壹兩肆錢玖分陸釐捌毫水脚銀伍
錢壹分肆釐玖毫陸絲捌忽解費銀壹兩貳分玖
釐玖毫叁絲陸忽遇閏加銀肆兩貳錢玖分叁釐
伍毫壹絲捌忽

溧陽縣銀伍拾壹兩肆錢玖分陸釐捌毫水脚銀伍
錢壹分肆釐玖毫陸絲捌忽解費銀壹兩貳分玖
釐玖毫叁絲陸忽遇閏加銀肆兩貳錢玖分叁釐
伍毫壹絲捌忽

溧水縣銀肆拾肆兩陸錢柒分捌釐陸毫水脚銀肆
錢肆分陸釐柒毫捌絲陸忽解費銀捌錢玖分叁
釐伍毫柒絲貳忽遇閏加銀叁兩陸錢陸分玖釐
玖毫伍絲捌忽伍微

高淳縣銀肆拾貳兩柒錢陸分肆毫水脚銀肆錢貳
分柒釐陸毫肆忽解費銀捌錢伍分伍釐貳毫捌
忽遇閏加銀叁兩伍錢壹分肆釐肆毫肆絲玖忽

江浦縣銀壹拾柒兩捌錢叁分玖釐貳毫水脚銀壹
錢柒分捌釐叁毫玖絲貳忽解費銀叁錢伍分陸
釐柒毫捌絲肆忽遇閏加銀壹兩肆錢玖分陸釐

叁毫柒絲玖忽伍微

六合縣銀壹拾柒兩捌錢叁分玖釐貳毫水脚銀壹錢柒分捌釐叁毫玖絲貳忽解費銀叁錢伍分陸釐柒毫捌絲肆忽遇閏加銀壹兩肆錢玖分陸釐叁毫柒絲玖忽伍微

以上工部自四司料價起至匠役衣糧止計六款共銀壹萬捌千柒拾玖兩捌錢玖分貳毫壹絲貳忽捌微壹纖貳沙伍塵遇閏加銀叁拾兩叁錢貳分玖釐玖毫捌忽柒微伍纖內　正銀壹萬柒千伍百伍拾叁兩貳錢玖分壹釐肆毫陸絲捌忽柒微伍纖水脚銀壹百柒拾伍兩伍錢叁分貳釐玖毫壹絲肆忽陸微捌纖柒沙伍塵解費銀叁百伍拾壹兩陸分伍釐捌毫貳絲玖忽叁微柒纖伍沙

本府所屬解布政司轉解戶部本色物料數

夏稅本色起運

戶部項下本色

甲丁貳庫本色顏料原編價銀貳百柒拾柒兩捌錢捌分叁釐柒毫伍絲鋪墊銀捌拾伍兩玖錢叁分柒釐陸絲貳忽伍微貼備蒼术藥材顏料使費銀貳百肆拾陸兩柒分玖釐貳毫此項原編甲丁貳庫銀硃等料價銀柒百伍拾陸兩貳錢玖分柒釐伍毫鋪墊銀貳百柒兩玖分貳釐貳毫伍絲於順治拾年陸月內准部文本折分解內撥出銀肆百柒拾捌兩肆錢壹分叁釐柒毫伍絲鋪墊銀壹百貳拾壹兩壹錢伍

分伍釐壹毫捌絲柒忽伍微以上貳項已入前項
折色款內又貼備蓍朮藥材顏料使費銀貳百玖
拾陸兩柒分玖釐貳毫內撥出江浦六合二縣銀
伍拾兩貼備蓍朮船脚使費等項除撥出外實編
前銀
內
上元縣本色價銀叁拾兩柒錢壹分肆釐陸毫捌絲
柒忽伍微鋪墊銀玖兩伍錢陸釐壹毫捌絲柒忽
伍微貼備使費等銀叁拾壹兩貳錢貳分
江寧縣本色價銀叁拾兩柒錢伍分玖毫叁絲柒忽
伍微鋪墊銀玖兩伍錢貳分陸釐壹毫貳絲伍忽
貼備使費等銀貳拾捌兩壹錢柒分肆釐肆毫
句容縣本色價銀陸拾貳兩玖錢肆分肆釐叁毫柒
絲伍忽鋪墊銀壹拾玖兩壹錢玖分貳釐伍毫陸
絲貳忽伍微貼備使費銀伍拾捌兩伍錢貳分壹
釐貳毫
溧陽縣本色價銀柒拾陸兩壹錢陸分貳釐捌毫壹
絲貳忽伍微鋪墊銀貳拾叁兩柒錢伍分玖釐伍

毫陸絲貳忽伍微貼備使費銀伍拾玖兩肆錢玖釐捌毫

溧水縣本色價銀叁拾玖兩叁錢玖分叁釐壹毫貳絲伍忽鋪墊銀壹拾貳兩伍錢叁釐貼備使費等銀叁拾柒兩叁錢壹分壹釐貳毫

高淳縣本色價銀叁拾柒兩玖錢壹分柒釐捌毫壹絲貳忽伍微鋪墊銀壹拾壹兩肆錢肆分玖釐陸毫貳絲伍忽貼備使費等銀叁拾壹兩肆錢肆分貳釐陸毫以上各

縣徵銀辦解內部

甲字庫

本色銀硃貳百伍拾肆觔拾叁兩每觔原編銀伍錢鋪墊銀壹錢壹分共價銀壹百貳拾柒兩肆錢陸釐貳毫伍絲鋪墊銀貳拾捌兩貳分玖釐叁毫柒

絲伍忽内

上元縣本色銀硃貳拾捌觔壹兩該價銀壹拾肆兩叁分壹釐貳毫伍絲鋪墊銀叁兩捌分陸釐捌毫柒絲伍忽

江寧縣本色銀硃貳拾捌觔壹兩該價銀壹拾肆兩叁分壹釐貳毫伍絲鋪墊銀叁兩捌分陸釐捌毫柒絲伍忽

句容縣本色銀硃伍拾貳觔叁兩該價銀貳拾陸兩玖分叁釐柒毫伍絲鋪墊銀伍兩柒錢肆分陸毫貳絲伍忽

溧陽縣本色銀硃柒拾貳觔肆兩該價銀叁拾陸兩壹錢貳分伍釐鋪墊銀柒兩玖錢肆分柒釐伍毫

溧水縣本色銀硃叁拾捌觔貳兩該價銀壹拾玖兩陸分貳釐伍毫鋪墊銀肆兩壹錢玖分叁釐柒毫伍絲

高淳縣本色銀硃叁拾陸觔貳兩該價銀壹拾捌兩零陸分貳釐伍毫該鋪墊銀叁兩玖錢柒分叁釐

柒毫伍絲

本色賦硃貳百陸拾柒觔每觔原編銀壹錢玖分鋪墊銀壹錢壹分共價銀伍拾兩柒錢叁分鋪墊銀貳拾玖兩叁錢柒分内

上元縣本色賦硃貳拾陸觔捌兩該價銀伍兩叁分伍釐鋪墊銀貳兩玖錢壹分伍釐

江寧縣本色賦硃貳拾陸觔捌兩該價銀伍兩叁分伍釐鋪墊銀貳兩玖錢壹分伍釐

句容縣本色賦硃陸拾壹觔拾貳兩該價銀壹拾壹兩柒錢叁分貳釐伍毫鋪墊銀陸兩柒錢玖分貳釐伍毫

溧陽縣本色賦硃柒拾玖觔柒兩該價銀壹拾伍兩玖分叁釐壹毫貳絲伍忽鋪墊銀捌兩柒錢叁分捌釐壹毫貳絲伍忽

溧水縣本色賦硃叄拾玖觔拾壹兩該價銀柒兩伍錢肆分陸毫貳絲伍忽鋪墊銀肆兩叄錢陸分伍釐陸毫貳絲伍忽

高淳縣本色賦硃叄拾叄觔貳兩該價銀陸兩貳錢玖分叄釐柒毫伍絲鋪墊銀叄兩陸錢肆分叄釐柒毫伍絲

本色藤黃柒拾壹觔叄兩每觔原編銀壹錢鋪墊銀壹錢壹分共價銀柒兩壹錢壹分捌釐柒毫伍絲鋪墊銀柒兩捌錢叄分陸毫貳絲伍忽內

上元縣本色藤黃玖觔陸兩該價銀玖錢叄分柒釐伍毫鋪墊銀壹兩叄分壹釐貳毫伍絲

江寧縣本色藤黃玖觔陸兩該價銀玖錢叄分柒釐伍毫鋪墊銀壹兩叄分壹釐貳毫伍絲

句容縣本色藤黃拾伍觔拾兩該價銀壹兩伍錢陸分貳釐伍毫鋪墊銀壹兩柒錢壹分捌釐柒毫伍

絲
溧陽縣本色藤黃壹拾捌觔拾貳兩該價銀壹兩捌錢柒分伍釐鋪墊銀貳兩陸分貳釐伍毫
溧水縣本色藤黃玖觔伍兩該價銀玖錢叁分壹釐貳毫伍絲鋪墊銀壹兩零貳分肆釐叁毫柒絲伍忽
高淳縣本色藤黃捌觔拾貳兩該價銀捌錢柒分伍釐鋪墊銀玖錢陸分貳釐伍毫
本色黑鉛玖百柒拾陸觔肆兩每觔原編銀叁分伍釐鋪墊銀壹分壹釐共價銀叁拾肆兩壹錢陸分捌釐柒毫伍絲鋪墊銀壹拾兩柒錢叁分捌釐柒毫伍絲內
上元縣本色黑鉛壹百貳拾叁觔拾叁兩該價銀肆兩叁錢叁分叁釐肆毫叁絲柒忽伍微鋪墊銀壹

兩叄錢陸分壹釐玖毫叄絲柒忽伍微
江寧縣本色黑鉛壹百貳拾叄觔拾叄兩該價銀肆
兩叄錢叄分叄釐肆毫叄絲柒忽伍微鋪墊銀壹
兩叄錢陸分壹釐玖毫叄絲柒忽伍微
句容縣本色黑鉛貳百壹拾伍觔拾兩該價銀柒兩
伍錢肆分陸釐捌毫柒絲伍忽鋪墊銀貳兩叄錢
柒分壹釐捌毫柒絲伍忽
溧陽縣本色黑鉛貳百貳拾貳觔拾叄兩該價銀柒
兩柒錢玖分捌釐肆毫叄絲柒忽伍微鋪墊銀貳
兩肆錢伍分玖毫叄絲柒忽伍微
溧水縣本色黑鉛壹百肆拾陸觔肆兩該價銀伍兩
壹錢壹分捌釐柒毫伍絲鋪墊銀壹兩陸錢捌釐
柒毫伍絲
高淳縣本色黑鉛壹百肆拾叄觔拾伍兩該價銀伍
兩叄分柒釐捌毫壹絲貳忽伍微鋪墊銀壹兩伍
錢捌分叄釐叄毫壹絲貳忽伍微
本色烏梅叄百壹拾叄觔拾伍兩每觔原編銀貳分

鋪墊銀壹分壹釐共價銀陸兩貳錢柒分捌釐柒
毫伍絲鋪墊銀叁兩肆錢伍分叁釐叁毫壹絲貳
忽伍微內

上元縣本色烏梅叁拾陸觔陸兩該價銀柒錢貳分
柒釐伍毫鋪墊銀肆錢壹毫貳絲伍忽

江寧縣本色烏梅叁拾捌觔叁兩該價銀柒錢陸分
叁釐柒毫伍絲鋪墊銀肆錢貳分陸絲貳忽伍微

句容縣本色烏梅陸拾伍觔柒兩該價銀壹兩叁錢
捌釐柒毫伍絲鋪墊銀柒錢壹分玖釐捌毫壹絲
貳忽伍微

溧陽縣本色烏梅柒拾肆觔捌兩該價銀壹兩肆錢
玖分鋪墊銀捌錢壹分玖釐伍毫

溧水縣本色烏梅伍拾肆觔捌兩該價銀壹兩玖分
鋪墊銀伍錢玖分玖釐伍毫

高淳縣本色烏梅肆拾肆觔拾伍兩該價銀捌錢玖

分捌釐柒毫伍絲鋪墊銀肆錢玖分肆釐叁毫壹絲貳忽伍微

丁字庫

本色紅熟銅貳百玖拾貳觔玖兩每觔原編銀壹錢鋪墊銀壹分陸釐共價銀貳拾玖兩貳錢伍分陸釐貳毫伍絲鋪墊銀肆兩陸錢捌分壹釐內

上元縣本色紅熟銅叁拾貳觔陸兩該價銀叁兩貳錢叁分柒釐伍毫鋪墊銀伍錢壹分捌釐

江寧縣本色紅熟銅叁拾貳觔陸兩該價銀叁兩貳錢叁分柒釐伍毫鋪墊銀伍錢壹分捌釐

句容縣本色紅熟銅捌拾肆觔貳兩該價銀捌兩肆錢壹分貳釐伍毫鋪墊銀壹兩叁錢肆分陸釐

溧陽縣本色紅熟銅柒拾玖觔拾叁兩該價銀柒兩玖錢捌分壹釐貳毫伍絲鋪墊銀壹兩貳錢柒分

柒釐
溧水縣本色紅熟銅叁拾貳觔陸兩該價銀叁兩貳錢叁分柒釐伍毫鋪墊銀伍錢壹分捌釐
高淳縣本色紅熟銅叁拾壹觔捌兩該價銀叁兩壹錢伍分鋪墊銀伍錢肆釐

本色黃蠟壹百壹拾肆觔拾兩每觔原編銀貳錢鋪墊銀壹分陸釐共價銀貳拾貳兩玖錢貳分伍釐
鋪墊銀壹兩捌錢叁分肆釐內
上元縣本色黃蠟拾貳觔壹兩該價銀貳兩肆錢壹分貳釐伍毫鋪墊銀壹錢玖分叁釐
江寧縣本色黃蠟拾貳觔壹兩該價銀貳兩肆錢壹分貳釐伍毫鋪墊銀壹錢玖分叁釐
句容縣本色黃蠟叁拾壹觔柒兩該價銀陸兩貳錢捌分柒釐伍毫鋪墊銀伍錢叁釐

溧陽縣本色黄蠟貳拾玖觔該價銀伍兩捌錢鋪墊銀肆錢陸分肆釐

溧水縣本色黄蠟拾貳觔壹兩該價銀貳兩肆錢壹分貳釐伍毫鋪墊銀壹錢玖分叁釐

高淳縣本色黄蠟拾捌觔該價銀叁兩陸錢鋪墊銀貳錢捌分捌釐

承運庫

原解江南今改解京本色壹分貳釐絹壹百陸拾叁疋伍分陸釐每疋原徵銀柒錢該銀壹百壹拾肆兩肆錢玖分貳釐綱司水脚銀陸拾柒兩叁錢柒分貳毫伍絲捌忽内

上元縣本色絹貳拾捌疋叁分貳釐該價銀拾玖兩捌錢貳分肆釐綱司水脚銀拾肆兩捌錢叁分貳

釐壹毫貳絲捌忽
江寧縣本色絹壹拾貳疋壹分貳釐該價銀捌兩肆錢捌分肆釐綑司水脚銀柒兩柒錢玖分柒釐陸毫肆絲
句容縣本色絹叁拾疋陸分該價銀貳拾壹兩肆錢貳分綑司水脚銀壹拾貳兩叁錢陸分貳釐肆毫
溧陽縣本色絹叁拾玖疋捌分肆釐該價銀貳拾柒兩捌錢捌分捌釐綑司水脚銀壹拾壹兩玖分伍釐叁毫陸絲
溧水縣本色絹叁拾貳疋壹分陸釐該價銀貳拾貳兩伍錢壹分貳釐綑司水脚銀壹拾貳兩玖錢玖分貳釐陸毫肆絲
高淳縣本色絹拾貳疋捌分肆釐該價銀捌兩玖錢捌分捌釐綑司水脚銀伍兩壹錢捌分柒釐叁毫陸絲
江浦縣本色絹叁疋玖分陸釐該價銀貳兩柒錢柒分貳釐綑司水脚銀壹兩伍錢玖分玖釐捌毫肆絲

六合縣本色絹叁疋柒分貳釐該價銀貳兩陸錢肆釐綱司水脚銀壹兩伍錢貳釐捌毫玖絲

以上各縣原編江南庫絲絹壹千叁百陸拾叁疋內本色壹百陸拾叁疋伍分陸釐每疋原編價銀柒錢共銀壹百壹拾肆兩肆錢玖分貳釐綱司水脚銀陸拾柒兩叁錢柒分貳毫伍絲捌忽改解北部餘折色絹壹千壹百玖拾玖疋肆分肆釐徵銀載入後項留充本省南餉款項內

供用庫

原解江南供用庫今改解京本色黃白蠟原編價銀貳百玖拾伍兩水脚銀貳兩玖錢伍分綱司銀貳百伍兩貳錢伍分內

句容縣銀捌拾玖兩伍錢水脚銀捌錢玖分伍釐綱司銀玖拾伍兩伍錢

溧陽縣銀捌拾玖兩伍錢水脚銀捌錢玖分伍釐綱
司銀肆拾柒兩柒錢伍分
溧水縣銀陸拾壹兩水脚銀陸錢壹分綱司銀叁拾
貳兩伍錢
高淳縣銀伍拾伍兩水脚銀伍錢伍分綱司銀貳拾
玖兩伍錢以上各縣徵銀辦解內部

本色黃蠟壹千壹百觔每觔原編銀貳錢共銀貳百
貳拾兩內
句容縣本色黃蠟叁百叁拾伍觔該銀陸拾柒兩
溧陽縣本色黃蠟叁百叁拾伍觔該銀陸拾柒兩
溧水縣本色黃蠟貳百叁拾觔該銀肆拾陸兩
高淳縣本色黃蠟貳百觔該銀肆拾兩

本色白蠟壹百伍拾觔每觔原編銀伍錢共銀柒拾
伍兩內

句容縣本色白蠟肆拾伍觔該銀貳拾貳兩伍錢
溧陽縣本色白蠟肆拾伍觔該銀貳拾貳兩伍錢
溧水縣本色白蠟叁拾觔該銀壹拾伍兩
高淳縣本色白蠟叁拾觔該銀壹拾伍兩
以上貳項原解江南供用庫今改解京原編本色黄白蠟藾草等項價銀貳百玖拾柒兩伍錢水脚銀貳兩玖錢柒分伍釐絅司等銀貳百伍兩貳錢伍分内撥出折色藾草價銀貳兩伍錢水脚銀貳分伍釐已入前項折色欵内徵解外實編前數又以上甲丁承運供用四庫本色顔料絲絹黄白蠟等項准部駁全書簽開仍解本色者價值奉
旨照刊書價值開列每年貳月督撫確查時估　題明填入易知由单内照數徵派委官辦解不許遺累民間等因在案已遵行各縣照估定時價辦解内部
以上户部項下本色自甲字庫本色銀硃起至供用庫本色白蠟止計拾欵共銀壹千貳百玖拾肆兩

玖錢陸分貳釐貳毫柒絲伍微內正銀陸百捌拾柒兩叁錢柒分
伍釐柒毫伍絲鋪墊銀捌拾伍兩玖錢叁分柒釐
陸絲貳忽伍微水脚綑司使費等銀伍百貳拾壹
兩陸錢肆分玖釐
肆毫伍絲捌忽

本府所屬兌運本色漕糧米數

秋糧本色起運

戶部項下本色

京倉兌運漕糧正兌本色正米柒萬肆千伍百貳拾

玖石每石加耗肆斗該耗米貳萬玖千捌百壹拾

壹石陸斗外加溧陽縣裏河剝船米每石叁升該

耗米柒百玖拾貳石玖斗共正耗米壹拾萬伍千壹百叁拾叁石伍斗此項原額正米捌萬陸千捌百柒拾壹石每石加耗肆斗該耗米叁萬肆千柒百肆拾捌石肆斗外加溧陽縣裏河剥船米每石叁升該耗米柒百玖拾貳石玖斗内據溧水縣爲水虐虛糧日增等事申詳廵撫都院張　具題改折部覆於順治拾伍年叁月初肆日奉

旨准改折色正米壹萬貳千叁百肆拾貳石已入前項折色欵内徵銀解部免編耗米肆千玖百叁拾陸石捌斗減派於民外實編前數内

上元縣本色正米壹萬貳千玖百陸拾玖石該耗米伍千壹百捌拾柒石陸斗共正耗米壹萬捌千壹百伍拾陸石陸斗

江寧縣本色正米壹萬壹千伍百肆拾石該耗米肆千陸百壹拾陸石共正耗米壹萬陸千壹百伍拾陸石

句容縣本色正米壹萬捌千捌百陸拾柒石該耗米
柒千伍百肆拾陸石捌斗共正耗米貳萬陸千肆
百壹拾叁石捌斗

溧陽縣本色正米貳萬陸千肆百叁拾石該耗米壹
萬伍百柒拾貳石外加裏河剥船米柒百玖拾貳
石玖斗共正耗米叁萬柒千柒百玖拾肆石玖斗

江浦縣本色正米叁千肆百玖拾肆石耗米壹千叁
百玖拾柒石陸斗共米肆千捌百玖拾壹石陸斗

六合縣本色正米壹千貳百貳拾玖石該耗米肆百
玖拾壹石陸斗共正耗米壹千柒百貳拾石陸斗

改兌淮安府常盈倉本色正米貳萬柒百捌拾石每
石加耗叁斗該耗米陸千貳百叁拾肆石外加溧
陽縣裏河剥船米每石叁升該耗米貳百貳拾肆
石柒斗玖升共正耗米貳萬柒千貳百叁拾捌石

柒斗玖升此項原額正米貳萬肆千貳百柒拾玖石每石加耗叁斗該耗米柒千貳百捌拾叁石柒斗外加溧陽縣裏河剥船米每石叁升該耗米貳百貳拾肆石柒斗玖升内據溧水縣爲水虐虛糧日增等事申詳　巡撫都院張　具題部覆於順治拾伍年叁月初肆日奉
旨准改折色正米叁千肆百玖拾玖石已入前項折色款内徵銀解部免編耗米壹千肆拾玖石柒斗減派于民實編前數内

上元縣本色正米叁千陸百柒拾柒石該耗米壹千壹百叁石壹斗共正耗米肆千柒百捌拾石壹斗

江寧縣本色正米叁千貳百柒拾石該耗米玖百捌拾壹石共正耗米肆千貳百伍拾壹石

句容縣本色正米伍千叁百肆拾玖石該耗米壹千陸百肆石柒斗共正耗米陸千玖百伍拾叁石柒斗

溧陽縣本色正米柒千肆百玖拾叁石該耗米貳千貳百肆拾柒石玖斗外加裏河剥船米每石叁升

該耗米貳百貳拾肆石柒斗玖升共正耗米玖千
玖百陸拾伍石陸斗玖升

江浦縣本色正米玖百玖拾壹石該耗米貳百玖拾
柒石叁斗共正耗米壹千貳百捌拾捌石叁斗

以上戶部下本色漕糧壹款共正耗船脚米壹拾叁
萬貳千叁百柒拾貳石貳斗玖升

本府所屬支給運官本色蘆蓆木板銀數

本色叁分蘆蓆銀壹百陸拾陸兩柒錢貳分伍釐內

上元縣銀貳拾肆兩玖錢陸分玖釐

江寧縣銀貳拾貳兩貳錢壹分伍釐

句容縣銀叁拾陸兩叁錢貳分肆釐

溧陽縣銀伍拾兩捌錢捌分肆釐伍毫

溧水縣銀貳拾叁兩柒錢陸分壹釐伍毫

江浦縣銀陸兩柒錢貳分柒釐伍毫

六合縣銀壹兩捌錢
肆分叁釐伍毫

本色叁分楞木松板銀伍拾玖兩玖錢肆分玖毫玖絲

內

上元縣銀捌兩玖錢肆分捌釐陸毫壹絲
江寧縣銀柒兩玖錢陸分貳釐陸毫
句容縣銀壹拾叁兩壹分捌釐貳毫叁絲
溧陽縣銀壹拾捌兩貳錢叁分陸釐柒毫
溧水縣銀捌兩伍錢壹分伍釐玖毫捌絲
江浦縣銀貳兩肆錢壹分捌毫陸絲
六合縣銀捌錢肆
分捌釐壹絲

以上本色蘆蓆板木貳款共銀貳百貳拾陸兩陸錢
陸分伍釐玖毫玖絲

本府所屬解淮安府漕河貳庫輕賫河工銀數

貳陸輕賫米銀捌百肆拾肆兩捌分伍釐水脚銀捌兩肆錢肆分捌毫伍絲解費銀壹拾陸兩捌錢捌分壹釐柒毫

此項原編銀壹萬壹百捌拾壹兩柒錢叁分水脚銀壹百壹兩捌錢壹分柒釐叁毫解費銀貳百叁兩陸錢叁分肆釐陸毫內撥出舊額河工銀捌百陸拾捌兩柒錢壹分水脚銀捌兩陸錢捌分柒釐壹毫解費銀壹拾柒兩叁錢柒分肆釐貳毫又撥出改派河工車盤銀捌千肆百陸拾捌兩玖錢叁分伍釐水脚銀捌拾肆兩陸錢捌分玖釐叁毫伍絲解費銀壹百陸拾玖兩叁錢柒分捌釐柒毫除撥出貳款另解河庫外實編前數內

上元縣銀壹百貳拾肆兩玖錢玖釐水脚解費銀叁兩柒錢肆分柒釐貳毫柒絲

江寧縣銀壹百壹拾壹兩壹錢陸分伍釐水脚解費銀叁兩叁錢叁分肆釐玖毫伍絲

句容縣銀壹百捌拾壹兩柒錢玖分肆釐水脚銀壹兩捌錢壹分柒釐玖毫肆絲解費銀叁兩陸錢叁分伍釐捌毫捌絲

溧陽縣銀貳百伍拾肆兩柒錢玖釐伍毫水脚銀貳兩伍錢肆分柒釐玖絲伍忽解費銀伍兩玖分肆釐壹毫玖絲

溧水縣銀壹百壹拾捌兩捌錢伍分陸釐伍毫水脚銀壹兩壹錢捌分捌釐伍毫陸絲伍忽解費銀貳兩叁錢柒分柒釐壹毫叁絲

江浦縣銀叁拾叁兩陸錢肆分貳釐伍毫水脚銀叁錢叁分陸釐肆毫貳絲伍忽解費銀陸錢柒分貳釐捌毫伍絲

六合縣銀拾玖兩捌釐伍毫水脚銀壹錢玖分捌絲伍忽解費銀叁錢捌分壹毫柒絲

楞木松板銀壹百叁拾玖兩捌錢陸分貳釐叁毫壹

絲解費銀貳兩柒錢玖分柒釐貳毫肆絲陸忽貳微

此項原編銀壹百玖拾玖兩捌錢叁釐叁毫内撥出本色叁分銀伍拾玖兩玖錢肆分玖毫玖絲給發運官採辦本色赴部交納外實編前數内

上元縣銀貳拾兩捌錢捌分玖絲解費銀肆錢壹分柒釐陸毫壹忽捌微

江寧縣銀拾捌兩伍錢柒分玖釐肆毫解費銀叁錢柒分壹釐伍毫捌絲捌忽

句容縣銀叁拾兩叁錢柒分伍釐捌毫柒絲解費銀陸錢柒釐伍毫壹絲柒忽肆微

溧陽縣銀肆拾貳兩伍錢伍分貳釐叁毫解費銀捌錢伍分壹釐肆絲陸忽

溧水縣銀拾玖兩捌錢柒分陸毫貳絲解費銀叁錢玖分柒釐肆毫壹絲貳忽肆微

江浦縣銀伍兩陸錢貳分伍釐叁毫肆絲解費銀壹錢壹分貳釐伍毫陸忽捌微

六合縣銀壹兩玖錢柒分捌釐陸毫玖絲解費銀叁

分玖釐伍毫柒絲叁
忽捌微

隨糧壹升蘆蓆米銀叄百捌拾玖兩貳分伍釐解費
銀柒兩柒錢捌分伍毫此項原編銀伍百伍拾伍
兩柒錢伍分內撥出本色
叄分銀壹百陸拾陸兩柒錢貳分伍釐給發運官
採辦本色赴部交納外實編前數內
上元縣銀伍拾捌兩貳錢陸分壹釐解費銀壹兩壹
錢陸分伍釐貳毫貳絲
江寧縣銀伍拾壹兩捌錢叄分伍釐解費銀壹兩叄
分陸釐柒毫
句容縣銀捌拾肆兩柒錢伍分陸釐解費銀壹兩陸
錢玖分伍釐壹毫貳絲
溧陽縣銀壹百壹拾捌兩柒錢叄分伍毫解費銀貳
兩叄錢柒分肆釐陸毫壹絲
溧水縣銀伍拾伍兩肆錢肆分叄釐伍毫解費銀壹
兩壹錢捌釐捌毫柒絲

江浦縣銀拾伍兩陸錢玖分柒釐伍毫解費銀叁錢壹分叁釐玖毫伍絲

六合縣銀肆兩叁錢壹釐伍毫解費銀捌分陸釐叁絲

改兑項下貳升變易米銀貳百肆拾貳兩柒錢玖分

解費銀肆兩捌錢伍分伍釐捌毫内

上元縣銀叁拾陸兩柒錢柒分解費銀柒錢叁分伍釐肆毫

江寧縣銀叁拾貳兩柒錢解費銀陸錢伍分肆釐肆毫

句容縣銀伍拾叁兩肆錢玖分解費銀壹兩陸分玖釐捌毫

溧陽縣銀柒拾肆兩玖錢叁分解費銀壹兩肆錢玖分捌釐陸毫

溧水縣銀叁拾肆兩玖錢玖分解費銀陸錢玖分玖釐捌毫

江浦縣銀玖兩玖錢壹分解費銀壹錢玖分捌釐貳毫

正改兌壹分篷纜銀壹千壹百壹拾壹兩伍錢水脚
銀壹拾壹兩壹錢壹分伍釐解費銀貳拾貳兩貳
錢叁分內
上元縣銀壹百陸拾陸兩肆錢陸分水脚銀壹兩陸
錢陸分肆釐陸毫解費銀叁兩叁錢貳分玖釐貳
毫
江寧縣銀壹百肆拾捌兩壹錢水脚銀壹兩肆錢捌
分壹釐解費銀貳兩玖錢陸分貳厘
句容縣銀貳百肆拾貳兩壹錢陸分水脚銀貳兩肆
錢貳分壹釐陸毫解費銀肆兩捌錢肆分叁釐貳
毫
溧陽縣銀叁百叁拾玖兩貳錢叁分水脚銀叁兩叁
錢玖分貳釐叁毫解費銀陸兩柒錢捌分肆釐陸
毫
溧水縣銀壹百伍拾捌兩肆錢壹分水脚銀壹兩伍

錢捌分肆釐壹毫解費銀叁兩壹錢陸分捌釐貳毫

江浦縣銀肆拾肆兩捌錢伍分水脚銀肆錢肆分捌釐伍毫解費銀捌錢玖分柒釐

六合縣銀壹拾貳兩貳錢玖分水脚銀壹錢貳分貳釐玖毫解費銀貳錢肆分伍釐捌毫

六升過江米銀肆千壹兩肆錢内

上元縣銀伍百玖拾玖兩貳錢伍分陸釐

江寧縣銀伍百叁拾叁兩壹錢陸分

句容縣銀捌百柒拾壹兩柒錢柒分陸釐

溧陽縣銀壹千貳百貳拾壹兩貳錢貳分捌釐

溧水縣銀伍百柒拾兩貳錢柒分陸釐

江浦縣銀壹百陸拾壹兩肆錢陸分

六合縣銀肆拾肆兩貳錢肆分肆釐以上六款各縣徵銀交納淮安府漕庫

舊額河工銀捌百陸拾捌兩柒錢壹分水脚銀捌兩

陸錢捌分柒釐壹毫解費銀壹拾柒兩叁錢柒分肆釐貳毫内

上元縣銀壹百貳拾玖兩陸錢玖分水脚銀壹兩貳錢玖分陸釐玖毫解費銀貳兩伍錢玖分叁釐捌毫

江寧縣銀壹百壹拾伍兩肆錢水脚銀壹兩壹錢伍分肆釐解費銀貳兩叁錢捌釐

句容縣銀壹百捌拾捌兩陸錢柒分水脚銀壹兩捌錢捌分陸釐柒毫解費銀叁兩柒錢柒分叁釐肆毫

溧陽縣銀貳百陸拾肆兩叁錢水脚銀貳兩陸錢肆分叁釐解費銀伍兩貳錢捌分陸釐

溧水縣銀壹百貳拾叁兩肆錢貳分水脚銀壹兩貳錢叁分肆釐貳毫解費銀貳兩肆錢陸分捌釐肆毫

江浦縣銀叁拾肆兩玖錢肆分水脚銀叁錢肆分玖

釐肆毫解費銀陸錢玖分捌釐捌毫

六合縣銀壹拾貳兩貳錢玖分水脚銀壹錢貳分貳

釐玖毫解費銀貳

錢肆分伍釐捌毫

輕齎改派河工車盤銀捌千肆百陸拾捌兩玖錢叁

分伍釐水脚銀捌拾肆兩陸錢捌分玖釐叁毫伍絲解

費銀壹百陸拾玖兩叁錢柒分捌釐柒毫内

上元縣銀壹千貳百陸拾肆兩玖錢壹分壹釐水脚

銀壹拾貳兩陸錢肆分玖釐壹毫壹絲解費銀貳

拾伍兩貳錢玖分捌釐貳毫貳絲

江寧縣銀壹千壹百貳拾伍兩伍錢叁分伍釐水脚

銀壹拾壹兩貳錢伍分伍釐叁毫伍絲解費銀貳

拾貳兩伍錢壹分柒毫

句容縣銀壹千捌百肆拾兩捌分陸釐水脚銀壹拾

捌兩肆錢捌毫陸絲解費銀叁拾陸兩捌錢壹釐

柒毫貳絲

溧陽縣銀貳千伍百柒拾柒兩陸錢陸分伍毫水脚

銀貳拾伍兩柒錢柒分陸釐陸毫伍忽解費銀伍
拾壹兩伍錢伍分叁釐貳毫壹絲

溧水縣銀壹千貳百叁兩柒錢柒分叁釐伍毫水脚
銀壹拾貳兩叁分柒釐柒毫叁絲伍忽解費銀貳
拾肆兩柒分伍釐肆毫柒絲

江浦縣銀叁百肆拾兩柒錢捌分柒釐伍毫水脚銀
叁兩肆錢柒釐捌毫柒絲伍忽解費銀陸兩捌錢
壹分伍釐柒毫伍絲

六合縣銀壹百壹拾陸兩壹錢捌分壹釐伍毫水脚
銀壹兩壹錢陸分壹釐捌毫壹絲伍忽解費銀貳
兩叁錢貳分叁釐陸毫叁絲以上二項原係輕賫
銀內撥出另解

溜夫工食銀壹千壹百壹拾壹兩伍錢水脚解費銀
貳拾伍兩叁錢柒分伍釐陸毫內

上元縣銀壹百陸拾陸兩肆錢陸分水脚解費銀肆
兩玖錢玖分叁釐捌毫

江寧縣銀壹百肆拾捌兩壹錢水脚解費銀肆兩肆錢肆分叁釐

句容縣銀貳百肆拾貳兩壹錢陸分解費銀肆兩捌錢肆分叁釐貳毫

溧陽縣銀叁百叁拾玖兩貳錢叁分解費銀陸兩柒錢捌分肆釐陸毫

溧水縣銀壹百伍拾捌兩肆錢壹分解費銀叁兩壹錢陸分捌釐貳毫

江浦縣銀肆拾肆兩捌錢伍分解費銀捌錢玖分柒釐

六合縣銀拾貳兩貳錢玖分解費銀貳錢肆分伍釐捌毫以上三項徵銀解交淮安府河庫

以上輕齎河工車盤等項計玖款共銀壹萬柒千伍百伍拾柒兩肆錢壹分叁釐叁毫伍絲陸忽貳微内正銀壹萬柒千壹百柒拾柒兩捌錢柒釐叁毫壹絲水脚解費銀叁百柒拾玖兩陸錢陸釐肆絲陸忽貳

徵

本府所屬解布政司轉解禮工貳部本色物料數

秋糧起運

禮部項下本色

本色生玄胡柒拾觔每觔原編銀捌分該銀伍兩陸

錢

本色金銀花伍拾觔每觔原編銀壹分該銀伍錢

本色石膏壹百觔每觔原編銀壹釐該銀壹錢

本色何首烏貳拾肆觔每觔原編銀伍釐共銀壹錢

貳分

本色葳靈仙伍拾觔每觔原編銀柒釐該銀叁錢伍分

本色葳靈仙伍拾觔每觔原編銀壹分該銀伍錢

本色蒼朮貳千肆百叁拾觔每觔原編銀伍釐該銀壹拾貳兩壹錢伍分

查本色藥材壹項原編價銀肆拾兩肆錢肆分伍釐肆毫內除撥解折色藥材壹千貳百貳拾玖觔捌兩共折銀貳拾壹兩壹錢貳分伍釐肆毫巳入前項折色款內隨本起解外實存本色原編銀壹

拾玖兩叁錢貳分以上藥材等項仍解本色者價

值奉

旨照刊書價值開列每年貳月督撫確查時估　題明塡

入易知单内照數徵派委官辦解不許遺累民間

等因在案已經遵行各縣照估定時價辦解内部

原編句容溧陽溧水三縣輪流壹遍壹年起解不

入縣

撤

以上禮部本色藥材一款共銀壹拾玖兩叁錢貳分

工部項下本色

都水司本色白蔴陸百伍拾壹觔陸兩捌錢壹分價

銀壹拾玖兩伍錢肆分貳釐柒毫陸絲捌忽柒微

伍纖遇閏加蔴壹拾玖觔肆兩捌錢貳分價銀伍

錢柒分玖釐叁絲柒忽伍微查此項准部頒本年
白蔴貳千壹百柒拾
壹觔陸兩柒錢於順治拾年陸月內奉
旨除改解柒分折色外該本色白蔴陸百伍拾壹觔陸兩
捌錢壹分每觔價銀叁分共銀壹拾玖兩伍錢肆
分貳釐柒毫陸絲捌忽柒微伍纖遇閏加蔴壹拾
玖觔肆兩捌錢貳分該銀伍錢柒分玖釐叁絲柒
忽伍微內

上元縣白蔴壹百叁拾叁觔拾伍兩玖錢貳分價銀
肆兩壹分玖釐捌毫伍絲遇閏加蔴叁觔拾伍兩
叁錢玖分價銀壹錢壹分捌釐捌毫伍絲陸忽貳
微伍纖

江寧縣白蔴肆百貳拾叁觔拾肆兩叁錢壹分價銀
壹拾貳兩柒錢壹分陸釐捌毫叁絲壹忽貳微伍
纖遇閏加蔴壹拾貳觔玖兩陸分價銀叁錢柒分
陸釐玖毫捌絲柒忽伍微

句容縣白蔴玖拾叁觔捌兩伍錢捌分價銀貳兩捌
錢陸釐捌絲柒忽伍微遇閏加蔴貳觔拾貳兩叁

錢柒分價銀捌分叁釐壹毫玖絲叁忽柒微伍纖

都水司本色魚線膠叁拾肆觔陸兩叁分捌釐價銀貳兩柒錢伍分壹毫玖絲遇閏加膠拾肆兩柒錢壹分貳釐價銀柒分叁釐伍毫陸絲查此項准部須本色魚線膠壹百壹拾肆觔玖兩肆錢陸分於順治拾年陸月內奉

旨除改解柒分折色外該本色魚線膠叁拾肆觔陸兩叁分捌釐每觔價銀捌分共銀貳兩柒錢伍分壹毫玖絲遇閏加膠拾肆兩柒錢壹分貳釐價銀柒分叁釐伍毫陸絲內

上元縣魚線膠柒觔壹兩壹錢肆分貳釐價銀伍錢陸分伍釐柒毫壹絲遇閏加膠叁兩壹分捌釐價銀壹分伍釐玖絲

江寧縣魚線膠貳拾貳觔伍兩玖錢陸釐價銀壹兩

柒錢捌分玖釐伍毫叁絲遇閏加膠玖兩伍錢捌
分伍釐價銀肆分柒釐玖毫貳絲伍忽
句容縣魚膠線肆觔拾肆兩玖錢玖分價銀叁錢玖
分肆釐玖毫伍絲遇閏加膠貳兩壹錢玖釐價銀
壹分伍毫
肆絲伍忽
以上都水司本色白蔴魚線膠貳款共銀貳拾貳兩
貳錢玖分貳釐玖毫伍絲捌忽柒微伍纖遇閏加
銀陸錢伍分貳釐伍毫玖絲柒忽伍微
本府所屬解布政司留克本省兵馬糧料支用米豆數
原解南光祿寺改解江寧倉本色正麥壹百陸拾壹
石今奉文每麥壹石改徵豆壹石伍斗共准豆貳

百肆拾壹石伍斗每石加耗伍斗伍升船錢貳升盤用伍升共陸斗貳升該耗豆壹百肆拾玖石柒斗叁升共正耗豆叁百玖拾壹石貳斗叁升外綱司水脚銀伍拾伍兩貳錢伍分此項原解光祿寺本色正麥壹百陸拾壹石每石加耗伍斗伍升船錢貳升盤用伍升共陸斗貳升該耗麥玖拾玖石捌斗貳升俱每石徵銀肆錢共銀壹百肆兩叁錢貳分捌釐外綱司脚耗銀伍拾伍兩貳錢伍分各縣徵銀採買本色上納於順治柒年拾壹月初玖日准總督戶部咨明　北部改編前數其綱司水脚銀兩改充本省兵餉原編價值摘出不入編派外內

上元縣正豆壹百貳拾石柒斗伍升該耗豆柒拾肆石捌斗陸升伍合綱司水脚銀叁拾壹兩壹錢

江寧縣正豆壹百貳拾石柒斗伍升該耗豆柒拾肆石捌斗陸升伍合綱司銀貳拾肆兩壹錢伍分

原解南光祿寺改解江寧倉本色黄豆叁百柒石內

牛料黄豆明季原免派壹百伍石其餘仍徵本色黄

豆貳百貳石又稻穀叁百叁拾石內撥出折色稻

穀壹百石已入前項折色款內解部外實徵本色

稻穀貳百叁拾石准正米壹百壹拾伍石共准正

米豆叁百壹拾柒石每石加耗貳斗船錢叁升盤

用伍升共貳斗捌升該耗米豆捌拾捌石柒斗陸

升共正耗米豆肆百伍石柒斗陸升外綱司水脚

銀捌拾陸兩玖錢陸分柒釐捌毫壹絲此項編司水脚銀兩

留充本省

兵餉内

上元縣正米豆壹百伍石肆斗陸升叁合伍勺伍抄耗米豆貳拾玖石伍斗貳升玖合柒勺玖抄肆撮編司水脚銀叁拾叁兩伍錢玖分貳釐柒毫壹絲

江寧縣正米豆壹百石陸斗柒升捌合肆勺伍抄耗米豆貳拾捌石壹斗捌升玖合玖勺陸抄陸撮水脚銀叁拾壹兩貳錢叁釐伍毫

高淳縣正米豆壹百壹拾石捌斗伍升捌合耗米豆叁拾壹石肆升貳勺肆抄水脚銀貳拾貳兩壹錢柒分壹釐陸毫

原解南神宫監改解江寧倉本色白熟糯米伍拾石

準糙粳正米伍拾伍石糙粳正米肆百伍拾石芝

蔴貳拾石今奉文每石改徵豆貳石伍斗准豆伍拾石黄豆貳百石菉豆陸拾石今奉文每石改徵黑豆壹石伍斗准黑豆玖拾石稻穀肆百石准正米貳百石共准正米豆壹千肆拾伍石每石加耗貳斗船錢不等盤用伍升該耗米豆叁百叁石叁升壹合共正耗米豆壹千叁百肆拾捌石叁升壹合外綱司水脚門籌等銀肆百伍兩柒錢陸分捌釐

此項原解南神宮監本色白熟糯米伍拾石准糙粳正米伍拾伍石芝蔴貳拾石糙粳正米肆百伍拾石黄豆貳百石稻穀肆百石准正米貳百石菉豆陸拾石共准米玖百捌拾伍石每石加耗

貳斗船錢不等盤用伍升該耗米貳百捌拾伍石
肆斗陸升陸合綱司水脚門籌銀肆百伍兩柒錢
陸分捌釐於順治柒年拾壹月初玖日准　總督
戸部咨明　北部改編前數其綱司水脚門籌銀
兩留充本省兵餉内

上元縣正米豆壹百伍石陸斗耗米豆貳拾玖石伍
斗陸升捌合水脚銀肆拾玖兩壹錢貳分捌釐

江寧縣正米豆玖拾柒石陸斗耗米豆貳拾柒石叁
斗貳升捌合水脚銀肆拾叁兩玖錢貳分

句容縣正米豆貳百伍拾捌石壹斗耗米豆柒拾貳
石貳斗陸升捌合水脚銀玖拾貳兩捌錢肆分

溧陽縣正米豆叁百肆拾柒石柒斗耗米壹百柒石
柒斗捌升柒合水脚銀壹百貳拾捌兩捌錢捌分

溧水縣正米豆壹百肆拾陸石叁斗耗米豆肆拾石
玖斗陸升肆合水脚銀伍拾伍兩壹錢貳分

高淳縣正米豆捌拾玖石柒斗耗米豆貳拾伍石壹
斗壹升陸合水脚銀
叁拾伍兩捌錢捌分

原解南長安左等肆門倉改解江寧倉本色正米肆千玖百伍拾貳石肆斗每石加耗貳斗船錢不等盤用伍升該耗米壹千肆百叁拾壹石伍斗捌升貳合共正耗米陸千叁百捌拾叁石玖斗捌升貳合外水脚門籌銀叁百貳拾貳兩玖錢柒分貳釐柒毫其水脚門籌銀兩改克本省兵餉內

上元縣本色米叁百壹拾捌石貳斗肆升耗米捌拾玖石壹斗柒合貳勺水脚銀貳拾捌兩陸錢肆分壹釐陸毫

江寧縣本色米陸百伍拾壹石貳斗陸升耗米壹百捌拾貳石叁斗伍升貳合捌勺水脚銀伍拾伍兩叁錢伍分柒釐壹毫

句容縣正米壹千伍拾柒石伍斗柒升耗米貳百玖拾陸石壹斗壹升玖合陸勺水脚銀陸拾叁兩肆錢伍分肆釐貳毫

溧陽縣正米壹千肆百玖拾柒石耗米肆百陸拾肆石柒升水脚銀捌拾玖兩捌錢貳分

溧水縣正米陸百捌拾肆石叁斗耗米壹百玖拾壹石陸斗肆合水脚銀肆拾壹兩伍分捌釐

高淳縣正米柒百肆拾肆石叁升耗米貳百捌石叁斗貳升捌合肆勺水脚銀肆拾肆兩陸錢肆分壹釐捌毫

原解南各衛倉改解江寧倉本色無耗黑豆壹千伍百陸拾玖石柒斗壹升肆合水脚門籌銀伍兩伍錢壹分捌釐壹毫叁絲貳忽內

上元縣豆壹百玖拾叁石捌升水脚銀壹兩伍錢肆分肆釐陸毫肆絲

江寧縣豆貳百叁石柒斗肆合水脚銀壹兩陸錢貳分柒釐陸毫叁絲貳忽
句容縣豆叁百貳拾伍石伍斗捌升水脚銀陸錢伍分壹釐壹毫陸絲
溧陽縣豆肆百貳拾捌石貳斗玖升捌合水脚銀捌錢伍分陸釐伍毫玖絲陸忽
溧水縣豆貳百叁石陸斗壹升柒合水脚銀肆錢柒釐貳毫叁絲肆忽
高淳縣豆貳百壹拾伍石肆斗叁升伍合水脚銀肆錢叁分捌毫柒絲
原解南酒醋麵局改解江寧倉本色正麥伍百石麥穩壹百伍拾石准小麥拾伍石共准正麥伍百壹拾伍石今奉文每麥壹石改徵豆壹石伍斗共准豆柒百柒拾貳石伍斗每石加耗伍斗伍升舡錢

叁升盤用伍升共陸斗叁升該耗豆肆百捌拾陸石陸斗柒升伍合共正耗豆壹千貳百伍拾玖石壹斗柒升伍合外綱司水脚銀伍拾壹兩伍錢此項

原解南酒醋麪局正麥伍百石麥穩壹百伍拾石准小麥壹拾伍石每石加耗伍斗伍升舡錢叁升盤用伍升共陸斗叁升該耗麥叁百貳拾肆石肆斗伍升俱每石折銀肆錢共銀叁百叁拾伍兩柒錢捌分收買本色上納外綱司水脚銀伍拾壹兩伍錢於順治柒年拾壹月初玖日准總督戶部咨明　北部改編前數其綱司水脚銀兩改充本省兵餉原編價值摘出不入編派外內

溧陽縣正豆肆百柒拾柒石柒斗伍升耗豆叁百石玖斗捌升貳合伍勺水脚銀叁拾壹兩捌錢伍分

溧水縣正豆壹百壹拾陸石貳斗伍升耗豆柒拾叁石貳斗叁升柒合伍勺水脚銀柒兩柒錢伍分

高淳縣正豆壹百柒拾捌石伍斗耗豆壹百壹拾貳石肆斗伍升伍合綱司水脚銀壹拾壹兩玖錢

原解南神宮監改解江寧倉本色正麥肆拾伍石今

奉文每石改徵豆壹石伍斗共徵豆陸拾柒石伍斗每石加耗伍斗伍升船錢叁升盤用伍升共陸斗叁升該耗豆肆拾貳石伍斗貳升伍合共正耗豆壹百壹拾石貳升伍合水脚銀壹拾捌兩係高淳縣徵解此項原編正麥肆拾伍石每石加耗伍斗伍升船錢叁升盤用伍升共陸斗叁升該耗麥貳拾捌石叁斗伍升每石俱折銀肆錢共銀貳拾玖兩叁錢肆分收買本色上納綱司水脚銀壹拾捌兩於順治柒年拾壹月初玖日准總督戶部咨明北部改編前數其綱司水脚銀兩改充本省兵餉

原編價值摘
出不入編派

原解南酒醋麯局改解江寧倉本色菉豆叁拾石今奉文每石改徵黑豆壹石伍斗准豆肆拾伍石稻皮貳百石准正米壹拾石共准正米豆伍拾伍石每石加耗貳斗船錢叁升盤用伍升共貳斗捌升該耗米豆壹拾伍石肆斗共正耗米豆柒拾石肆斗外綱司水脚銀貳拾肆兩係句容縣徵銀原解南酒醋麯局本色菉豆叁拾石稻皮貳百石准正米壹拾石共准正米肆拾石每石加耗貳斗船錢叁升盤用伍升共貳斗捌升該耗米壹拾壹石貳斗綱司水脚銀貳拾肆兩於順治柒年拾壹月初玖日准總督戶部咨

明　北部改編前數其綱司
水脚銀兩改克本省兵餉
原解南供用庫改解江寧倉本色黑豆壹百叁拾石
黃豆貳拾石共豆壹百伍拾石每石加耗貳斗船
錢不等盤用伍升該耗豆肆拾叁石伍升共正耗
豆壹百玖拾叁石伍升綱司水脚銀玖拾兩其綱司水
脚銀兩改克
本省兵餉內
句容縣正豆伍拾柒石伍斗耗豆壹拾陸石壹斗水
脚銀叁拾肆兩伍錢
溧陽縣正豆叁拾伍石耗豆壹拾石捌斗伍升水脚
銀貳拾壹兩
溧水縣正豆伍拾柒石伍斗耗豆壹拾陸石壹斗水
脚銀叁拾肆兩伍錢

原解南各衛倉改編本省領運各衛官丁行月貳糧
本色水兌平米壹萬陸百陸拾貳石捌斗玖升每
石加耗貳斗船錢叁升盤用伍升共貳斗捌升該
耗米貳千玖百捌拾伍石陸斗玖合貳勺共正耗
米壹萬叁千陸百肆拾捌石肆斗玖升玖合貳勺
此項原額行糧水兌平米壹萬陸百陸拾貳石捌
斗玖升每石折銀伍錢共銀伍千叁百叁拾壹兩
肆錢肆分伍釐又南京各衛倉無耗折色平米壹
千陸百伍拾玖石壹斗壹升每石折銀伍錢共銀
捌百貳拾玖兩伍錢伍分伍釐水脚銀肆兩壹錢
肆分柒釐柒毫柒絲伍忽以上貳項共正米壹萬
貳千叁百貳拾貳石於崇禎元年爲留都空匱等
事准　南京戶部正堂張　題前事自崇禎貳年

起改徵本色各衛倉水兌平米壹萬貳千叁百貳拾貳石每石加耗貳斗船錢叁升盤用伍升共貳斗捌升該耗米叁千肆百伍拾石壹斗陸升共正耗米壹萬伍千柒百柒拾貳石壹斗陸升其原編價值摘出不入編派今據高淳縣申詳奉前江寧撫院張　題請改折部覆於順治拾伍年叁月拾柒日奉

旨仍徵折色水兌平米壹千陸百伍拾玖石壹斗壹升已入前項折色款內徵銀隨漕折銀兩壹併解部其耗肆百陸拾肆石伍斗伍升伍合免派於民除高淳縣改折外

實編前數內

上元縣正米壹千陸百壹拾肆石柒斗伍升玖合耗米肆百伍拾貳石壹斗叁升貳合伍勺貳抄

江寧縣正米壹千肆百壹拾捌石柒斗陸升耗米叁百玖拾柒石貳斗伍升貳合捌勺

句容縣正米貳千肆百叁拾叁石玖斗伍升玖合耗米陸百捌拾壹石伍斗捌合伍勺貳抄

溧陽縣正米叁千叁百陸拾陸石玖斗陸升壹合耗米玖百肆拾貳石柒斗肆升玖合捌抄

溧水縣正米壹千伍百陸拾石陸斗玖升耗米肆百叁拾陸石玖斗玖升叁合貳勺

江浦縣正米壹百柒拾壹石伍斗玖升壹合耗米肆拾捌石肆升伍合肆勺捌抄

六合縣正米玖拾陸石壹斗柒升耗米貳拾陸石玖斗貳升柒合陸勺

以上留充本省兵糧自江寧倉黑豆起至江寧倉水兌平米止計拾款共米豆貳萬伍千叁百柒拾玖石捌斗陸升陸合貳勺綱司水脚門籌等銀壹千伍拾玖兩玖錢柒分陸釐陸毫肆絲貳忽內正米豆壹萬玖千捌百叁拾叁石伍斗肆合耗米豆伍千伍百肆拾陸石叁斗陸升貳合貳勺其綱司水脚門

籌銀兩改充
解南兵餉

各縣存留本色米數

養濟院孤貧肆百玖拾名每名給本色米叁石陸斗
共米壹千柒百陸拾肆石遇閏加米壹百肆拾柒
石　此項各縣本色米給散於順治拾叁年玖月內
部議裁每石折銀捌錢共銀壹千肆百壹拾壹
兩貳錢改解戶部又於順治拾陸年正月初拾日
據江南右布政王無咎具　題部覆其孤貧口糧
宜復壹款據疏稱鰥寡孤獨顛連無告請照舊散
給將贖鍰銀兩解部等因查孤貧銀兩先因兵餉
不敷會議裁扣充餉原議贖穀無碍銀兩抵償未
經題行裁扣仍應照會議行等因在案遵將照舊
編徵本色
散給內

上元縣壹百名米叁百陸拾石遇閏加米叁拾石

江寧縣捌拾名米貳百捌拾捌石遇閏加米貳拾肆石

句容縣陸拾貳名米貳百貳拾叁石貳斗遇閏加米壹拾捌石陸斗

溧陽縣玖拾名米叁百貳拾肆石遇閏加米貳拾柒石

溧水縣捌拾陸名米叁百玖石陸斗遇閏加米貳拾伍石捌斗

高淳縣貳拾捌名米壹百石捌斗遇閏加米捌石肆斗

江浦縣拾貳名米肆拾叁石貳斗遇閏加米叁石陸斗

六合縣叁拾貳名米壹百壹拾伍石貳斗遇閏加米玖石陸斗

以上存縣支給孤貧壹款共米壹千柒百陸拾肆石

遇閏加米壹百肆拾柒石

本府所屬改解江南布政司留充本省兵餉等項支用銀數

稅糧起運

戶屬項下改充南餉

原解江南各衛倉麥折銀貳千肆百兩水脚銀貳拾壹兩伍錢伍分陸毫捌絲解費銀肆拾捌兩查此項原額折色麥陸千石每石折銀肆錢共銀貳千肆百兩水脚銀貳拾壹兩伍錢伍分陸毫捌絲今奉文每正銀壹兩加解費貳分該銀肆拾捌兩內

上元縣銀叁百叁拾叁兩叁錢叁分陸釐水脚銀叁兩叁錢叁分叁釐叁毫陸絲解費銀陸兩陸錢陸分陸釐柒毫貳絲

江寧縣銀肆百伍拾捌兩玖錢叁分陸釐水脚銀壹拾兩壹錢柒分捌釐陸毫捌絲解費銀玖兩壹錢柒分捌釐柒毫貳絲

句容縣銀貳拾伍兩貳錢水脚銀壹錢貳分陸釐解費銀伍錢肆釐

溧陽縣銀陸百柒拾貳兩玖錢貳分捌釐水脚銀叁兩叁錢陸分肆釐陸毫肆絲解費銀壹拾叁兩肆錢伍分捌釐伍毫陸絲

溧水縣銀壹百貳拾壹兩貳錢水脚銀陸錢陸釐解費銀貳兩肆錢貳分肆釐

高淳縣銀壹百陸拾柒兩陸錢水脚銀捌錢叁分捌釐解費銀叁兩叁錢伍分貳釐

江浦縣銀肆百玖拾陸兩肆錢水脚銀貳兩肆錢捌分貳釐解費銀玖兩玖錢貳分捌釐

六合縣銀壹百貳拾肆兩肆錢水脚銀陸錢貳分貳

釐解費銀貳兩肆錢捌分捌釐

庫絲折色捌分捌釐絹壹千壹百玖拾玖疋肆分肆釐每疋折銀柒錢共折銀捌百叁拾玖兩陸錢捌釐水脚銀捌兩叁錢玖分陸釐捌絲解費銀壹拾陸兩柒錢玖分貳釐壹毫陸絲此項原解江南庫絲絹壹千叁百陸拾叁疋每疋原編銀柒錢共銀玖百伍拾肆兩壹錢內除本色壹分貳釐絹壹百陸拾叁疋伍分陸釐改解北部撥出銀壹百壹拾肆兩肆錢玖分貳釐綱司水脚銀陸拾柒兩叁錢柒分貳毫伍絲捌忽辦解本色已入前項本色款內實徵折色銀捌百叁拾玖兩陸錢捌釐水脚銀捌兩叁錢玖分陸釐捌絲解費銀壹拾陸兩柒錢玖分貳釐壹毫陸絲內

上元縣銀壹百肆拾伍兩叁錢柒分陸釐水脚銀壹兩肆錢伍分叁釐柒毫陸絲解費銀貳兩玖錢柒釐伍毫貳絲

江寧縣銀陸拾貳兩貳錢壹分陸釐水脚銀陸錢貳分貳釐壹毫陸絲解費銀壹兩貳錢肆分肆釐叁毫貳絲

句容縣銀壹百伍拾柒兩捌分水脚銀壹兩伍錢柒分捌毫解費銀叁兩壹錢肆分壹釐陸毫

溧陽縣銀貳百肆兩伍錢壹分貳釐水脚銀貳兩肆分伍釐壹毫貳絲解費銀肆兩玖分貳毫肆絲

溧水縣銀壹百陸拾伍兩捌分捌釐水脚銀壹兩陸錢伍分捌毫捌絲解費銀叁兩叁錢壹釐柒毫陸絲

高淳縣銀陸拾伍兩玖錢壹分貳釐水脚銀陸錢伍分玖釐壹毫貳絲解費銀壹兩叁錢壹分捌釐貳毫肆絲

江浦縣銀貳拾兩叁錢貳分捌釐水脚銀貳錢叁釐貳毫捌絲解費銀肆錢陸釐伍毫陸絲

六合縣銀壹拾玖兩玖分陸釐水脚銀壹錢玖分玖毫陸絲解費銀叁錢捌分壹釐玖毫貳絲

江南定場草折銀壹千柒拾兩壹錢叁分陸釐水脚銀玖兩叁錢柒分叁毫叁絲解費銀貳拾壹兩肆錢貳釐柒毫貳絲　查此項原額馬草伍萬玖千肆百伍拾貳包每包折銀壹分捌釐共銀壹千柒拾兩壹錢叁分陸釐水脚銀玖兩叁錢柒分叁毫叁絲奉文每正銀壹兩加解費貳分該銀貳拾壹兩肆錢貳釐柒毫貳絲內

上元縣銀壹百伍拾壹兩壹錢壹分水脚銀叁兩貳分貳釐貳毫解費銀叁兩貳分貳釐貳毫

江寧縣銀壹百壹拾陸兩捌錢柒分肆釐水脚銀貳兩叁錢叁分柒釐叁毫柒絲解費銀貳兩叁錢叁分柒釐肆毫捌絲

何容縣銀壹百玖拾伍兩玖錢叁分水脚銀玖錢柒

分玖釐陸毫伍絲解費銀叁兩玖錢壹分捌釐陸
毫

溧陽縣銀貳百陸拾貳兩柒錢陸分肆釐水脚銀壹
兩叁錢壹分叁釐捌毫貳絲解費銀伍兩貳錢伍
分伍釐貳毫捌絲

溧水縣銀壹百陸拾貳兩玖錢玖分水脚銀捌錢壹
分肆釐玖毫伍絲解費銀叁兩貳錢伍分玖釐捌
毫

高淳縣銀壹百壹拾陸兩叁錢伍分貳釐水脚銀伍
錢捌分壹釐柒毫陸絲解費銀貳兩叁錢貳分柒
釐肆絲

江浦縣銀肆拾肆兩貳錢陸分貳釐水脚銀貳錢貳
分壹釐叁毫壹絲解費銀捌錢捌分伍釐貳毫肆
絲

六合縣銀壹拾玖兩捌錢伍分肆釐水脚銀玖分玖
釐貳毫柒絲解費銀叁錢玖分柒釐捌絲

江南犧牲所黃豆折銀壹百兩解費銀貳兩查此項原額折

色黄豆貳百石每石折銀伍錢共銀壹百兩奉文每兩加解費貳分該銀貳兩内
溧陽縣銀肆拾兩解費銀捌錢
溧水縣銀叁拾兩解費銀陸錢
高淳縣銀叁拾兩解費銀陸錢
江南鄉坊錢鈔銀壹拾肆兩肆錢陸分陸毫玖絲壹忽
綱司水脚銀壹拾柒兩叁錢伍分貳釐捌毫貳絲玖忽肆微奉文每正銀壹兩加解費貳分該銀貳錢捌分玖釐貳毫壹絲叁忽捌微貳纖係上元縣徵解
均徭起運
尸屬項下改充南餉

房屋鈔銀壹拾叁兩貳錢陸釐壹毫捌忽叁微內除
六合縣商稅抵解銀肆分伍釐柒毫叁絲除抵解
外實徵條編銀壹拾叁兩壹錢陸分叁毫柒絲捌
忽叁微解費銀貳錢陸分肆釐壹毫貳絲貳忽壹
徵陸纖陸沙　查此項原係原額歲徵銀兩於順治
叁年內院訂正經制清入解南兵餉
編入會計徵解內
上元縣銀貳兩捌錢玖分叁釐肆毫玖絲壹忽解費
銀伍分柒釐捌毫陸絲玖忽捌微貳纖
江寧縣銀貳兩伍錢壹釐陸毫壹絲叁忽解費銀伍
分叁絲貳忽貳微陸纖
可容縣銀貳兩伍錢壹分捌釐貳毫肆絲肆忽解費
銀伍分叁毫陸絲肆忽捌微捌纖
溧陽縣銀捌錢陸分貳釐貳毫陸絲解費銀壹分柒

釐貳毫肆絲伍忽貳微
溧水縣銀貳兩肆錢陸分陸釐玖毫柒絲叁微解費
銀肆分玖釐叁毫叁絲玖忽肆微陸沙
高淳縣銀叁錢陸分陸釐伍毫解費銀柒釐叁毫叁
絲
江浦縣銀壹兩伍錢伍分壹釐叁毫解費銀叁分壹
釐貳絲陸忽
六合縣銀肆分伍釐柒毫叁絲解費銀玖毫壹絲肆
忽陸
微
酒醋鈔銀壹拾兩肆錢伍分叁釐伍毫伍絲貳忽内
除六合縣商稅抵解銀壹錢陸分叁釐貳毫肆絲
肆忽不派條編外實徵條編銀壹拾兩貳錢玖分
叁毫捌忽解費銀貳錢玖釐柒絲壹忽肆纖查此項原

額外歲徵銀兩於順治叁年　內院訂正經制清
入解南兵餉編入會計徵解其酒醋鋪店免派內
上元縣銀貳兩捌錢玖分叁釐肆毫玖絲壹忽解費
銀伍分柒釐捌毫陸絲玖忽捌微貳纖
江寧縣銀貳兩伍錢壹釐陸毫壹絲叁忽解費銀伍
分叁絲貳忽貳微陸纖
句容縣銀貳兩伍錢壹分捌釐貳毫肆絲肆忽解費
銀伍分叁毫陸絲肆忽捌微捌纖
溧陽縣銀捌錢陸分貳釐貳毫陸絲解費銀壹分柒
釐貳毫肆絲伍忽貳微
溧水縣銀貳錢柒分肆釐解費銀伍釐肆毫捌絲
高淳縣銀叁錢陸分陸釐伍毫解費銀柒釐叁毫叁
絲
江浦縣銀捌錢柒分肆釐貳毫解費銀壹分柒釐肆
毫捌絲肆忽
六合縣銀壹錢陸分叁釐貳毫肆絲肆忽解費銀叁
釐貳毫陸絲肆
忽捌微捌纖

廣惠寶鈔課程銀貳拾伍兩貳錢叁釐壹毫繝司銀

捌兩解費銀伍錢肆釐陸絲貳忽係句容縣徵解

戶部銀庫庫子銀貳百壹拾陸兩水脚銀壹兩捌分

解費銀肆兩叁錢貳分內

上元縣銀叁拾陸兩水脚銀壹錢捌分解費銀柒錢貳分

句容縣銀柒拾貳兩水脚銀叁錢陸分解費銀壹兩肆錢肆分

溧陽縣銀柒拾貳兩水脚銀叁錢陸分解費銀壹兩肆錢肆分

溧水縣銀叁拾陸兩水脚銀壹錢捌分解費銀柒錢貳分

四門倉脚夫銀貳百壹拾陸兩水脚銀壹兩柒分陸

薹解費銀肆兩叁錢貳分內

江寧縣銀貳拾壹兩陸錢水脚銀壹錢捌薹解費銀肆錢叁分貳薹

句容縣銀柒拾玖兩貳錢水脚銀叁錢玖分貳薹解費銀壹兩伍錢捌分肆薹

溧陽縣銀伍拾柒兩陸錢水脚銀貳錢捌分捌薹解費銀壹兩壹錢伍分貳薹

溧水縣銀叁拾陸兩水脚銀壹錢捌分解費銀柒錢貳分

高淳縣銀貳拾壹兩陸錢水脚銀壹錢捌薹解費銀肆錢叁分貳薹

戶部鹽倉庫稱銀貳百肆拾兩水脚銀壹兩貳錢解費銀肆兩捌錢內

上元縣銀拾貳兩水脚銀陸分解費銀貳錢肆分

江寧縣銀拾貳兩水脚銀陸分解費銀貳錢肆分

句容縣銀柒拾貳兩水脚銀叁錢陸分解費銀壹兩
肆錢肆分
溧陽縣銀陸拾兩水脚銀叁錢解費銀壹兩貳錢
溧水縣銀肆拾捌兩水脚銀貳錢肆分解費銀玖錢
陸分
高淳縣銀叁拾陸兩水脚銀壹錢捌分解費銀柒錢
貳分
戶部糧長勘合銀壹拾貳兩伍錢柒分解費銀貳錢
伍分壹釐肆毫内
上元縣銀柒兩叁錢叁分解費銀壹錢肆分陸釐陸
毫
江寧縣銀伍兩貳錢肆分
解費銀壹錢肆釐捌毫
門攤課鈔銀壹拾兩綱司銀壹拾貳兩解費銀貳錢

係溧陽
縣徵解
塡寫勘合書手銀肆兩解費銀捌分内
上元縣銀貳兩解費銀肆分
江寧縣銀貳兩解費銀肆分
上司謁陵辭陵銀壹百捌兩解費銀貳兩壹錢陸分
内
上元縣銀伍拾肆兩解費銀壹兩捌分
江寧縣銀伍拾肆兩解費銀壹兩捌分
南光祿寺醫獸銀貳拾肆兩水脚銀貳錢肆分解費
銀肆錢捌分内
江寧縣銀貳兩水脚銀貳分解費銀肆分
句容縣銀拾兩水脚銀壹錢解費銀貳錢

溧陽縣銀拾兩水脚銀壹錢解費銀貳錢
六合縣銀貳兩水脚銀貳分解費銀肆分
南酒醋局醫獸銀貳拾肆兩水脚銀壹錢貳分解費
銀肆錢捌分内
上元縣銀肆兩水脚銀貳分解費銀捌分
江寧縣銀貳兩水脚銀壹分解費銀肆分
句容縣銀肆兩水脚銀貳分解費銀捌分
溧陽縣銀肆兩水脚銀貳分解費銀捌分
溧水縣銀肆兩水脚銀貳分解費銀捌分
高淳縣銀肆兩水脚銀貳分解費銀捌分
六合縣銀貳兩水脚銀壹分解費銀肆分
内外守備表背匠聽事吏銀叄拾肆兩肆錢解費銀
陸錢捌分捌釐内

上元縣銀拾柒兩貳錢解費銀叁錢肆分肆釐

江寧縣銀拾柒兩貳錢解費銀叁錢肆分肆釐

南光祿寺涼樓什物銀伍兩柒錢陸分貳釐壹絲伍忽水脚銀壹兩壹錢伍分柒釐肆毫解費銀壹錢壹分伍釐貳毫肆絲叁微係句容縣徵解

南戶部扣減民壯銀貳百捌拾捌兩解費銀伍兩柒錢陸分係句容縣徵解

南光祿寺庫子銀伍拾貳兩水脚銀伍錢貳分解費銀壹兩肆分內

句容縣銀貳拾陸兩水脚銀貳錢陸分解費銀伍錢貳分

溧水縣銀壹拾叁兩水脚銀壹錢叁分解費銀貳錢
陸分
高淳縣銀壹拾叁兩水脚銀壹錢叁分解費銀貳錢
陸分
氷窨局門子銀叁拾兩水脚銀壹錢伍分解費銀陸
錢内
句容縣銀壹拾貳兩水脚銀陸分解費銀貳錢肆分
溧陽縣銀壹拾貳兩水脚銀陸分解費銀貳錢肆分
溧水縣銀陸兩水脚銀叁
分解費銀壹錢貳分
浦子口分司柴炭銀壹拾貳兩解費銀貳錢肆分係江
浦縣徵解
浦子口分司門皂銀叁拾壹兩捌錢解費銀陸錢叁

分陸釐係江浦縣徵解

廣惠庫銅錢壹拾肆萬叁千貳百陸拾柒文內除六合縣商稅抵解錢伍百壹拾柒文實徵條編錢壹拾肆萬貳千柒百伍拾文解費錢貳千捌百陸拾貳文　查此項原載額外歲徵課程官房地租酒醋鋪行窰冶商稅等項出辦於順治叁年間奉

內院訂正經制改編徵

前數在於會計徵解內

上元縣錢貳萬捌百貳拾文解費錢肆百壹拾陸文

江寧縣錢壹萬陸千陸百柒拾陸文解費錢叁百叁拾叁文

句容縣錢壹萬柒千柒拾柒文解費錢叁百肆拾壹文

溧水縣錢伍千肆百壹拾捌文解費錢壹百捌文

高淳縣錢貳千柒百叁拾貳文解費錢伍拾肆文

江浦縣錢捌萬貳拾柒文解費錢壹千陸百文

六合縣錢伍百壹拾

柒文解費錢拾文

鰣魚廠船網什物等銀柒百肆拾捌兩玖錢壹分壹釐伍毫陸絲新增銀肆拾貳兩綱司水脚銀壹拾壹兩伍錢玖分解費銀壹拾伍兩捌錢壹分捌釐貳毫叁絲壹忽貳微內

上元縣銀叁百陸拾叁兩柒錢捌分貳釐肆毫捌絲新增銀陸兩解費銀柒兩叁錢玖分伍釐陸毫肆絲玖忽陸微

江寧縣銀壹百肆拾伍兩捌錢叁分伍釐玖絲解費銀貳兩玖錢壹分陸釐柒毫壹忽捌微

句容縣銀柒拾壹兩壹錢柒分玖釐伍毫貳絲伍忽

新增銀玖兩綱司水脚銀壹拾壹兩伍錢陸分解
費銀壹兩陸錢叁釐伍毫玖絲伍微
溧陽縣銀伍拾肆兩水脚銀叁分外解費銀壹兩捌
分
溧水縣銀陸拾捌兩叁分捌釐壹毫伍絲伍忽新增
銀玖兩解費銀壹兩伍錢肆分柒毫陸絲叁忽壹
微
高淳縣銀肆拾陸兩柒分陸釐叁毫壹絲新增銀壹
拾捌兩解費銀壹兩貳錢捌分壹釐伍毫貳絲陸
忽貳微
鰣魚廠船網等銀捌拾柒兩壹錢壹分陸釐新增銀
叁拾捌兩解費銀貳兩伍錢貳釐叁毫貳絲 此項原編
銀壹百壹拾肆兩柒錢伍分玖釐內據六合縣申
稱原揚州府江都等縣協濟銀貳拾柒兩陸錢肆
分叁釐詳蒙　江寧撫院張　批司覆查於順治
拾伍年拾月內該前任陳布政　詳奉

本都院批江都等縣應輸之銀載入六合縣代爲
考成固屬不便據覆業已分晰註冊仰即備行該
縣知縣照繳等因在案協濟銀兩遵行仍歸江都等
縣徵解外實編前數内

上元縣銀叁拾壹兩捌錢叁分新增銀壹拾兩解費
銀捌錢叁分陸釐陸毫

句容縣銀壹拾玖兩柒錢肆分伍釐新增銀壹拾兩
解費銀伍錢玖分肆釐玖毫

溧水縣銀壹拾壹兩捌錢肆分柒釐新增銀陸兩解
費銀叁錢伍分陸釐玖毫肆絲

高淳縣銀貳拾叁兩陸錢玖分肆釐新增銀拾貳兩
解費銀柒錢壹分叁釐捌毫捌絲

鰣魚廠催事巡攔銀柒兩貳錢解費銀壹錢肆分肆
釐係句容縣徵解

九庫食鹽銀柒拾貳兩解費銀壹兩肆錢肆分查此項原

賦役全書　江寧府　一百

係秋糧折色本府鹽糧銀内撥出係江寧縣解

南國子監椒油醋銀柒拾兩解費銀壹兩肆錢查此項原

係秋糧折色項下本府鹽糧銀内撥出係江寧縣解

禮屬項下改充南餉

南禮部折色藥材銀捌兩陸錢叁分捌釐玖毫解費銀壹錢柒分貳釐柒毫柒絲捌忽内

句容縣銀陸兩叁錢貳分陸釐玖毫解費銀壹錢貳分陸釐伍毫叁絲捌忽

溧陽縣銀壹兩陸分貳釐解費銀貳分壹釐貳毫肆絲

溧水縣銀壹兩貳錢伍分解費銀貳分伍釐

清明等節祭祀銀捌兩玖分解費銀壹錢陸分壹釐

捌毫內

上元縣銀叁兩叁分解費銀陸分陸毫

江寧縣銀伍兩陸分解費銀壹錢壹釐貳毫

浡泥國王祭祀銀肆兩解費銀捌分內

上元縣銀貳兩解費銀肆分

江寧縣銀貳兩解費銀肆分

慶賀表紙銀壹拾玖兩柒錢伍分壹釐解費銀叁錢

玖分伍釐貳絲內

上元縣銀捌兩伍錢玖分壹釐解費銀壹錢柒分壹

釐捌毫貳絲

江寧縣銀壹拾壹兩壹錢陸分解費銀貳錢貳分叁

釐貳毫

南欽天監燈油木炭銀貳拾叁兩陸分解費銀肆錢陸分壹釐貳毫內

上元縣銀壹拾壹兩陸錢叁分解費銀貳錢叁分貳釐陸毫

江寧縣銀壹拾壹兩肆錢叁分解費銀貳錢貳分捌釐陸毫

書櫃銀柒兩陸錢解費銀壹錢伍分貳釐內

上元縣銀肆兩玖錢玖分伍釐解費銀玖分玖釐玖毫

江寧縣銀貳兩陸錢伍釐解費銀伍分貳釐壹毫

東宮牋文什物銀捌兩貳錢捌分解費銀壹錢陸分伍釐陸毫內

上元縣銀肆兩壹錢肆分解費銀捌分貳釐捌毫
江寧縣銀肆兩壹錢肆分解費銀捌分貳釐捌毫
南國子監蘄糠稻皮銀壹拾兩解費銀貳錢内
上元縣銀伍兩解費銀壹錢
江寧縣銀伍兩解費銀壹錢
南國子監醫生藥餌銀玖兩陸錢解費銀壹錢玖分
貳釐内
上元縣銀肆兩捌錢解費銀玖分陸釐
江寧縣銀肆兩捌錢解費銀玖分陸釐
祭丁紙劄石灰稻草銀玖兩陸錢玖分解費銀壹錢
玖分叁釐捌毫内
上元縣銀伍兩陸錢陸分貳釐解費銀壹錢壹分叁
釐貳毫肆絲

江寧縣銀肆兩貳分捌釐解費銀捌分伍毫陸絲

監生賑濟銀壹拾肆兩肆錢解費銀貳錢捌分捌釐

内

上元縣銀柒兩貳錢解費銀壹錢肆分肆釐

江寧縣銀柒兩貳錢解費銀壹錢肆分肆釐

太醫院庫稱銀肆拾貳兩水脚銀貳錢壹分解費銀

捌錢肆分内

句容縣銀貳拾捌兩水脚銀壹錢肆分解費銀伍錢陸分

溧陽縣銀柒兩水脚銀叄分伍釐解費銀壹錢肆分

溧水縣銀柒兩水脚銀叄分伍釐解費銀壹錢肆分

神樂觀膳夫銀壹百貳拾兩水脚銀陸錢解費銀貳

兩肆錢內

句容縣銀肆拾貳兩水脚銀貳錢壹分解費銀捌錢肆分

溧陽縣銀肆拾貳兩水脚銀貳錢壹分解費銀捌錢肆分

溧水縣銀貳拾肆兩水脚銀壹錢貳分解費銀肆錢捌分

高淳縣銀壹拾貳兩外水脚銀陸分解費銀貳錢肆分

兵屬項下改充南餉

大勝關弓兵銀捌百伍拾兩水脚銀捌兩伍錢解費

銀拾柒兩內

上元縣銀壹百叁拾陸兩水脚銀壹兩叁錢陸分解費銀貳兩柒錢貳分

江寧縣銀伍拾玖兩伍錢水脚銀伍錢玖分伍釐解費銀壹兩壹錢玖分

句容縣銀叁百壹拾肆兩伍錢水脚銀叁兩壹錢肆分伍釐解費銀陸兩貳錢玖分

溧陽縣銀貳百貳拾壹兩水脚銀貳兩貳錢壹分解費銀肆兩肆錢貳分

溧水縣銀壹百壹拾玖兩水脚銀壹兩壹錢玖分解費銀貳兩叁錢捌分

總督部院聽事官吏皂隷等銀壹百柒拾貳兩捌錢

水脚銀柒錢貳分解費銀叁兩肆錢伍分陸釐內

上元縣銀柒拾貳兩水脚銀壹錢肆分肆釐解費銀壹兩肆錢肆分

江寧縣銀肆拾叁兩貳錢解費銀捌錢陸分肆釐

句容縣銀貳拾捌兩捌錢水脚銀貳錢捌分捌釐解費銀伍錢柒分陸釐

溧陽縣銀貳拾捌兩捌錢水脚銀貳錢捌分捌釐解

費銀伍錢
柒分陸釐

南兵部柴薪皂隸銀貳百壹拾陸兩水脚銀肆兩叁錢貳分加錠銀叁兩玖錢解費銀肆兩叁錢貳分

內

句容縣銀壹百伍拾陸兩水脚銀叁兩壹錢貳分加錠銀叁兩玖錢解費銀叁兩壹錢貳分

溧陽縣銀陸拾兩外水脚銀壹兩貳錢解費銀壹兩貳錢

南兵部分司門皂等銀叁百叁拾壹兩陸錢水脚銀叁兩壹錢加錠銀貳兩肆錢解費銀陸兩陸錢叁分貳釐內

上元縣銀陸拾兩水脚銀陸錢解費銀壹兩貳錢
江寧縣銀柒兩貳錢解費銀壹錢肆分肆釐
句容縣銀伍拾兩水脚銀伍錢解費銀壹兩
溧陽縣銀陸拾兩水脚銀陸錢解費銀壹兩貳錢
溧水縣銀捌拾兩水脚銀捌錢加錠銀貳兩肆錢解費銀壹兩陸錢
高淳縣銀陸拾兩水脚銀陸錢解費銀壹兩貳錢
六合縣銀壹拾肆兩肆錢解費銀貳錢捌分捌釐

武學齋夫門子銀玖拾陸兩水脚銀壹兩玖錢貳分

解費銀壹兩玖錢貳分内

何容縣銀叁拾陸兩水脚銀柒錢貳分解費銀柒錢貳分
溧陽縣銀貳拾肆兩水脚銀肆錢捌分解費銀肆錢捌分
溧水縣銀叁拾陸兩水脚銀柒錢貳分解費銀柒錢貳分

南兵部庫子斗級銀叁拾伍兩壹錢解費銀柒錢貳

釐係上元縣徵解

會同館估計廳庫子銀拾玖兩貳錢水脚銀叁錢捌

分肆釐解費銀叁錢捌分肆釐係溧陽縣徵解

犒勞牛羊菓酒銀壹百壹拾玖兩叁錢陸分解費銀

貳兩叁錢捌分柒釐貳毫內

上元縣銀拾柒兩捌錢肆分解費銀叁錢伍分陸釐

捌毫

江寧縣銀壹拾貳兩解費銀貳錢肆分

何容縣銀貳拾玖兩捌錢肆分解費銀伍錢玖分陸

釐捌毫

溧陽縣銀貳拾玖兩捌錢肆分解費銀伍錢玖分陸

釐捌毫
溧水縣銀貳拾兩貳錢玖分解費銀肆錢伍釐捌毫
高淳縣銀玖兩伍錢伍分
解費銀壹錢玖分壹釐

南各道門皂工食銀貳百叁拾伍兩水脚銀壹錢壹
分伍釐貳毫解費銀肆兩柒錢内

上元縣銀伍拾肆兩肆錢解費銀壹兩捌分捌釐
江寧縣銀玖拾伍兩肆錢水脚銀伍分柒釐陸毫解
費銀壹兩玖錢捌釐
句容縣銀柒兩貳錢水脚銀貳分捌釐捌毫解費銀
壹錢肆分肆釐
溧陽縣銀柒兩貳錢水脚銀貳分捌釐捌毫解費銀
壹錢肆分肆釐
江浦縣銀叁拾肆兩捌錢解費銀陸錢玖分陸釐
六合縣銀叁拾陸兩
解費銀柒錢貳分

六科拾叁道門皂工食銀陸百壹拾貳兩解費銀壹

拾貳兩貳錢肆分內

上元縣銀叁百玖兩陸錢解費銀陸兩壹錢玖分貳

釐

江寧縣銀叁百貳兩肆錢

解費銀陸兩肆分捌釐

南京畿道家伙銀貳兩伍錢解費銀伍分內

上元縣銀壹兩陸錢陸分陸釐陸毫陸絲陸忽解費

銀叁分叁釐叁毫叁絲叁忽叁微貳纖

江寧縣銀捌錢叁分叁釐叁毫叁絲肆忽解費銀壹

分陸釐陸毫陸絲陸忽陸微捌纖

南京畿道門皂工食銀伍拾兩柒錢解費銀壹兩壹

分肆釐內

上元縣銀叁拾貳兩柒錢解費銀陸錢伍分肆釐
江寧縣銀壹拾捌兩解費銀叁錢陸分

通政司舖兵銀叁百壹拾貳兩木脚銀壹兩伍錢陸分解費銀陸兩貳錢肆分内

上元縣銀捌拾伍兩捌錢木脚銀肆錢貳分玖釐解費銀壹兩柒錢壹分陸釐
江寧縣銀叁拾玖兩木脚銀壹錢玖分伍釐解費銀柒錢捌分
句容縣銀壹百貳拾肆兩捌錢木脚銀陸錢貳分肆釐解費銀貳兩肆錢玖分陸釐
溧陽縣銀陸拾貳兩肆錢木脚銀叁錢壹分貳毫解費銀壹兩貳錢肆分捌釐

南太僕寺門子銀捌兩解費銀壹錢陸分内

上元縣銀肆兩解費銀捌分
江寧縣銀肆兩解費銀捌分

撡院掛號吏銀壹拾肆兩肆錢解費銀貳錢捌分捌

釐內

上元縣銀柒兩貳錢解費銀壹錢肆分肆釐

江寧縣銀柒兩貳錢解費銀壹錢肆分肆釐

寧太道公費什物銀壹百壹拾陸兩壹錢捌分貳釐

捌毫解費銀貳兩叄錢貳分叄釐陸毫伍絲陸忽

內

句容縣銀壹拾玖兩叄錢陸分叄釐捌毫解費銀叄

錢捌分柒釐貳毫柒絲陸忽

溧陽縣銀壹拾玖兩叄錢陸分叄釐捌毫解費銀叄

錢捌分柒釐貳毫柒絲陸忽

溧水縣銀壹拾玖兩叄錢陸分叄釐捌毫解費銀叄

錢捌分柒釐貳毫柒絲陸忽

高淳縣銀壹拾玖兩叁錢陸分叁釐捌毫解費銀叁
錢捌分柒釐貳毫柒絲陸忽

江浦縣銀壹拾玖兩叁錢陸分叁釐捌毫解費銀叁
錢捌分柒釐貳毫柒絲陸忽

六合縣銀壹拾玖兩叁錢陸分叁釐捌毫解費銀叁
錢捌分柒釐貳毫柒絲陸忽

寧太道皂隸銀壹百壹拾捌兩捌錢解費銀貳兩叁
錢柒分陸釐内

句容縣銀叁拾陸兩解費銀柒錢貳分

溧陽縣銀壹拾捌兩解費銀叁錢陸分

溧水縣銀壹拾捌兩解費銀叁錢陸分

高淳縣銀壹拾捌兩解費銀叁錢陸分

江浦縣銀壹拾肆兩肆錢解費銀貳錢捌分捌釐

六合縣銀壹拾肆兩肆錢解費銀貳錢捌分捌釐

寧太道門吏銀肆兩解費銀捌分係溧陽縣徵解

寧太道水手銀貳拾壹兩壹錢柒分伍釐解費銀肆錢貳分叁釐伍毫内

句容縣銀肆兩貳錢叁分伍釐解費銀捌分肆釐柒毫

溧陽縣銀肆兩貳錢叁分伍釐解費銀捌分肆釐柒毫

溧水縣銀肆兩貳錢叁分伍釐解費銀捌分肆釐柒毫

高淳縣銀肆兩貳錢叁分伍釐解費銀捌分肆釐柒毫

江浦縣銀肆兩貳錢叁分伍釐解費銀捌分肆釐柒毫

寧太道民壯銀叁百貳拾肆兩解費銀陸兩肆錢捌分内

句容縣銀陸拾肆兩捌錢解費銀壹兩貳錢玖分陸釐

溧水縣銀陸拾肆兩捌錢解費銀壹兩貳錢玖分陸釐

高淳縣銀陸拾肆兩捌錢解費銀壹兩貳錢玖分陸釐

江浦縣銀陸拾肆兩捌錢解費銀壹兩貳錢玖分陸釐

六合縣銀陸拾肆兩捌錢解費銀壹兩貳錢玖分陸釐

太僕寺醫獸銀伍拾貳兩捌錢解費銀壹兩伍分陸釐

釐內

江浦縣銀拾陸兩捌錢解費銀叁錢叁分陸釐

六合縣銀叁拾陸兩解費銀柒錢貳分

上司操練民兵花紅銀肆拾肆兩解費銀捌錢捌分

內

句容縣銀壹拾兩解費銀貳錢

溧陽縣銀壹拾兩解費銀貳錢

高淳縣銀壹拾兩解費銀貳錢

江浦縣銀捌兩解費銀壹錢陸分

六合縣銀陸兩解費銀壹錢貳分

南五城弓兵銀陸百伍拾肆兩伍錢水脚銀玖兩捌錢壹分柒釐伍毫解費銀壹拾叁兩玖分查此項係後項海防銀內撥出係溧陽縣徵解

南兵部柴直皂隷銀貳千捌百叁拾叁兩柒錢水脚銀肆拾貳兩伍錢零伍釐伍毫又解費銀伍拾陸

兩陸錢柒分肆釐查此項係役項海防銀撥出係溧陽縣徵解

尚膳監醫獸銀拾陸兩解費銀叁錢貳分内

溧水縣銀捌兩解費銀壹錢陸分

高淳縣銀捌兩解費銀壹錢陸分

刑屬項下改充南餉

南都察院皂隸土工作作庫子等銀肆百貳拾貳兩捌錢水脚銀叁兩叁錢壹分肆釐解費銀捌兩肆錢伍分陸釐内

上元縣銀陸拾捌兩肆錢水脚銀叁錢貳分肆釐解費銀壹兩叁錢陸分捌釐

句容縣銀壹百捌兩水脚銀壹兩捌分解費銀貳兩壹錢陸分

溧陽縣銀壹百玖拾捌兩肆錢水脚銀壹兩肆錢柒分捌釐解費銀叁兩玖錢陸分捌釐

溧水縣銀肆拾捌兩水脚銀肆錢叁分貳釐解費銀玖錢陸分

南刑部禁卒銀壹百捌拾兩水脚銀壹兩捌錢解費銀叁兩陸錢內

句容縣銀陸拾叁兩水脚銀陸錢叁分解費銀壹兩貳錢陸分

溧陽縣銀捌拾壹兩水脚銀捌錢壹分解費銀壹兩陸錢貳分

溧水縣銀叁拾陸兩水脚銀叁錢陸分解費銀柒錢貳分

南刑部禁卒銀伍百壹拾叁兩水脚銀伍兩壹錢叁分解費銀壹拾兩貳錢陸分　查此項係後項海防銀內撥出係句容縣

徵
解

南刑部庫子銀叁百貳拾肆兩水脚銀叁兩貳錢肆
分解費銀陸兩肆錢捌分內
上元縣銀伍拾兩肆錢水脚銀伍錢肆釐解費銀壹
兩捌釐
句容縣銀壹百貳拾貳兩肆錢水脚銀壹兩貳錢貳
分肆釐解費銀貳兩肆錢肆分捌釐
溧陽縣銀壹百壹拾壹兩陸錢水脚銀壹兩壹錢壹
分陸釐解費銀貳兩貳錢叁分貳釐
溧水縣銀叁拾玖兩陸錢水脚銀叁錢玖分陸釐解
費銀柒錢玖分貳釐
南刑部土工銀壹百兩捌錢水脚銀伍錢肆釐解費
銀貳兩壹分陸釐內

上元縣銀壹拾肆兩肆錢水脚銀柒分貳釐解費銀
貳錢捌分捌釐
句容縣銀叁拾陸兩水脚銀壹錢捌分解費銀柒錢
貳分
溧陽縣銀叁拾陸兩水脚銀壹錢捌分解費銀柒錢
貳分
溧水縣銀壹拾肆兩肆錢水脚銀柒分貳釐解費銀
貳錢捌分捌釐
南刑部仵作銀拾肆兩水脚銀柒分解費銀貳錢捌
分係溧陽縣徵解
貫城舖兵銀叁拾陸兩解費銀柒錢貳分係上元縣徵解
南刑部斗級銀叁拾貳兩水脚銀壹錢陸分解費銀
陸錢肆分係溧陽縣徵解

南刑部醫生銀玖兩陸錢解費銀壹錢玖分貳釐係六合縣徵解
安樂堂土工銀玖拾陸兩水脚銀肆錢捌分解費銀
壹兩玖錢貳分內
上元縣銀拾貳兩水脚銀陸分解費銀貳錢肆分
句容縣銀叁拾陸兩水脚銀壹錢捌分解費銀柒錢貳分
溧陽縣銀貳拾肆兩水脚銀壹錢貳分解費銀肆錢捌分
溧水縣銀貳拾肆兩水脚銀壹錢貳分解費銀肆錢捌分
大理寺斗級銀柒拾叁兩貳錢水脚銀壹錢肆分解

費銀壹兩肆錢陸分肆釐內

句容縣銀肆拾玖兩貳錢水脚銀貳分解費銀玖錢捌分肆釐

溧陽縣銀貳拾肆兩水脚銀壹錢貳分解費銀肆錢捌分

浣衣局土工銀肆拾捌兩水脚銀貳錢肆分解費銀玖錢陸分內

句容縣銀貳拾肆兩水脚銀壹錢貳分解費銀肆錢捌分

溧陽縣銀貳拾肆兩水脚銀壹錢貳分解費銀肆錢捌分

工屬項下改充南餉

南太常寺鹿食豆楷銀肆兩解費銀捌分內

上元縣銀貳兩解費銀肆分
江寧縣銀貳兩解費銀肆分
南太常寺薦新子鵞茄菜等銀伍拾兩肆錢叁分解費銀壹兩捌釐陸毫內
上元縣銀叁兩玖錢玖分伍釐解費銀柒分玖釐玖毫
江寧縣銀肆拾陸兩肆錢叁分伍釐解費銀玖錢貳分捌釐柒毫
南太常寺淨葱竹籠銀伍兩伍錢解費銀壹錢壹分
係上元縣徵解
山川社稷等壇祭祀銀捌拾伍兩解費銀壹兩柒錢內

上元縣銀伍拾兩解費銀壹兩
江寧縣銀叁拾伍兩解費銀柒錢

天地山川等壇夫銀貳百貳拾貳兩水脚銀伍錢柒分陸釐解費銀肆兩肆錢肆分内
上元縣銀玖拾兩肆錢解費銀壹兩捌錢捌釐
江寧縣銀拾陸兩肆錢解費銀叁錢貳分捌釐
句容縣銀伍拾兩肆錢水脚銀貳錢伍分貳釐解費銀壹兩捌釐
溧水縣銀伍拾兩肆錢水脚銀貳錢伍分貳釐解費銀壹兩捌釐
高淳縣銀壹拾肆兩肆錢水脚銀柒分貳釐解費銀貳錢捌分捌釐

天地山川壇苗竹箒箕銀壹兩壹錢柒分解費銀貳分叁釐肆毫内

上元縣銀伍錢玖分叁釐解費銀壹分壹釐捌毫陸絲

江寧縣銀伍錢柒分柒釐外解費銀壹分壹釐伍毫肆絲

懿文陵祭薦清明糊窓柴價等銀貳拾貳兩伍錢貳釐解費銀肆錢伍分肆絲内

上元縣銀壹拾伍兩貳錢壹釐解費銀叁錢肆釐貳絲

江寧縣銀柒兩叁錢壹釐解費銀壹錢肆分陸釐貳絲

太常寺功臣廟祭祀銀貳拾柒兩捌錢捌分柒釐解費銀伍錢伍分柒釐柒毫肆絲内

上元縣銀壹拾叁兩玖錢肆分解費銀貳錢柒分捌釐捌毫

江寧縣銀壹拾叁兩玖錢肆分柒釐解費銀貳錢柒分捌釐玖毫肆絲

太常寺嫩薑銀伍兩解費銀壹錢係江寧縣徵解

太常寺牛犢銀叁拾柒兩伍錢解費銀柒錢伍分係高淳縣徵解

太常寺鹽糧銀叁百捌拾捌兩叁錢叁分伍釐解費銀柒兩柒錢陸分陸釐柒毫查此項在後項本府鹽糧撥出係句容縣徵解

南國子監門子書房庫子刷印匠等銀柒拾兩肆錢水脚銀壹兩捌分解費銀壹兩肆錢捌釐內

上元縣銀貳拾兩解費銀肆錢
江寧縣銀貳拾捌兩捌錢解費銀伍錢柒分陸釐
句容縣銀柒兩貳錢水脚銀叁錢陸分解費銀壹錢肆分肆釐
溧陽縣銀柒兩貳錢水脚銀叁錢陸分解費銀壹錢肆分肆釐
溧水縣銀柒兩貳錢水脚銀叁錢陸分解費銀壹錢肆分肆釐

國子監饌肉銀貳百兩解費銀肆兩係句容縣徵解

内官等監龍袍損夫銀貳百壹拾兩解費銀肆兩貳錢内

上元縣銀壹百叁拾捌兩解費銀貳兩柒錢陸分
江寧縣銀柒拾貳兩解費銀壹兩肆錢肆分

内官等監藕修車水氷夫銀壹百伍拾陸兩解費銀

叄兩壹錢貳分内
上元縣銀捌拾陸兩解費銀壹兩柒錢貳分
江寧縣銀柒拾兩解費銀壹兩肆錢
惜薪司柴夫土工銀陸百叄拾兩伍錢解費銀壹拾
貳兩陸錢壹分内
上元縣銀壹百貳拾叄兩柒錢解費銀貳兩肆錢柒
分肆釐
句容縣銀壹百玖拾柒兩玖錢貳分解費銀叄兩玖
錢伍分捌釐肆毫
溧陽縣銀貳百玖兩玖錢貳分解費銀肆兩壹錢玖
分捌釐肆毫
溧水縣銀玖拾捌兩玖錢陸分解費銀壹兩玖錢柒
分玖釐貳毫
翰林院徭役夫銀壹拾肆兩肆錢水脚銀柒分貳釐

解費銀貳錢捌分捌釐内

溧陽縣銀柒兩貳錢水脚銀叁分陸釐解費銀壹錢
肆分肆釐

溧水縣銀柒兩貳錢水脚銀叁分陸釐解費銀壹錢
肆分肆釐

司禮等監局柴夫土工銀壹百肆拾陸兩柒錢貳分
玖釐貳毫柒絲伍忽解費銀貳兩玖錢叁分肆釐
伍毫捌絲伍忽伍微内

句容縣銀肆拾玖兩壹錢解費銀玖錢捌分貳釐

溧陽縣銀肆拾捌兩捌錢壹分肆釐陸毫叁絲柒忽
伍微解費銀玖錢柒分陸釐貳毫玖絲貳忽柒微
伍纖

溧水縣銀肆拾捌兩捌錢壹分肆釐陸毫叁絲柒忽
伍微解費銀玖錢柒分陸釐貳毫玖絲貳忽柒微

伍
織
南工部織染所庫稱銀陸拾叁兩水腳銀叁錢壹分
伍釐解費銀壹兩貳錢陸分内
上元縣銀柒兩水腳銀叁分伍釐解費銀壹錢肆分
句容縣銀肆拾貳兩水腳銀貳錢壹分解費銀捌錢
肆分
溧水縣銀拾肆兩水腳銀柒分解費銀貳錢捌分
江東門飯堂土工銀貳拾肆兩解費銀肆錢捌分係句容縣徵解
聚寶淮清二飯堂土工銀肆拾捌兩水腳銀貳錢肆
分解費銀玖錢陸分係溧陽縣徵解

文思院軍器局土工銀肆拾玖兩解費銀玖錢捌分

係溧陽縣徵解

黑窰廠土工銀拾貳兩水脚銀陸分解費銀貳錢肆

分係溧陽縣徵解

協濟淮安府倉米折銀柒百捌拾叁兩伍錢水脚銀

柒兩捌錢叁分伍釐解費銀壹拾伍兩陸錢柒分

抵補缺額豆價查此項原額協濟淮安府折色米伍千石每石折銀伍錢共銀貳千

伍百兩水脚火耗銀肆拾叁兩肆錢柒分內止撥

上元溧陽高淳三縣共銀壹千柒百壹拾陸兩伍

錢水脚火耗銀貳拾柒兩叁錢捌分伍釐起解該

府餘江寧句容溧水三縣共銀柒百捌拾叁兩伍

錢水脚火耗銀壹拾陸兩捌分伍釐自明季從未
起解於順治玖年該前廵撫部院訂正全書清出
留充南省抵補缺額豆價
咨明比部改徵前數内
江寧縣銀肆百壹拾貳兩伍錢水脚解費銀壹拾貳
兩叁錢柒分伍釐
句容縣銀壹百貳拾柒兩伍錢水脚銀壹兩貳錢柒
分伍釐解費銀貳兩伍錢伍分
溧水縣銀貳百肆拾叁兩伍錢水脚銀貳兩肆錢叁
分伍釐解費銀肆兩捌錢柒分
以上留充本省兵餉自各衛倉麥折起至淮安府米
折止計壹百貳款共銀貳萬零貳百叁拾叁兩貳
錢捌釐陸毫捌絲柒微貳纖陸沙内　正銀壹萬玖
千陸百肆拾
壹兩貳錢柒分伍釐零壹忽叁微水脚綱司銀壹
百玖拾玖兩壹錢壹分壹釐伍毫壹絲玖忽肆微

解費銀叁百玖拾貳兩捌錢貳分貳釐壹毫陸絲
零貳纖陸沙

本府所屬解給驛站協濟銀數

驛站

龍江遞運所座船水夫壹百貳拾名每名銀柒兩貳
錢外修船銀貳兩共銀壹千壹百肆兩內減編江
寧縣原編操院座船修理銀貳拾肆兩實編銀壹
千捌拾兩遇閏加銀柒拾貳兩內

上元縣銀叁百叁拾壹兩貳錢遇閏加銀貳拾壹兩
陸錢

江寧縣銀壹百玖拾陸兩捌錢遇閏加銀壹拾肆兩
肆錢

句容縣銀貳百貳拾兩捌錢遇閏加銀拾肆兩肆錢
溧陽縣銀壹百壹拾兩肆錢遇閏加銀柒兩貳錢
溧水縣銀貳百貳拾兩捌錢遇閏加銀壹拾肆兩肆
錢
紅座船水夫陸拾肆名每名銀柒兩貳錢共銀肆百
陸拾兩捌錢遇閏加銀叁拾捌兩肆錢內
上元縣銀壹百壹拾伍兩貳錢遇閏加銀玖兩陸錢
江寧縣銀伍拾柒兩陸錢遇閏加銀肆兩捌錢
句容縣銀壹百壹拾伍兩貳錢遇閏加銀玖兩陸錢
溧陽縣銀壹百壹拾伍兩貳錢遇閏加銀玖兩陸錢
溧水縣銀伍拾柒兩陸錢
遇閏加銀肆兩捌錢
接遞水夫貳百柒拾名每名銀柒兩貳錢共銀壹千
玖百肆拾肆兩遇閏加銀壹百陸拾貳兩內

上元縣銀伍百陸拾壹兩陸錢遇閏加銀肆拾陸兩
捌錢
江寧縣銀肆百壹拾柒兩陸錢遇閏加銀叁拾肆兩
捌錢
句容縣銀壹百柒拾貳兩捌錢遇閏加銀壹拾肆兩
肆錢
溧陽縣銀伍百陸拾壹兩陸錢遇閏加銀肆拾陸兩
捌錢
溧水縣銀貳百叁拾兩肆錢遇閏加銀壹拾玖兩貳
錢

金陵驛奉　内院經制議定每年馬價草料工食等
項共銀柒千貳百伍拾陸兩捌錢内除原編鎮江
府協濟夫馬銀壹千肆拾肆兩又揚州府屬協濟
銀肆拾貳兩又和州協濟銀伍拾兩又寧國府屬

協濟銀叁百貳拾肆兩新撥寧國府操馬銀肆百
捌拾兩又太平府操馬銀壹千壹百伍拾貳兩又
鎮江府操馬銀壹千伍百陸拾兩又廣德州操馬
銀伍百肆拾兩又句容縣海防抵給銀陸百肆兩
叁錢貳分以上各府州縣共協濟銀伍千柒百玖
拾陸兩叁錢貳分除抵給外實徵條編銀壹千肆
百陸拾兩肆錢捌分遇閏加銀壹百柒拾貳兩陸
分陸釐陸毫陸絲内

上元縣銀貳百捌拾貳兩貳錢肆分捌釐肆毫遇閏
加銀貳拾叁兩伍錢貳分柒毫

江寧縣銀陸拾兩肆錢捌分遇閏加銀伍兩肆分
句容縣銀捌百柒兩玖錢貳分壹釐陸毫又海防抵
給銀陸百肆兩叁錢貳分遇閏加銀壹百壹拾柒
兩陸錢捌分陸釐捌毫
溧陽縣銀陸拾柒兩玖錢伍分遇閏加銀伍兩陸錢
陸分貳釐伍毫
溧水縣銀貳百貳拾叁兩肆錢遇閏加銀壹拾捌兩
陸錢壹分陸釐陸毫陸絲
高淳縣銀壹拾捌兩肆錢捌分遇閏加銀壹兩伍錢
肆分

江東驛奉　内院經制議定每年馬價草料工食等
項共銀肆千貳百柒拾陸兩肆錢内除原編本地
五城房號協濟銀伍百兩又寧國府屬驛傳協濟
銀叁百肆拾陸兩貳錢又徽州府屬夫馬銀壹百

伍拾肆兩肆錢又寧國府屬銀貳百捌拾叁兩叁
錢叁分又句容縣海防抵給銀貳百肆拾壹兩叁
錢叁分以上各款共協濟銀壹千伍百貳拾伍兩
貳錢陸分除抵給外實徵條編銀貳千柒百伍拾
壹兩壹錢肆分遇閏加銀貳百肆拾玖兩叁錢柒
分貳釐伍毫壹絲内
上元縣銀壹千壹百捌拾叁兩柒錢陸分遇閏加銀
玖拾捌兩陸錢肆分陸釐陸毫陸絲
江寧縣銀貳百貳拾柒兩遇閏加銀壹拾捌兩玖錢
壹分陸釐陸毫陸絲
句容縣銀壹百叁拾叁兩伍錢又海防抵給銀貳百
肆拾壹兩叁錢叁分貳項共銀叁百柒拾肆兩捌

錢叁分遇閏加銀叁拾壹兩貳錢叁分伍釐捌毫

肆絲

溧陽縣銀柒百柒拾肆兩捌錢捌分遇閏加銀陸拾

肆兩伍錢柒分叁釐叁毫肆絲

溧水縣銀叁百伍拾貳兩遇閏加銀貳拾玖兩叁錢

叁分叁釐叁毫肆絲

高淳縣銀捌拾兩遇閏加銀陸兩陸錢陸分陸釐陸

毫柒絲

江寧驛奉　内院經制議定每年馬價草料工食等

項共銀叁千兩於順治拾年閏陸月内奉江南總督部院馬

題部覆准撥給抵兌浙省協濟馬價銀貳百伍拾貳兩貳錢

共銀叁千貳百伍拾貳兩遇閏加銀貳百柒拾壹兩内

上元縣銀叁百壹拾兩玖錢貳分貳釐捌毫遇閏加

銀貳拾伍兩玖錢壹分貳毫叁絲

江寧縣銀捌百伍兩捌分伍釐貳毫又撥給抵兌浙省馬價銀貳拾壹兩陸錢貳項共銀捌百貳拾陸兩陸錢捌分伍釐貳毫遇閏加銀陸拾捌兩捌錢玖分肆毫肆絲

句容縣銀肆拾貳兩又撥給抵兌浙省協濟馬價銀貳百叁拾兩肆錢遇閏加銀貳拾貳兩柒錢

溧陽縣銀陸百伍拾捌兩陸錢陸分肆釐遇閏加銀伍拾肆兩捌錢捌分捌釐陸毫陸絲

溧水縣銀陸百壹拾伍兩玖錢玖分肆釐遇閏加銀伍拾壹兩叁錢叁分貳釐捌毫叁絲

高淳縣銀叁百捌拾柒兩叁錢叁分肆釐遇閏加銀叁拾貳兩貳錢柒分柒釐捌毫肆絲

江浦縣銀玖拾兩遇閏加銀柒兩伍錢

六合縣銀玖拾兩遇閏加銀柒兩伍錢

江寧驛庫斗各壹名每名銀柒兩貳錢共銀拾肆兩

肆錢内裁革庫子壹名銀柒兩貳錢抵給羈候所

更夫工食遇閏加銀壹兩貳錢係江寧縣徵給

龍江水馬驛站船水夫壹百伍拾玖名每名銀柒兩貳錢共銀壹千壹百肆拾肆兩捌錢遇閏加銀玖拾伍兩肆錢内

上元縣銀壹百捌拾柒兩貳錢遇閏加銀壹拾伍兩陸錢

江寧縣銀壹拾肆兩肆錢遇閏加銀壹兩貳錢

句容縣銀壹百伍拾捌兩肆錢遇閏加銀壹拾叁兩貳錢

溧陽縣銀肆百叁兩貳錢遇閏加銀叁拾叁兩陸錢

溧水縣銀叁百捌拾壹兩陸錢遇閏加銀叁拾壹兩捌錢

龍江水馬驛支應銀叁百兩遇閏加銀貳拾伍兩内

上元縣銀壹拾兩捌錢伍分貳釐遇閏加銀玖錢肆釐叁毫叁絲

江寧縣銀壹拾肆兩伍錢柒分貳釐遇閏加銀壹兩貳錢壹分肆釐叁毫叁絲

句容縣銀壹百貳拾兩捌錢陸分遇閏加銀壹拾兩柒分壹釐陸毫柒絲

溧陽縣銀捌拾伍兩遇閏加銀柒兩捌分叁釐叁毫叁絲

溧水縣銀肆拾柒兩壹錢肆分肆釐遇閏加銀叁兩玖錢貳分捌釐陸毫柒絲

高淳縣銀貳拾壹兩伍錢柒分貳釐遇閏加銀壹兩柒錢玖分柒釐陸毫柒絲

龍江驛斗級壹名銀柒兩貳錢庫子壹名銀捌兩共銀拾伍兩貳錢改作供應人役工食遇閏加銀壹兩貳錢陸分陸釐陸毫陸絲係句容縣徵給

江東驛厨役壹名銀柒兩貳錢遇閏加銀陸錢係上元縣徵給

江東驛斗級壹名銀拾兩庫子壹名銀陸兩陸錢共銀拾陸兩陸錢改作傘價傳報人役工食遇閏加銀壹兩叁錢捌分叁釐叁毫叁絲係句容縣徵給

江淮驛驢貳拾捌頭每頭銀貳拾壹兩共銀伍百捌拾捌兩遇閏加銀肆拾玖兩內

上元縣銀貳拾壹兩遇閏加銀壹兩柒錢伍分

句容縣銀陸拾叁兩遇閏加銀伍兩貳錢伍分

溧陽縣銀貳百伍拾貳兩遇閏加銀貳拾壹兩

溧水縣銀壹百捌拾玖兩遇閏加銀壹拾伍兩柒錢

伍分

江浦縣銀陸拾叁兩遇閏加銀伍兩貳錢伍分

江淮驛驛價銀壹百玖拾玖兩伍錢遇閏加銀壹拾陸兩陸錢貳分伍釐係江浦縣徵給查此項原編銀貳百柒拾叁兩捌錢內除銀柒拾肆兩叁錢在於江都寶應貳縣原編協濟東葛驛馬價銀內抵解該縣實編銀壹百玖拾玖兩伍錢此項銀柒拾肆兩叁錢係江都寶應二縣徵解又在該縣平米驗派似屬重設應裁摘出已入於後項存留舊編款內充餉

江淮驛馬價銀貳百肆拾肆兩又海防抵給銀叁百肆拾兩玖錢捌分柒釐叁毫捌絲玖忽捌纖朱沙壹塵又於順治拾年閏陸月内准江南總督部院

馬　題部覆准撥給抵兌浙省馬價銀玖百捌拾
叁兩叁錢叁分遇閏加銀壹百叁拾兩陸錢玖分
叁釐壹毫貳絲內

上元縣銀貳百陸拾貳兩遇閏加銀貳拾壹兩捌錢
叁分叁釐叁毫肆絲

江寧縣銀貳百陸拾貳兩遇閏加銀貳拾壹兩捌錢
叁分叁釐叁毫肆絲

溧水縣銀壹百捌拾捌兩壹錢叁分遇閏加銀壹拾
伍兩陸錢柒分柒釐伍毫

江浦縣銀柒百玖拾壹兩壹錢捌分柒釐叁毫捌絲
玖忽捌纖柒沙壹塵遇閏加銀陸拾伍兩玖錢叁
分貳釐貳
毫捌絲

六合縣銀陸拾伍兩遇閏加銀伍兩肆錢壹分陸釐
陸毫陸絲

江淮驛支應銀肆百兩遇閏加銀叁拾叁兩叁錢叁分叁釐叁毫叁絲內

江寧縣銀壹拾肆兩貳錢叁分遇閏加銀壹兩壹錢捌分伍釐捌毫叁絲

溧陽縣銀壹百貳拾玖兩貳錢陸分遇閏加銀壹拾兩柒錢柒分壹釐陸毫柒絲

溧水縣銀壹百捌拾貳兩柒錢壹分遇閏加銀壹拾伍兩貳錢貳分伍釐捌毫叁絲

高淳縣銀叁拾伍兩叁錢柒分遇閏加銀貳兩玖錢肆分柒釐伍毫

六合縣銀叁拾捌兩肆錢叁分遇閏加銀叁兩貳錢貳釐伍毫

東葛驛馬價銀玖拾陸兩玖錢捌分柒釐遇閏加銀捌兩捌分貳釐貳毫伍絲 係溧陽縣徵給

東葛驛支應銀玖拾叁兩陸錢伍分遇閏加銀柒兩捌錢肆釐壹毫柒絲係溧陽係徵給

東葛驛原編馬價銀叁百陸拾柒兩伍錢又海防抵給銀壹千陸拾陸兩玖錢玖分又於順治拾年閏陸月內准江南總督部院馬　題部覆准撥給抵充浙省馬價銀壹百玖拾兩遇閏加銀壹百叁拾伍兩叁錢柒分肆釐壹毫陸絲內

句容縣原編銀叁拾壹兩伍錢又海防抵給銀壹千陸拾陸兩玖錢玖分遇閏加銀玖拾壹兩伍錢肆分捌毫叁絲

溧陽縣銀叁百壹拾伍兩遇閏加銀貳拾陸兩貳錢

伍分

溧水縣銀貳拾壹兩遇閏加銀壹兩柒錢伍分

江浦縣銀貳拾貳兩陸錢遇閏加銀壹兩捌錢捌分

叁釐叁毫叁絲

六合縣撥給抵兌浙省馬價銀壹百陸拾柒兩肆錢

遇閏加銀壹拾叁兩玖錢伍分

大勝驛站船水夫壹百名每名銀柒兩貳錢共銀柒

百貳拾兩遇閏加銀陸拾兩內

上元縣銀伍拾柒兩陸錢遇閏加銀肆兩捌錢

江寧縣銀貳百伍拾玖兩貳錢遇閏加銀貳拾壹兩

陸錢

句容縣銀壹百貳拾玖兩陸錢遇閏加銀拾兩捌錢

溧陽縣銀貳百柒拾叁兩陸錢遇閏加銀貳拾貳兩

捌錢

大勝驛支應銀壹百柒拾陸兩遇閏加銀壹拾肆兩

陸錢陸分陸釐陸毫陸絲內

上元縣銀貳拾兩遇閏加銀壹兩陸錢陸分陸釐陸毫陸絲

江寧縣銀貳拾兩遇閏加銀壹兩陸錢陸分陸釐陸毫陸絲

句容縣銀肆拾兩遇閏加銀叁兩叁錢叁分叁釐叁毫肆絲

溧陽縣銀肆拾兩遇閏加銀叁兩叁錢叁分叁釐叁毫肆絲

溧水縣銀貳拾兩遇閏加銀壹兩陸錢陸分陸釐陸毫陸絲

高淳縣銀叁拾陸兩遇閏加銀叁兩

大勝驛庫斗各壹名每名銀柒兩貳錢共銀拾肆兩

肆錢內裁革庫子壹名銀柒兩貳錢抵給羈候所

更夫工食遇閏加銀壹兩貳錢係江寧縣徵給
雲亭驛原額馬價銀玖百捌拾貳兩叁錢貳分又海
防抵給銀壹百玖拾兩又常　前任巡撫部院周
咨明　內部准撥補缺額馬價銀壹千伍百壹
拾捌兩陸錢伍釐貳毫貳絲捌忽又奉　部文准
撥給抵兌浙省馬價銀壹百伍拾貳兩遇閏加銀
貳百叁拾陸兩玖錢壹分肆毫叁絲內
上元縣銀壹百壹拾玖兩捌分遇閏加銀玖兩玖錢
貳分叁釐叁釐叁毫叁絲
句容縣銀壹千柒百捌拾伍兩叁錢壹分陸釐肆毫
肆絲捌忽遇閏加銀壹百肆拾捌兩柒錢柒分陸

釐叁毫柒絲

溧陽縣銀捌百捌拾伍兩捌錢捌分叁釐叁毫遇閏
加銀柒拾叁兩捌錢貳分叁釐陸毫壹絲

溧水縣銀肆拾貳兩遇閏加銀叁兩伍錢

六合縣銀壹拾兩陸錢肆分伍釐肆毫捌絲遇閏加
銀捌錢捌分柒釐壹毫貳絲

雲亭驛步夫陸拾叁名每名銀柒兩貳錢共銀肆百
伍拾叁兩陸錢遇閏加銀叁拾柒兩捌錢係句容縣徵給

雲亭驛支應銀叁百捌拾玖兩貳錢遇閏加銀叁拾
貳兩肆錢叁分叁釐叁毫叁絲係句容縣徵給

雲亭驛庫子壹名銀叁兩陸錢遇閏加銀叁錢係句容縣
徵給

龍潭驛支應銀貳百貳拾兩遇閏加銀壹拾捌兩叁
錢叁分叁釐叁毫叁絲内
句容縣銀貳百兩遇閏加銀壹拾陸兩陸錢陸分陸
釐陸毫柒絲
溧水縣銀貳拾兩遇閏加銀壹兩陸錢陸分陸釐陸
毫陸絲
龍潭驛步夫肆拾伍名每名銀柒兩貳錢共銀叁百
貳拾肆兩遇閏加銀貳拾柒兩係句容縣徵給
龍潭驛庫斗各壹名共銀柒兩貳錢遇閏加銀陸錢
係句容縣徵給
龍潭驛原編馬價銀肆百壹拾捌兩叁錢叁分又蒙

前任巡撫部院周　咨明　內部准撥抵鈌額銀
壹千捌百捌兩壹錢貳分陸釐壹毫貳絲陸忽又
奉　部文准撥抵兌淅省馬價銀壹百玖拾捌兩
遇閏加銀貳百貳兩叁分捌釐壹絲內
上元縣銀叁百玖拾貳兩壹分叁釐叁毫陸絲遇閏
加銀叁拾貳兩陸錢陸分柒釐柒毫捌絲
江寧縣銀叁百叁拾兩陸錢壹分貳釐伍絲遇閏加
銀貳拾柒兩伍錢伍分壹釐
句容縣銀叁百叁拾捌兩叁錢叁分遇閏加　銀貳拾
捌兩壹錢玖分肆釐壹毫柒絲
溧水縣銀伍百伍拾柒兩叁錢陸分陸釐叁毫伍絲
遇閏加銀肆拾陸兩肆錢肆分柒釐貳毫
高淳縣銀肆百壹拾玖兩貳錢肆分玖釐遇閏加銀
叁拾肆兩玖錢叁分柒釐肆毫貳絲
江浦縣銀壹百壹拾壹兩叁錢貳分捌釐貳毫肆絲

絲捌忽遇閏加銀玖兩貳錢柒分柒釐叁毫伍絲
六合縣撥補缺額馬價銀貳百柒拾伍兩伍錢伍分
柒釐壹毫壹絲捌忽遇閏加銀貳拾貳兩玖錢陸
分叁釐玖絲
棠邑驛上中下馬拾壹匹驢貳拾壹頭共銀捌百叁
拾捌兩伍錢柒分遇閏加銀陸拾玖兩捌錢捌分
捌毫叁絲內
上元縣銀叁拾伍兩叁錢叁分遇閏加銀貳兩玖錢
肆分肆釐壹毫柒絲
江寧縣銀叁拾捌兩遇閏加銀叁兩壹錢陸分陸釐
陸毫陸絲
句容縣銀壹百肆拾兩叁錢叁分遇閏加銀壹拾壹
兩陸錢玖分肆釐壹毫柒絲
溧陽縣銀貳百陸拾陸兩壹錢陸分遇閏加銀貳拾
貳兩壹錢捌分

溧水縣銀壹百貳拾貳兩遇閏加銀壹拾兩壹錢陸分陸釐陸毫陸絲

六合縣銀貳百叁拾陸兩柒錢伍分遇閏加銀壹拾玖兩柒錢貳分玖釐壹毫柒絲

棠邑驛騾價銀陸拾叁兩遇閏加銀伍兩貳錢伍分係六合縣徵給

棠邑驛支應銀肆百貳拾伍兩遇閏加銀叁拾伍兩肆錢壹分陸釐陸毫陸絲係六合縣徵給

呈允加編棠邑驛馬價銀肆百捌拾兩又溧陽溧水高淳叁縣協濟銀壹百玖拾兩捌錢共銀陸百柒拾兩捌錢內除六合縣荒白撒餘田認銀伍拾肆

兩柒錢玖分壹釐釐貳毫實徵係編銀陸百壹拾陸

兩捌釐捌毫遇閏加銀伍拾壹兩叁錢叁分肆釐

陸絲內

溧陽縣銀陸拾叁兩捌錢遇閏加銀伍兩叁錢壹分

陸釐陸毫陸絲

溧水縣銀陸拾兩遇閏加銀伍兩

高淳縣銀陸拾柒兩遇閏加銀伍兩伍錢捌分叁釐

叁毫叁絲

六合縣銀肆百捌拾兩遇閏加銀叁拾伍兩肆錢叁

分肆釐

柒絲

滁州大柳樹驛上馬叁匹每匹銀肆拾貳兩共銀壹

百貳拾陸兩遇閏加銀壹拾兩伍錢係六合縣徵給此項原額

上中下馬伍匹驢壹頭共銀貳百貳拾兩叁錢叁分內查江浦縣舊全書刊載將江都寶應貳縣原議東葛驛馬價今改協濟本縣夫內扣銀玖拾肆兩叁錢叁分抵給大柳樹驛馬價銀本縣徑將前項給散走遞夫工食又查得走遞夫工食於順治叁年該前撫院訂正經制將走遞夫工食在於本縣平米內驗派徵給此項銀玖拾肆兩叁錢叁分摘出另入後項存留項下充餉實該驛銀壹百貳拾陸兩

以上驛站下自龍江遞運所站船水夫起至滁州大柳樹驛止計叁拾玖款共該夫馬等銀叁萬肆千叁拾柒兩捌錢玖分伍釐柒毫肆絲叁忽捌纖柒沙壹塵

遇閏加銀貳千貳百柒拾肆兩貳錢陸分肆釐伍

毫玖絲

本府所屬解漕操貳院兵餉銀數

均徭

漕標兵餉項下

海防銀伍千壹百捌拾肆兩叁錢陸分叁釐壹毫叁絲叁忽伍微叁纖壹沙柒塵伍渺水脚銀貳拾伍兩玖錢貳分壹釐玖毫壹絲肆忽玖微叁纖壹沙陸渺捌漠解費銀壹百叁兩陸錢捌分柒釐貳毫陸絲貳忽陸微柒纖陸塵叁渺伍漠查此項原解淮安府聽候

總漕部院動支給散兵餉今仍解淮安府聽候鳳
撫動支給發江北營兵餉原額銀壹萬壹千陸百
貳拾玖兩壹錢玖分伍毫貳絲貳忽陸微壹纖捌
沙捌塵伍渺水脚銀玖拾貳兩肆錢叁分玖釐柒
毫壹絲肆忽玖微叁纖壹沙陸渺捌漠內江浦縣
銀叁百肆拾兩玖錢捌分柒釐叁毫捌絲玖忽捌
纖柒沙壹塵蒙　撫院批允自萬曆拾叁年爲始
行蘇州府額解馬價抵前海防本縣前編銀兩徑
給江淮驛馬價於萬曆拾玖年蒙　撫院批允自
貳拾年爲始將句容縣海防銀內動支銀伍百壹
拾叁兩水脚銀伍兩壹錢叁分抵解南京刑部禁
子工食今改南餉又蒙明季撫院批允將蘇州府
原解江東等驛自萬曆貳拾貳年爲始將句容縣
海防銀內動支銀壹千肆百玖拾捌兩叁錢貳分
抵兌江東雲亭東葛叁驛馬價奉　南京兵部劄
付將蘇常兵餉原編句容縣海防銀內扣留銀陸
百肆兩叁錢貳分解南京會同舘抵蘇州鳳陽馬
驢價銀今改金陵驛馬價水脚銀陸兩肆分叁釐

貳毫撥補雲亭驛鉄額馬價又溧陽縣海防銀內扣銀叄千肆百捌拾捌兩貳錢抵解　兵部柒直工食萬曆叄拾肆年申允每兩加水脚銀壹分伍釐連原編共銀伍拾貳兩叄錢貳分叄釐今改南餉以上共銀陸千肆百肆拾肆兩捌錢貳分柒釐叄毫捌絲玖忽捌纖柒沙壹塵水脚銀陸拾叄兩肆錢玖分陸釐貳毫除抵解各項外餘水脚銀叄兩貳分壹釐陸毫免派於民實解海防銀伍千壹百捌拾肆兩叄錢陸分叄釐壹毫叄絲叄忽伍微叄纖壹沙柒塵伍渺水脚銀貳拾伍兩玖錢貳分壹釐玖毫壹絲肆忽玖微叄纖壹沙陸渺捌漠解費銀壹百叄兩陸錢捌分柒釐貳毫陸絲貳忽陸微柒纖陸塵叄渺伍漠內

句容縣銀伍百伍拾貳兩壹錢陸分貳釐陸毫捌絲柒忽貳微伍沙水脚銀貳兩柒錢陸分捌毫壹絲解費銀壹拾壹兩肆分叄釐貳毫伍絲叄忽柒微肆纖肆沙壹塵

溧陽縣銀叄百捌拾兩捌錢陸分壹釐陸毫壹絲貳

忽壹微柒纖叁沙柒塵水脚銀壹兩玖錢肆釐叁毫捌忽陸纖捌塵陸渺捌漠解費銀柒兩陸錢壹分柒釐貳毫叁絲貳忽貳微肆纖叁沙肆塵柒渺肆漠

溧水縣銀貳千貳百玖拾玖兩陸錢伍分水脚銀壹拾壹兩肆錢玖分捌釐貳毫伍絲解費銀肆拾伍兩玖錢玖分叁釐

高淳縣銀壹千陸百肆拾肆兩陸錢貳毫玖絲陸忽陸纖玖沙玖塵玖渺水脚銀捌兩貳錢貳分叁釐壹毫肆忽捌微解費銀叁拾貳兩捌錢玖分貳釐伍忽玖微貳纖壹沙肆塵

六合縣銀叁百柒兩捌分捌釐伍毫叁絲捌忽捌纖叁沙陸渺水脚銀壹兩伍錢叁分伍釐肆毫肆絲貳忽柒纖貳塵解費銀陸兩壹錢肆分壹釐柒毫柒絲柒微陸纖壹沙陸塵陸渺壹漠

池陽兵餉銀肆百玖拾伍兩伍錢捌分肆釐玖毫柒

絲陸忽柒微貳纖肆沙壹渺水脚銀貳兩肆錢柒分柒釐玖毫貳絲肆忽捌微捌纖叁沙玖塵伍渺伍漠解費銀玖兩玖錢壹分壹釐陸毫玖絲玖忽伍微叁纖肆沙肆塵捌渺查此項原解池州府聽操院動支給池陽鎮兵餉今池陽鎮歸池陽營其銀改解漕撫聽給江北兵餉解淮安府內

句容縣銀壹百叁拾貳兩捌錢叁分貳釐陸毫貳絲叁忽陸微肆纖伍沙玖塵捌渺水脚銀陸錢陸分肆釐壹毫陸絲叁忽壹微壹纖捌沙貳塵叁渺解費銀貳兩陸錢伍分陸釐陸毫伍絲貳忽肆微柒纖貳沙玖塵貳渺

溧陽縣銀壹百陸拾捌兩玖錢貳分伍釐肆毫捌絲捌忽陸微捌纖玖沙貳塵貳渺水脚銀捌錢肆分肆釐陸毫貳絲柒忽肆微肆纖叁沙肆塵肆渺陸

賦役全書　江寧府

漢解費銀叁兩叁錢柒分捌釐伍毫玖忽柒微柒
纖叁沙柒塵捌渺肆漠
溧水縣銀捌拾壹兩柒錢伍分陸釐伍絲肆忽肆微
捌沙陸塵陸渺水脚銀肆錢捌釐柒毫捌絲貳微
柒纖貳沙肆塵叁漠解費銀壹兩陸錢叁分伍釐
壹毫貳絲壹忽捌纖捌沙壹塵柒渺叁漠
高淳縣銀柒拾叁兩肆分捌釐叁毫貳絲叁忽伍微
肆纖玖塵肆渺水脚銀叁錢陸分伍釐貳毫肆絲
壹忽陸微壹纖柒沙柒塵伍漠解費銀壹兩肆錢
陸分玖毫陸絲陸忽肆微柒纖捌塵壹渺玖漠
江浦縣銀貳拾貳兩肆錢肆分貳釐伍毫捌絲伍忽
肆微肆纖肆沙貳塵壹渺水脚銀壹錢壹分貳釐
貳毫壹絲貳忽玖微貳纖柒沙貳塵貳渺壹漠解
費銀肆錢肆分捌釐捌毫伍絲壹忽柒微捌沙捌
塵捌渺肆漠
六合縣銀壹拾陸兩伍錢柒分玖釐玖毫玖微玖纖
伍沙水脚銀捌分貳釐捌毫玖絲玖忽伍微肆沙
玖塵伍渺解費銀叁錢叁分壹釐伍毫玖絲捌忽

壹纖玖
沙玖塵

操院兵餉項下

操院兵餉銀叁千伍百兩加編銀柒百兩遇閏加銀叁百貳拾兩解費銀捌拾肆兩內

上元縣銀壹百兩加編銀壹百伍兩遇閏加銀叁拾貳兩解費銀肆兩壹錢

江寧縣銀壹百兩加編銀柒拾兩遇閏加銀貳拾壹兩叁錢叁分叁釐叁毫叁絲解費銀叁兩肆錢

句容縣銀玖百柒拾陸兩加編銀壹百肆拾兩遇閏加銀陸拾肆兩解費銀貳拾貳兩叁錢貳分

溧陽縣銀玖百伍拾貳兩加編銀壹百肆拾兩遇閏加銀陸拾肆兩解費銀貳拾壹兩捌錢肆分

溧水縣銀玖百伍拾貳兩加編銀壹百伍兩遇閏加銀陸拾肆兩解費銀貳拾壹兩壹錢肆分

高淳縣銀壹百陸拾兩加編銀柒拾兩遇閏加銀叁拾貳兩解費銀肆兩陸錢

江浦縣銀壹百兩加編銀叁拾伍兩遇閏加銀貳拾壹兩叁錢叁分叁釐叁毫肆絲解費銀貳兩柒錢

六合縣銀壹百陸拾兩加編銀叁拾伍兩遇閏加銀貳拾壹兩叁錢叁分叁釐叁毫叁絲解費銀叁兩玖錢

江防銀壹千伍百捌拾肆兩解費銀叁拾壹兩陸錢捌分查此項銀兩各縣徵銀起解　操院聽給兵餉

溧陽縣銀捌百叁拾捌兩解費銀壹拾陸兩柒錢陸分

溧水縣銀叁百貳兩解費銀陸兩肆分

高淳縣銀肆百肆拾肆兩解費銀捌兩捌錢捌分

操院取用淳化鎮防守兵陸名每名銀陸兩共銀

叄拾陸兩遇閏加銀叄兩係上元縣徵解

操院取用秣陵鎮防守弓兵陸名每名銀陸兩共銀叄拾陸兩遇閏加銀叄兩係上元縣徵解

操院抽取江淮江東龍潭三司防守弓兵壹拾壹名內陸名每名銀拾貳兩又伍名每名銀壹拾兩共銀壹百貳拾貳兩水脚銀陸錢壹分遇閏加銀壹拾兩壹錢陸分陸釐陸毫陸絲係句容縣徵解

操院取用荻港營防守弓兵陸名每名銀拾貳兩共銀柒拾貳兩遇閏加銀陸兩係高淳縣徵解

操院抽取瓜埠廵檢司防守弓兵陸名每名銀拾貳兩共銀柒拾貳兩水脚銀叁錢陸分遇閏加銀陸兩
係六合縣徵解以上各廵司鎮防守弓兵銀兩各縣扣解　操院聽給各處汛地兵餉

以上兵餉自海防起至瓜埠弓兵止計玖款共銀壹萬貳千陸拾兩伍錢玖分陸釐玖毫壹絲貳忽貳微柒纖伍沙捌塵玖渺捌漠內
正銀壹萬壹千捌百壹兩玖錢肆分捌釐壹毫壹絲貳微伍纖伍沙柒塵陸渺水脚銀貳拾玖兩叁錢陸分玖釐捌毫叁絲玖忽捌微壹纖伍沙貳渺叁漠解費銀貳百貳拾玖兩貳錢柒分捌釐玖毫陸絲貳忽貳微伍沙壹塵壹渺伍漠
遇閏加銀叁百肆拾捌兩陸錢陸分陸釐陸毫陸絲

本府所屬解各衙門銀數

均徭

撫院項下

轎傘夫銀柒拾貳兩解費銀壹兩肆錢肆分遇閏加

銀陸兩經制分編銀捌拾陸兩肆錢順治拾叁年內准　部文裁銀拾肆兩肆錢解戶部內

上元縣銀陸錢貳分解費銀壹分貳釐肆毫遇閏加

銀伍分壹釐陸毫陸絲

溧水縣銀柒拾壹兩叁錢捌分解費銀壹兩肆錢貳分柒釐陸毫外裁銀拾肆兩肆錢玖解戶部

門子工食銀陸兩解費銀壹錢貳分遇閏加銀伍錢

經制分編門子銀壹拾兩叁錢玖分於順治拾叁年內准　部文扣裁銀肆兩叁錢玖分解部係上

元𢿙徵解

冊房寫本吏銀壹百壹拾柒兩壹錢伍分水脚銀陸分壹釐肆絲解費銀貳兩叁錢肆分叁釐　查此項准部駁全書簽開撫院已有額派書吏廪給銀兩何得又設此項寫本吏銀應裁解　部充餉內

上元縣銀貳拾叁兩玖錢玖分解費銀肆錢柒分玖釐捌毫

句容縣銀柒拾柒兩玖錢解費銀壹兩伍錢伍分捌釐

溧陽縣銀拾伍兩貳錢陸分水脚銀陸分壹釐肆絲解費銀叁錢伍釐貳毫

撫院項下除抵經費外餘剩銀壹百柒拾陸兩叁錢玖分壹釐肆毫　查此項內

係
江寧縣銀貳拾玖兩
溧陽縣銀陸拾伍兩陸錢貳分
高淳縣銀貳拾陸兩壹錢柒分壹釐肆毫
江浦縣銀叁拾兩捌錢
六合縣銀貳拾肆兩捌錢

冊房寫本吏銀壹拾伍兩壹錢解費銀叁錢貳釐查此
項准部駁全書簽開撫院巳有額派書吏廩給何
得又設此項寫本吏銀兩應裁解　部充餉內

上元縣銀叁兩陸錢解費銀柒分貳釐
江寧縣銀陸兩貳錢解費銀壹錢貳分肆釐
句容縣銀壹兩肆錢玖分解費銀貳分玖釐捌毫
溧陽縣銀壹兩柒錢陸分解費銀叁分伍釐貳毫
溧水縣銀捌錢陸分叁釐解費銀壹分柒釐貳毫陸
絲
高淳縣銀柒錢解費銀壹分肆釐
江浦縣銀貳錢伍分解費銀伍釐

六合縣銀貳錢叁分柒釐

解費銀肆釐柒毫肆絲

江南布政司曆日板銀叁兩解費銀陸分內

上元縣銀壹兩伍錢解費銀叁分

江寧縣銀壹兩伍錢解費銀叁分

學院供應銀伍拾陸兩伍錢貳分陸釐捌毫壹忽陸

微加編銀肆拾伍兩貳錢捌分陸釐水脚銀貳錢

貳分陸釐壹毫伍絲壹微解費銀貳兩叁分陸釐

貳毫伍絲陸忽叁纖貳沙遇閏加銀捌兩肆錢捌

分肆釐肆毫內

句容縣銀壹拾陸兩伍錢陸分叁毫肆絲伍忽加編

銀壹拾叁兩貳錢陸分伍釐水脚銀陸分陸釐貳

毫肆絲壹微解費銀伍錢玖分陸釐伍毫陸忽玖
微遇閏加銀貳兩肆錢捌分伍釐肆毫肆絲

溧陽縣銀壹拾伍兩肆錢伍分陸釐伍毫伍絲貳忽
加編銀壹拾貳兩叁錢捌分水脚銀陸分壹釐捌
毫伍絲解費銀伍錢伍分陸釐柒毫叁絲壹忽肆
纖遇閏加銀貳兩叁錢壹分玖釐柒毫壹絲

溧水縣銀捌兩捌錢叁分叁釐叁絲捌忽陸微加編
銀柒兩玖分水脚銀叁分伍釐叁毫叁絲解費銀
叁錢壹分捌釐肆毫陸絲柒微柒纖貳沙閏月加
銀壹兩叁錢貳分陸釐玖毫貳絲

高淳縣銀伍兩玖錢陸分壹釐柒毫捌絲柒忽陸微
加編銀肆兩柒錢柒分玖釐水脚銀貳分叁釐捌
毫伍絲解費銀貳錢壹分肆釐捌毫壹絲伍忽柒
微伍纖貳沙遇閏加銀捌錢玖分伍釐柒絲

江浦縣銀肆兩捌錢伍分柒釐伍毫叁絲玖忽貳微
加編銀叁兩捌錢捌分陸釐水脚銀壹分玖釐肆
毫肆絲解費銀壹錢柒分肆釐捌毫柒絲柒微捌
纖肆沙遇閏加銀柒錢貳分捌釐陸毫叁絲

六合縣銀肆兩捌錢伍分柒釐伍毫叁絲玖忽貳微
加編銀叁兩捌錢捌分陸釐水脚銀壹分玖釐肆
毫肆絲解費銀壹錢柒分肆釐捌毫柒絲柒微
捌纖肆沙遇閏加銀柒錢貳分捌釐陸毫叁絲

學院修理衙舍銀肆拾兩此項於順治玖年肆月會
議全裁續於順治拾年閏
陸月內准江南總督部院馬　題爲調劑驛困永
除民艱事部覆准撥給江淮東葛貳驛抵兑浙省
協濟馬
價內
上元縣銀貳拾兩
江寧縣銀貳拾兩

協濟蘇松學院供應銀貳拾叁兩叁錢叁分叁釐叁
毫內
上元縣銀叁兩伍錢
江寧縣銀叁兩伍錢

句容縣銀叁兩伍錢
溧陽縣銀肆兩壹錢陸分陸釐陸毫
溧水縣銀貳兩捌錢叁分叁釐肆毫
高淳縣銀貳兩捌錢叁分叁釐叁毫
江浦縣銀壹兩伍錢
六合縣銀壹兩伍錢

漕院項下邳州供應銀叁拾叁兩伍錢柒分陸釐水

脚盤費銀肆兩伍錢伍分陸釐捌毫內

上元縣銀肆兩壹釐陸毫水脚盤費銀壹兩貳錢
江寧縣銀叁兩捌錢壹分捌釐水脚銀壹兩貳錢
句容縣銀陸兩叁錢肆釐水脚盤費銀壹兩貳錢
溧陽縣銀捌兩捌錢叁分貳釐肆毫水脚銀玖錢伍
分陸釐捌毫
溧水縣銀肆兩捌錢伍釐
高淳縣銀肆兩叁錢肆分伍釐
江浦縣銀壹兩壹錢伍分伍釐

六合縣銀叄錢
壹分伍釐

按院廩給監生廩糧副本等銀壹百柒拾伍兩貳錢
編增心紅銀肆拾兩水脚銀柒錢捌毫解費銀肆
兩叄錢肆釐　査此項先准部駁全書簽開部須文
職經費錄內按院項下原無監生廩
糧副本等銀此項應改解部充餉內

上元縣銀叄拾兩加編銀陸兩水脚銀壹錢貳分解
費銀柒錢貳分

江寧縣銀貳拾兩加編銀肆兩水脚銀捌分解費銀
肆錢捌分

句容縣銀叄拾兩加編銀捌兩水脚銀壹錢貳分解
費銀柒錢陸分

溧陽縣銀叄拾伍兩貳錢加編銀捌兩水脚銀壹錢
肆分捌毫解費銀捌錢陸分肆釐

溧水縣銀貳拾伍兩加編銀陸兩水脚銀壹錢解費

銀陸錢貳分
高淳縣銀拾伍兩加編銀肆兩水脚銀陸分解費銀
叁錢捌分
江浦縣銀拾柒兩加編銀貳兩水脚銀肆分解費銀貳
錢肆分
六合縣銀壹拾兩加編銀貳兩水脚銀肆分解費銀
貳錢
肆分

江南供應機房修理機張渠泛線價銀玖百玖拾肆
兩叁錢解費銀壹拾玖兩捌錢捌分陸釐內
上元縣銀柒拾兩解費銀壹兩肆錢
江寧縣銀肆拾兩解費銀捌錢
句容縣銀叁百兩解費銀陸兩
溧陽縣銀叁百兩解費銀陸兩
溧水縣銀貳百兩解費銀肆兩
高淳縣銀捌拾肆兩叁錢解費銀壹兩陸錢捌分陸

釐

江南供應機房下程人役工食銀陸百叁拾柒兩貳
錢解費銀壹拾貳兩柒錢肆分肆釐内

上元縣銀玖拾伍兩肆錢解費銀壹兩玖錢捌釐

江寧縣銀陸拾肆兩陸錢解費銀壹兩貳錢玖分貳
釐

句容縣銀壹百伍拾貳兩壹錢解費銀叁兩肆分貳
釐

溧陽縣銀壹百伍拾貳兩壹錢解費銀叁兩肆分貳
釐

溧水縣銀壹百壹兩伍錢解費銀貳兩叁分

高淳縣銀柒拾壹兩伍錢
解費銀壹兩肆錢叁分

江南供應機房柴夫脚價銀叁百貳拾兩肆錢柒分

壹釐柒毫捌絲玖忽柒微陸纖解費銀陸兩肆錢
玖釐肆毫叁絲伍忽柒微玖纖伍沙貳塵內
上元縣銀肆拾捌兩壹錢叁分肆釐叁毫肆絲解費
銀玖錢陸分貳釐陸毫捌絲陸忽捌微
江寧縣銀肆拾陸兩陸分叁釐捌毫玖絲解費銀玖
錢貳分壹釐貳毫柒絲柒忽捌微
句容縣銀柒拾壹兩柒錢肆釐叁毫肆絲解費銀壹
兩肆錢叁分肆釐捌絲陸忽捌微
溧陽縣銀伍拾陸兩柒錢玖釐叁毫叁絲解費銀壹
兩壹錢叁分肆釐壹毫捌絲陸忽陸微
溧水縣銀肆拾捌兩伍錢貳分貳毫叁絲解費銀玖
錢柒分肆毫肆忽陸微
高淳縣銀肆拾玖兩叁錢叁分玖釐陸毫伍絲玖忽
柒微陸纖解費銀玖錢捌分陸釐柒毫玖絲叁忽
壹微玖纖
伍沙貳塵

一南供應機房食米脚價銀壹百叄拾壹兩壹錢柒
分伍釐解費銀貳兩陸錢貳分叄釐伍毫內
上元縣銀捌拾叄兩肆錢柒分伍釐解費銀壹兩陸
錢陸分玖釐伍毫
江寧縣銀肆拾柒兩柒錢
解費銀玖錢伍分肆釐
協濟淮安府米折銀壹千柒百壹拾陸兩伍錢水脚
火耗銀貳拾柒兩叄錢捌分伍釐解費銀貳拾肆
兩壹錢壹分　查此項原額淮安府倉正米伍千石
每石折銀伍錢共銀貳千伍百兩水
脚火耗銀[illegible]拾叄兩肆錢柒分原解該府聽給自
本朝以來止據上元溧陽高淳叄縣徵解前數其江寧句
容溧水叄縣共銀柒百捌拾叄兩伍錢水脚火耗
銀壹拾陸兩捌分伍釐改入前項南餉支用內

上元縣銀伍百壹拾壹兩水脚解費銀壹拾伍兩叁
錢叁分
溧陽縣銀陸百伍拾貳兩水脚銀陸兩伍錢貳分解
費銀壹拾[illegible]兩肆分
高淳縣銀伍百伍拾叁兩伍錢水脚銀伍兩伍錢叁
分伍釐解費銀壹拾壹兩柒分

江南布政司曆日銀壹百壹拾兩肆錢捌分陸釐捌
毫水脚銀貳兩貳錢玖釐柒毫叁絲陸忽內
上元縣銀壹兩玖錢肆分叁釐水脚銀叁分捌釐捌
毫陸絲
江寧縣銀壹兩玖錢貳分水脚銀叁分捌釐肆毫
句容縣銀叁拾伍兩水脚銀柒錢
溧陽縣銀叁拾兩捌分捌釐捌毫水脚銀陸錢壹釐
柒毫柒絲陸忽
[illegible]縣銀壹拾陸兩叁錢水脚銀叁錢貳分陸釐
高淳縣銀壹拾貳兩水脚銀貳錢肆分

[illegible]銀伍兩伍錢水脚銀壹錢壹分
[illegible]縣銀柒兩柒錢叁分伍釐水脚銀壹錢伍分肆釐柒毫

江南布政司朝覲眕賫紙張銀叁年共銀捌拾兩每年徵銀貳拾陸兩陸錢陸分陸釐陸毫內

上元縣銀伍兩
江寧縣銀伍兩
句容縣銀叁兩叁錢叁分叁釐叁毫
溧陽縣銀叁兩叁錢叁分叁釐叁毫
溧水縣銀叁兩叁錢叁分叁釐叁毫
高淳縣銀叁兩叁錢叁分叁釐叁毫
江浦縣銀壹兩陸錢陸分陸釐柒毫
六合縣銀壹兩陸錢陸分陸釐柒毫

江南按察司朝

覲路費紙張叁年共銀玖兩每年徵銀叁兩內

上元縣銀伍錢

江寧縣銀伍錢

句容縣銀伍錢

溧陽縣銀伍錢

溧水縣銀伍錢

高淳縣銀伍錢

以上各衙門下自撫院轎傘夫起至江南按察司朝

覲止計拾玖款共銀肆千捌百柒拾肆兩零肆分柒釐貳

毫玖忽貳微捌纖柒沙貳塵內准部駁全書發開

一款撫院門子寫本吏轎夫按院監生廩糧副本

千[illegible]貳欵共銀叁百柒拾肆兩叁錢貳分陸釐陸毫肆
絲附後裁省數內改解戶部又順治玖年肆月會
議全裁學院修理衙舍銀肆拾兩續於順治拾年
閏陸月內江南總督部院馬　題准撥給江淮
東葛貳驛抵兌浙省協濟馬價又裁撫院項下供
應抵編經費外餘剩銀壹百柒拾陸兩叁錢玖分
壹釐肆毫附後裁省數內改解戶部
實解各衙門銀[illegible]千貳百捌拾叁兩叁錢貳分玖釐
壹毫陸絲玖忽貳微捌纖柒沙貳塵遇閏加銀壹

拾陸兩叁錢柒分壹釐玖毫

陸兩係句
容縣徵解

庫子肆名每名銀陸兩[…]肆兩[…]貳
[…]經制原每名銀[…]八年裁壹兩貳
兩[…]錢共銀肆兩捌錢[…]
句[…]加[…]治貳兩遇閏加[…]壹兩
肆錢
[…]縣[…]閏加銀壹兩
裁銀貳兩肆錢

斗級陸名每名銀陸兩共銀叁拾陸兩遇閏加[…]
兩經制原每名銀柒兩貳錢順治玖年肆月[…]
議每名裁銀壹兩貳錢共裁銀柒兩貳[…]
句容[…]

修[…]舖[…]辦刑具銀貳拾兩係上江[…]徵解

本府江防管糧督鑄同知三員各員下照經制俸

俸[illegible]　兩共銀貳百肆拾[illegible]兩遇閏加銀[illegible]拾兩

經制原每員俸銀肆拾貳兩伍錢伍分陞[illegible]順

治拾叁年玖月內部議　題定每員將薪銀[illegible]

柒兩與錢肆分肆釐以足前數內

上元縣銀貳兩貳錢捌分玖釐叁毫捌絲遇閏加銀

壹錢玖分柒毫捌絲

江寧縣銀[illegible]伍兩叁錢柒分捌釐[illegible]貳絲

閏加銀壹拾兩肆錢肆分[illegible]毫貳絲

句[illegible]壹百壹拾貳[illegible]錢叁分[illegible]遇閏加銀

[illegible]兩叁錢

陞分壹釐

薪銀各壹拾兩伍錢[illegible]　六錢叁　[illegible]錢

經制原[illegible]肆拾捌[illegible]　[illegible]議[illegible]

陞分捌釐銀叁拾[illegible]兩[illegible]錢肆分[illegible]

百壹拾貳兩叁錢叁分貳釐添入係[illegible]銀[illegible]拾
壹兩陸錢陸分捌釐改[illegible]部充餉[illegible]句容縣徵解
心紅紙張各銀貳拾兩[illegible]兩[illegible]伍兩
係句容
縣徵解
修[illegible]銀壹拾兩共[illegible]叁拾兩於順治拾貳年
肆月准部文全
[illegible]人解
戶部內
句容縣銀捌兩[illegible]錢叁分捌釐叁毫肆絲
溧陽縣銀伍錢玖分貳釐陸毫伍絲
溧水縣銀伍兩壹分陸釐陸毫柒絲
江浦縣銀捌兩捌錢壹分陸釐陸毫柒絲
六合縣銀[illegible]兩肆錢叁
[illegible]伍[illegible]毫柒絲
[illegible]鋪扇各銀壹拾兩共銀叁拾兩於順治[illegible]年
肆月准[illegible]冊

[illegible]行[illegible]年[illegible]治[illegible]年[illegible]王

員裁銀捌兩共銀貳拾[illegible]兩歐解戶部又於[illegible]治

拾叁年[illegible]月內部[illegible]全裁共裁銀陸兩一[illegible]解

[illegible]部

[illegible]後[illegible]

書辦各陸名共拾捌名每名銀陸兩共銀壹百[illegible]兩

遇閏加銀玖兩　經制原每名銀拾兩捌錢順治[illegible]年裁銀肆兩捌錢共裁銀捌拾陸兩

肆錢係溧陽縣徵解

門[illegible]貳名共陸名每名[illegible]陸兩共銀叁拾陸兩遇

閏加銀叁兩　經制原每名銀柒兩貳錢順治玖年裁銀壹兩貳錢共裁銀柒兩貳錢係派溧陽縣徵解

步快各捌名共貳拾[illegible]名[illegible]名[illegible]陸兩共銀壹百肆

拾肆兩遇閏加銀貳兩經制原額每名銀柒兩貳錢順治玖年每名裁銀壹兩貳錢共裁銀貳拾捌兩捌錢內

句容縣銀拾貳兩遇閏加銀壹兩裁銀貳兩肆錢

溧陽縣銀壹百叁拾貳兩遇閏加銀拾壹兩裁銀貳拾陸兩肆錢

皂隷各拾貳名共叁拾陸名每名銀陸兩共銀貳百壹拾陸兩遇閏加銀拾捌兩經制原編每名銀柒兩貳錢順治玖年每名裁銀壹兩貳錢共裁銀肆拾叁兩貳錢內

句容縣銀壹百陸拾捌兩遇閏加銀拾肆兩裁銀叁拾叁兩陸錢

溧陽縣銀肆拾捌兩遇閏加銀肆兩共裁銀玖兩陸錢

燈夫各貳名共陸名每名銀陸兩共銀叁拾陸兩遇
閏加銀叁兩　經制原每名銀壹兩貳錢順治玖年每名裁銀壹兩貳錢共裁銀柒兩貳錢內
江寧縣銀貳拾肆兩遇閏加銀貳兩
裁銀肆兩捌錢
句容縣銀拾貳兩遇閏加銀壹兩
裁銀貳兩肆錢
轎傘扇夫各柒名共貳拾壹名每名銀陸兩共銀壹
百貳拾陸兩遇閏加銀壹拾兩伍錢　經制原每名銀柒兩貳錢
於順治玖年每名裁銀壹兩貳錢共裁銀貳拾伍兩貳錢內
江寧縣銀肆拾貳兩遇閏加銀叁兩伍錢裁銀捌兩
肆錢

句容縣銀肆拾貳兩遇閏加銀叁兩伍錢裁銀捌兩肆錢
溧陽縣銀肆拾貳兩遇閏加銀叁兩伍錢裁銀捌兩肆錢

裁汰本府船政馬政寶源局督鑄開通廠督鑄同知四員缺已刊於經制新編

俸銀各肆拾貳兩伍錢伍分陸釐共銀壹百柒拾兩貳錢貳分肆釐此項於順治七年七月內准部文全裁續於順治拾年閏六月內准江南總督部院咨開准戶部咨准撥給雲龍𠂇驛抵兌浙省協濟馬價銀兩係上元縣徵給

薪銀各肆拾捌兩共銀壹百玖拾貳兩於順治柒年柒月廿八准部文全裁係句容縣徵解

心紅紙張各貳拾兩共銀捌拾兩於順治柒年柒月內准部文全裁係

句容縣

徵解

修宅家伙銀各拾兩共銀肆拾兩於順治柒年柒月內准部文全裁內

派

溧陽縣銀壹拾兩

溧水縣銀壹拾兩

高淳縣銀貳拾兩

桌圍[illegible]銀各拾兩共銀肆拾兩於順治柒年柒月內准部文全裁係

句容縣

徵解

書辦各陸名共貳拾肆名每名銀拾兩捌錢共銀貳百伍拾玖兩貳錢於順治柒年柒月內全裁內

句容縣銀陸拾肆兩捌錢
溧陽縣銀壹百玖拾肆兩肆錢

門子各貳名共捌名每名銀柒兩貳錢共銀伍拾柒兩陸錢於順治柒年柒月內全裁內
溧陽縣銀伍拾兩肆錢
溧水縣銀柒兩貳錢

步快各捌名共叁拾貳名每名銀柒兩貳錢共銀貳百叁拾兩肆錢於順治柒年柒月內全裁係句容縣徵解令奉部撥給江寧驛抵兌浙省馬價

皂隸各拾貳名共肆拾捌名每名銀柒兩貳錢共銀叁百肆拾伍兩陸錢於順治柒年柒月內全裁係句容縣徵解

燈夫各貳名共捌名每名銀柒兩貳錢共銀伍拾柒

兩陸錢於順治柒年柒月內
全裁係句容縣徵解

轎傘扇夫各柒名共貳拾捌名每名銀柒兩貳錢共

銀貳百壹兩陸錢於順治柒年柒月內
全裁係句容縣徵解

本府督捕查鹽通判貳員各員下照經制新編

俸銀各陸拾兩共銀壹百貳拾兩遇閏加銀拾兩經制

原編每員俸銀叁拾伍兩肆錢陸分於順治拾叁

年玖月內准部議　題定每員將薪銀貳拾肆兩

伍錢肆分以足前數內

上元縣銀拾壹兩捌分遇閏加銀玖錢貳分叁釐叁毫

江寧縣銀壹拾肆兩貳分貳釐肆絲遇閏加銀壹兩

壹錢陸分捌釐伍毫

溧陽縣銀柒拾叁兩柒分壹釐玖毫陸絲遇閏加銀

陸兩捌分玖釐叁毫叁絲

江浦縣銀貳拾壹兩捌錢貳分陸釐遇閏加銀壹兩捌錢壹分捌釐捌毫柒絲

薪銀各貳拾叁兩肆錢陸分共銀肆拾陸兩玖錢貳分 經制原每員薪銀肆拾捌兩准部議撥銀貳拾肆兩伍錢肆分添入俸內餘銀肆拾陸兩玖錢貳分改解戶部

係上元縣徵解

心紅紙張各銀貳拾兩共銀肆拾兩遇閏加銀叁兩叁錢叁分叁釐叁毫叁絲內

句容縣銀壹拾兩遇閏加銀捌錢叁分叁釐叁毫叁絲

高淳縣銀叁拾兩遇閏加銀貳兩伍錢

修宅家伙各銀壹拾兩共銀貳拾兩 於順治拾貳年四月內准議全

裁改解户部係
句容縣徵解

皁隸傘扇各銀壹拾兩共銀貳拾兩於順治拾貳年四月内准部議裁銀拾陸兩改解户部又於順治拾叁年玖月内准部議續裁銀肆兩一併解部係句容縣徵解

書辦各陸名共拾貳名每名銀陸兩共銀柒拾貳兩

遇閏加銀陸兩經制原每名銀拾兩捌錢順治玖年裁銀肆兩捌錢共裁銀伍拾柒兩

奉裁錢係溧水縣徵解

門子各貳名共肆名每名銀陸兩共銀貳拾肆兩遇

閏加銀貳兩經制原每名銀柒兩貳錢順治玖年裁銀壹兩貳錢共裁銀肆兩捌錢係派

句容縣徵解

步快各捌名共拾陸名每名銀陸兩共銀玖拾陸兩遇閏加銀捌兩經制原每名銀柒兩貳錢順治玖年裁銀壹兩貳錢共裁銀壹拾玖兩貳錢係溧陽縣徵解

皂隸各拾貳名共貳拾肆名每名銀陸兩共銀壹百肆拾肆兩遇閏加銀拾貳兩經制原每名銀柒兩貳錢順治玖年裁壹兩貳錢共裁銀貳拾捌兩捌錢係溧陽縣徵解

燈夫各貳名共肆名每名銀陸兩共銀貳拾肆兩遇閏加銀貳兩經制原每名銀柒兩貳錢於順治玖年每名裁銀壹兩貳錢共裁銀肆兩捌錢

內

溧陽縣銀壹拾貳兩遇閏加銀壹兩裁銀貳兩肆錢

溧水縣銀壹拾貳兩遇閏加銀壹兩裁銀貳兩肆錢

轎傘扇夫各柒名共拾肆名每名銀陸兩共銀捌拾肆兩遇閏加銀柒兩經制原每名銀柒兩貳錢順治玖年裁壹兩貳錢共裁銀拾陸兩捌錢係溧水縣徵解

裁汰本府管糧水利南督捕西督捕通判四員各員下照經制新編

俸銀各叁拾伍兩肆錢陸分共銀壹百肆拾壹兩捌錢肆分於順治柒年柒月內全裁今奉　部文撥抵江寧驛浙省馬價銀貳拾壹兩陸錢撥

龍潭驛浙省馬價銀肆拾玖兩叁錢貳分撥抵雲
亭驛浙省馬價銀柒拾兩玖錢貳分內
江寧縣銀柒拾兩玖錢貳分
溧陽縣銀柒拾兩玖錢貳分
薪銀各肆拾捌兩共銀壹百玖拾貳兩於順治柒年柒月內准部
議全
裁內
句容縣銀貳拾肆兩
溧陽縣銀壹百陸拾捌兩
心紅紙張各貳拾兩共銀捌拾兩於順治柒年柒月內准部議全裁
係句容
縣徵解
修宅家伙各銀拾兩共銀肆拾兩於順治柒年柒月內准部議全裁
係句容
縣徵解

桌圍傘扇各銀拾兩共銀肆拾兩於順治柒年柒月內准部議全裁

內

句容縣銀柒兩伍錢

溧水縣銀叁拾貳兩伍錢

書辦各陸名共貳拾肆名每名銀拾兩捌錢共銀貳百伍拾玖兩貳錢於順治柒年柒月內准部議全裁係溧水縣徵解

門子各貳名共捌名每名銀柒兩貳錢共銀伍拾柒兩陸錢於順治柒年柒月內准部議全裁內

句容縣銀柒兩貳錢

溧水縣銀伍拾兩肆錢

步快各捌名共叁拾貳名每名銀柒兩貳錢共銀貳

百叁拾兩肆錢於順治柒年柒月內准部議全裁內

溧陽縣銀捌拾陸兩肆錢

溧水縣銀壹百肆拾肆兩

皂隸各拾貳名共肆拾捌名每名銀柒兩貳錢共銀叁百肆拾伍兩陸錢於順治柒年柒月內准部議全裁內

溧陽縣銀貳百玖拾伍兩貳錢

溧水縣銀伍拾兩肆錢

燈夫各貳名共捌名每名銀柒兩貳錢共銀伍拾柒兩陸錢於順治柒年柒月內准部議全裁係溧陽縣徵解

轎傘扇夫各柒名共貳拾捌名每名銀柒兩貳錢共銀貳百壹兩陸錢於順治柒年柒月內准部議全裁係溧陽縣徵解

本府推官員下照經制新編

俸銀肆拾伍兩遇閏加銀叁兩柒錢伍分經制原編俸銀貳拾柒兩肆錢玖分於順治拾叁年玖月內准部議題定將薪銀壹拾柒兩伍錢壹分以足前數係溧陽縣徵解

薪銀壹拾捌兩肆錢玖分經制原編薪銀叁拾陸兩准部議撥銀壹拾柒兩伍錢壹分添入俸內支給餘銀壹拾捌兩肆錢玖分改解戶部係溧陽縣徵解

心紅紙張銀貳拾兩遇閏加銀壹兩陸錢陸分陸釐陸毫陸絲係高淳縣徵解

桌圍傘扇銀拾兩於順治拾貳年四月內准部文裁銀捌兩解部充餉又於順治拾叁

年玖月內准部議續裁貳兩一併解部充餉係溧水縣徵解

修宅家伙銀拾兩於順治拾貳年四月內准部文全裁係高淳縣徵解

書辦捌名每名銀陸兩共銀肆拾捌兩遇閏加銀肆兩

經制原每名銀拾兩捌錢順治玖年裁肆兩捌錢共裁銀叄拾捌兩肆錢係溧水縣徵解

門子貳名每名銀陸兩共銀拾貳兩遇閏加銀壹兩

經制原每名銀柒兩貳錢順治玖年裁壹兩貳錢共裁銀貳兩肆錢係溧水縣徵解

步快捌名每名銀陸兩共銀肆拾捌兩遇閏加銀肆

兩經制原每名銀柒兩貳錢順治玖年裁壹兩貳
錢共裁銀玖兩陸錢
係溧水
縣徵解

皂隷拾貳名每名銀陸兩共銀柒拾貳兩遇閏加銀
陸兩經制原每名銀柒兩貳錢順治玖年裁壹兩
貳錢共裁銀拾肆兩肆錢
係溧水
縣徵解

燈夫貳名每名銀陸兩共銀拾貳兩遇閏加銀壹兩
經制原每名銀柒兩貳錢順治玖年裁壹兩貳錢
共裁銀貳兩肆錢
係溧水
縣徵解

轎傘扇夫柒名每名銀陸兩共銀肆拾貳兩遇閏加

銀叁兩伍錢經制原每名銀柒兩貳錢順治玖年裁銀壹兩貳錢共裁銀捌兩肆錢係

溧水縣徵解

本府經歷員下照經制新編

俸銀肆拾兩遇閏加銀叁兩叁錢叁分叁釐叁毫叁

絲經制原編俸銀貳拾肆兩貳錢貳釐於順治拾叁年玖月內准部議題定將新銀壹拾伍兩

柒錢玖分捌釐添入俸銀支給以足前數內

溧陽縣銀壹拾陸兩貳錢伍釐肆絲遇閏加銀壹兩

叁錢伍分肆毫壹絲

溧水縣銀貳拾叁兩柒錢玖分肆釐玖毫陸絲遇閏

加銀壹兩玖錢捌分貳釐玖毫貳絲

新銀捌兩貳錢貳釐經制原編新銀貳拾肆兩准部議撥銀拾伍兩柒錢玖分捌釐

添入倖内支給餘銀捌兩貳錢貳釐改解戶部係
溧陽縣徵解

書辦壹名銀陸兩遇閏加銀伍錢經制原編銀柒兩貳錢順治玖年裁
銀壹兩貳錢係
高淳縣徵解

門子壹名銀陸兩遇閏加銀伍錢經制原編銀柒兩貳錢順治玖年裁
銀壹兩貳錢係
高淳縣徵解

皂隷肆名每名銀陸兩共銀貳拾肆兩遇閏加銀貳
兩經制原每名銀柒兩貳錢順治玖年裁壹兩貳
錢共裁銀肆兩捌錢係
溧水縣
徵解

馬夫壹名銀陸兩遇閏加銀伍錢經制原編銀柒兩貳錢順治玖年裁

銀壹兩貳錢係
句容縣徵解

本府知事員下照經制新編

俸銀叁拾叁兩壹錢壹分肆釐遇閏加銀貳兩柒錢伍分玖釐伍毫經制原編俸銀貳拾壹兩壹錢壹分肆釐准部議將薪銀壹拾貳兩

添入俸銀支給
以足前數内

溧水縣銀貳拾壹兩壹錢壹分肆釐外遇閏加銀壹兩柒錢伍分玖釐伍毫

溧陽縣銀拾貳兩
遇閏加銀壹兩

書辦壹名銀陸兩遇閏加銀伍錢經制原編銀柒兩貳錢順治玖年裁

銀壹兩貳錢係
高淳縣徵解

門子壹名銀陸兩遇閏加銀伍錢經制原編銀柒兩貳錢順治玖年裁銀壹兩貳錢係高淳縣徵解

皂隷肆名每名銀陸兩共銀貳拾肆兩遇閏加銀貳兩經制原每名銀柒兩貳錢於順治玖年肆月內會議每名裁銀壹兩貳錢共裁銀肆兩捌錢內

派

內

溧水縣銀拾貳兩遇閏加銀壹兩裁銀貳兩肆錢

高淳縣銀拾貳兩遇閏加銀壹兩裁銀貳兩肆錢

馬夫壹名銀陸兩遇閏加銀伍錢經制原編銀柒兩貳錢順治玖年裁銀壹兩貳錢係溧水縣徵解

本府照磨員下照經制新編

俸銀叁拾壹兩伍錢貳分遇閏加銀貳兩陸錢貳分陸釐陸毫陸絲　經制原編俸銀拾玖兩伍錢貳分於順治拾叁年玖月內准部議

題定將薪銀拾貳兩添入俸銀支給內

溧陽縣銀拾貳兩遇閏加銀壹兩

溧水縣銀拾玖兩伍錢貳分遇閏加銀壹兩陸錢貳分陸釐陸毫陸絲

書辦壹名銀陸兩遇閏加銀伍錢　經制原編銀柒兩貳錢順治玖年裁銀壹兩貳錢係高淳縣徵解

門子壹名銀陸兩遇閏加銀伍錢　經制原編銀柒兩貳錢順治玖年裁

銀壹兩貳錢係高淳縣徵解

皂隸肆名每名銀陸兩共銀貳拾肆兩遇閏加銀貳兩

經制原每名銀柒兩貳錢順治玖年肆月內會議每名裁銀壹兩貳錢共裁銀肆兩捌錢係高淳縣徵解

馬夫壹名銀陸兩遇閏加銀伍錢

經制原編銀柒兩貳錢順治玖年裁銀壹兩貳錢係溧陽縣徵解

本府檢校員下照經制新編

俸銀叁拾壹兩伍錢貳分遇閏加銀貳兩陸錢貳分陸釐陸毫陸絲

經制原編俸銀拾玖兩伍錢貳分於順治拾叁年玖月內准部議

題定將薪銀拾貳兩
添入俸銀支給内
溧陽縣銀拾貳兩遇閏加銀壹兩
溧水縣銀拾玖兩伍錢貳分遇閏加銀壹兩陸錢貳分陸釐陸毫陸絲

書辦壹名銀陸兩遇閏加銀伍錢經制原編銀柒兩貳錢順治玖年裁
銀壹兩貳錢係高淳縣徵解

門子壹名銀陸兩遇閏加銀伍錢經制原編銀柒兩貳錢順治玖年裁
銀壹兩貳錢係高淳縣徵解

皂隸肆名每名銀陸兩共銀貳拾肆兩遇閏加銀貳兩經制原每名銀柒兩貳錢於順治玖年肆月内每名裁銀壹兩貳錢共裁銀肆兩捌錢係高淳

縣徵
解

馬夫壹名銀陸兩遇閏加銀伍錢經制原編銀柒兩貳錢順治玖年裁

銀壹兩貳錢係高淳縣徵解

本府司獄司員下照經制新編

俸銀叁拾壹兩伍錢貳分遇閏加銀貳兩陸錢貳分

陸釐陸毫陸絲經制原編俸銀拾玖兩伍錢貳分於順治拾叁年玖月內准部覆

題定將薪銀拾貳兩添入俸銀支給內

溧陽縣銀拾貳兩遇閏加銀壹兩

溧水縣銀拾玖兩伍錢貳分遇閏加銀壹兩陸錢貳

分陸釐陸毫陸絲

書辦壹名銀陸兩遇閏加銀伍錢經制原編銀柒兩貳錢順治玖年裁

銀壹兩貳錢係
高淳縣徵解
皂隸貳名每名銀陸兩共銀拾貳兩遇閏加銀壹兩
經制原每名銀柒兩貳錢順治玖年裁銀壹兩貳錢
共銀貳兩肆錢係句容縣徵解
本府廣積庫朝陽司副使貳員各員下照經制新編
俸銀各叁拾壹兩伍錢貳分共銀陸拾叁兩肆分遇
閏各加銀貳兩陸錢貳分陸釐陸毫陸絲共閏月
銀伍兩貳錢伍分叁釐叁毫貳絲經制各原編俸銀拾玖兩伍錢
貳分於順治拾叁年玖月內准部覆題定每員
將薪銀拾貳兩添入俸銀支給內
溧陽縣銀貳拾肆兩遇閏加銀貳兩
溧水縣銀叁拾玖兩肆分遇閏加銀叁兩貳錢伍分

叁釐叁
毫貳絲

書辦各壹名共貳名每名銀陸兩共銀拾貳兩遇閏
加銀壹兩　經制原每名銀柒兩貳錢順治玖年裁銀
壹兩貳錢共裁銀貳兩肆錢係高淳縣
徵解

皂隸各貳名共肆名每名銀陸兩共銀貳拾肆兩遇
閏加銀貳兩　經制原每名銀柒兩貳錢順治玖年裁
銀壹兩貳錢共裁銀肆兩捌錢係句
容縣
徵解

都稅司聚寶宣課司龍江宣課司江東宣課司常平倉
茶引所龍江鈔關遞運所大使共捌員各員下照經

制新編

俸銀各叁拾壹兩伍錢貳分共銀貳百伍拾貳兩壹
錢陸分遇閏加銀貳拾壹兩壹分叁釐叁毫叁絲
經制原編俸銀拾玖兩伍錢貳分於順治拾叁年
玖月內准部覆　題定將每員編薪銀拾貳兩共
銀玖拾陸兩添入俸銀內支給內
溧陽縣銀肆拾貳兩遇閏加銀叁兩伍錢
溧水縣銀玖拾壹兩捌錢柒分壹釐伍毫肆絲遇閏
加銀柒兩陸錢伍分伍釐玖毫陸絲
高淳縣銀壹百壹拾陸兩叁錢玖分叁釐玖毫遇閏
加銀玖兩陸錢玖分玖釐肆毫玖絲
江浦縣銀壹兩捌錢玖分肆釐伍毫陸絲遇閏加銀
壹錢伍分柒釐捌毫捌絲
書辦各壹名共捌名每名銀陸兩共銀肆拾捌兩遇

閏加銀肆兩　經制原每名銀柒兩貳錢順治玖年裁銀壹兩貳錢共裁銀玖兩陸錢係

高淳縣

徵解

皂隸各貳名共拾陸名每名銀陸兩共銀玖拾陸兩

遇閏加銀捌兩　經制原每名銀柒兩貳錢順治玖年裁銀壹兩貳錢共裁銀拾玖兩貳

錢係句容

縣徵解

江東司秣陵司江淮司巡檢叁員各員下照經制新

編

俸銀各叁拾壹兩伍錢貳分共銀玖拾肆兩伍錢陸

分遇閏加銀柒兩捌錢捌分　經制原編每員俸銀拾玖兩伍錢貳分叁

[illegible]叁年玖月內准部覆　題定每員原編
銀一拾貳兩[illegible]
溧水縣銀貳拾貳兩遇閏加銀壹兩捌錢叁分叁釐
叁毫叁絲
高淳縣銀拾肆兩遇閏加銀壹兩壹錢陸分陸釐陸
毫柒絲
江浦縣銀伍拾捌兩伍錢陸分遇閏加銀肆兩捌錢
捌分

書辦各壹名共叁名每名銀陸兩共銀拾捌兩遇閏
加銀壹兩伍錢　經制原每名銀柒兩貳錢順治玖年裁銀壹兩貳錢共裁銀叁兩陸錢
係高淳縣徵解

皂隸各貳名共陸名每名銀陸兩共銀叁拾陸兩遇
閏加銀叁兩　經制原每名銀柒兩貳錢順治玖年裁銀壹兩貳錢共裁銀柒兩貳錢係句

各縣徵解

龍江驛江東驛金陵驛驛丞叁員各員下照經制新編
俸銀各叁拾壹兩伍錢貳分共銀玖拾肆兩伍錢陸
分遇閏加銀柒兩捌錢捌分　經制每員原編俸銀拾玖兩伍錢貳分於
順治拾叁年玖月內准部覆　題定將每員原編
薪銀拾貳兩添入俸銀支給以足前數內
句容縣銀貳拾壹兩捌錢貳分陸釐肆毫貳絲貳忽
肆徵遇閏加銀壹兩捌錢壹分捌釐捌毫柒絲
高淳縣銀叁拾陸兩遇閏加銀叁兩
江浦縣銀叁拾陸兩柒錢叁分叁釐伍毫柒絲柒忽
陸徵遇閏加銀叁兩
陸分壹釐壹毫叁絲
書辦各壹名共叁名每名銀陸兩共銀拾捌兩遇閏

加銀壹兩伍錢經制原每名銀柒兩貳錢順治玖年裁銀壹兩貳錢共裁銀叁兩陸錢係高淳縣徵解

皂隸各貳名共陸名每名銀陸兩共銀叁拾陸兩遇閏加銀叁兩經制原每名銀柒兩貳錢順治玖年裁銀壹兩貳錢共裁銀柒兩貳錢係句容縣徵解

本府儒學教授壹員訓導貳員共叁員照經制新編俸銀各叁拾壹兩伍錢貳分共銀玖拾肆兩伍錢陸分遇閏加銀柒兩捌錢捌分經制每員原編俸銀拾玖兩伍錢貳分於順治拾叁年玖月內准部覆題定將每員原編薪銀拾貳兩添入俸銀支給以足前數內

上元縣銀肆拾柒兩貳錢捌分遇閏加銀叁兩玖錢肆分

江寧縣銀肆拾柒兩貳錢捌分遇閏加銀叁兩玖錢肆分

齋夫陸名每名銀拾貳兩共銀柒拾貳兩遇閏加銀陸兩內

上元縣銀貳拾肆兩遇閏加銀貳兩

句容縣銀貳拾肆兩遇閏加銀貳兩

溧陽縣銀貳拾肆兩

遇閏加銀貳兩

門子伍名內掌教叁名分教貳名每名銀柒兩貳錢

共銀叁拾陸兩遇閏加銀叁兩內

句容縣銀貳拾壹兩陸錢遇閏加銀壹兩捌錢

溧陽縣銀壹拾肆兩肆錢遇閏加銀壹兩貳錢

學書壹名銀柒兩貳錢遇閏加銀陸錢係溧水縣徵解

教官叁員喂馬草料銀各拾貳兩共銀叁拾陸兩遇閏加銀叁兩係高淳縣徵解

本府儒學廩生膳夫肆名每名銀貳拾兩共銀捌拾兩遇閏加銀陸兩陸錢陸分陸釐陸毫陸絲查此項案准戶部咨開膳夫每學貳名共銀肆拾兩經費錄內開載甚明此指縣學廩生貳拾名爲言也如州學廩生叁拾名應支銀陸拾兩府學廩生肆拾名應支銀捌拾兩自當按數遞增載入全書至於教官從無支膳銀之例難以准從等因查府廩肆拾名每名銀貳兩共銀捌拾兩除經費開載銀肆拾兩外應增編膳銀肆拾兩即於後項膳夫銀兩撥入相應註明照數支給內

上元縣銀貳拾兩遇閏加銀壹兩陸錢陸分陸釐陸
毫柒絲
江寧縣銀貳拾兩遇閏加銀壹兩陸錢陸分陸釐陸
毫陸絲
句容縣銀貳拾兩遇閏加銀壹兩陸錢陸分陸釐陸
毫柒絲
溧陽縣銀貳拾兩遇閏加銀壹兩陸錢陸分陸釐陸
毫陸絲

知縣捌員

俸銀各肆拾伍兩共銀叁百陸拾兩遇閏加銀叁拾
兩　經制原每員編俸銀貳拾柒兩肆錢玖分於順
治拾叁年玖月内准部覆　題定每員將薪銀
壹拾柒兩伍錢壹分添入
俸銀支給以足前數内
上元縣銀肆拾伍兩遇閏加銀叁兩柒錢伍分
江寧縣銀肆拾伍兩遇閏加銀叁兩柒錢伍分

句容縣銀肆拾伍兩遇閏加銀叁兩柒錢伍分
溧陽縣銀肆拾伍兩遇閏加銀叁兩柒錢伍分
溧水縣銀肆拾伍兩遇閏加銀叁兩柒錢伍分
高淳縣銀肆拾伍兩遇閏加銀叁兩柒錢伍分
江浦縣銀肆拾伍兩遇閏加銀叁兩柒錢伍分
六合縣銀肆拾伍兩遇閏加銀叁兩柒錢伍分

薪銀各拾捌兩肆錢玖分共銀壹百肆拾柒兩玖錢貳分　經制每員原編薪銀叁拾陸兩准部議每員撥銀拾柒兩伍錢壹分添入俸內支給餘銀拾捌兩肆錢玖分共銀壹百肆拾柒兩玖錢貳分改解戶部充餉內

上元縣銀拾捌兩肆錢玖分
江寧縣銀拾捌兩肆錢玖分
句容縣銀拾捌兩肆錢玖分
溧陽縣銀拾捌兩肆錢玖分
溧水縣銀拾捌兩肆錢玖分
高淳縣銀拾捌兩肆錢玖分

江浦縣銀拾捌兩肆錢玖分
六合縣銀拾捌兩肆錢玖分

心紅紙張銀各貳拾兩共銀壹百陸拾兩遇閏加銀
壹拾叁兩叁錢叁分叁釐叁毫陸絲經制每員原編心紅紙張
油燭銀叁拾兩於順治拾叁年玖月內准部議裁
油燭銀壹拾兩共裁銀捌拾兩解部內

上元縣銀貳拾兩遇閏加銀壹兩陸錢陸分陸釐陸
毫柒絲外裁油燭銀拾兩改解戶部
江寧縣銀貳拾兩遇閏加銀壹兩陸錢陸分陸釐陸
毫柒絲外裁油燭銀拾兩改解戶部
句容縣銀貳拾兩遇閏加銀壹兩陸錢陸分陸釐陸
毫柒絲外裁油燭銀拾兩改解戶部
溧陽縣銀貳拾兩遇閏加銀壹兩陸錢陸分陸釐陸
毫柒絲外裁油燭銀拾兩改解戶部
溧水縣銀貳拾兩遇閏加銀壹兩陸錢陸分陸釐陸
毫柒絲外裁油燭銀拾兩改解戶部

高淳縣銀貳拾兩遇閏加銀壹兩陸錢陸分陸釐陸

毫朱絲外裁油燭銀拾兩改解戶部

江浦縣銀貳拾兩遇閏加銀壹兩陸錢陸分陸釐陸

毫朱絲外裁油燭銀拾兩改解戶部

六合縣銀貳拾兩遇閏加銀壹兩陸錢陸分陸釐陸

毫朱絲外裁油燭銀拾兩改解戶部

修宅家伙各銀貳拾兩共銀壹百陸拾兩　順治玖年肆月內准

部咨全

裁冈

上元縣銀貳拾兩

江寧縣銀貳拾兩

句容縣銀貳拾兩

溧陽縣銀貳拾兩

溧水縣銀貳拾兩

高淳縣銀貳拾兩

江浦縣銀貳拾兩

六合縣銀貳拾兩

迎送上司傘扇銀各拾兩共銀捌拾兩於順治拾貳年肆月內准部議每員裁銀捌兩共裁銀陸拾肆兩改解戶部續於順治拾叁年玖月內全裁共銀拾陸兩解部充餉內

上元縣銀拾兩全裁改解戶部

江寧縣銀拾兩全裁改解戶部

句容縣銀拾兩全裁改解戶部

溧陽縣銀拾兩全裁改解戶部

溧水縣銀拾兩全裁改解戶部

高淳縣銀拾兩全裁改解戶部

江浦縣銀拾兩全裁改解戶部

六合縣銀拾兩全裁改解戶部

吏書各拾貳名共玖拾陸名每名銀陸兩共銀伍百柒拾陸兩遇閏[illegible]銀肆拾捌兩經制原每名銀拾兩捌錢順治玖年

肆月內准
部咨每名裁銀肆兩捌錢共裁銀肆百陸拾兩捌
錢
內
上元縣銀柒拾貳兩遇閏加銀陸兩應裁銀伍拾柒
兩陸錢
江寧縣銀柒拾貳兩遇閏加銀陸兩應裁銀伍拾柒
兩陸錢
句容縣銀柒拾貳兩遇閏加銀陸兩應裁銀伍拾柒
兩陸錢
溧陽縣銀柒拾貳兩遇閏加銀陸兩應裁銀伍拾柒
兩陸錢
溧水縣銀柒拾貳兩遇閏加銀陸兩應裁銀伍拾柒
兩陸錢
高淳縣銀柒拾貳兩遇閏加銀陸兩應裁銀伍拾柒
兩陸錢
江浦縣銀柒拾貳兩遇閏加銀陸兩應裁銀伍拾柒
兩陸錢

六合縣銀柒拾貳兩遇閏加銀陸兩應裁銀伍拾柒兩陸錢

門子各貳名共拾陸名每名銀陸兩共銀玖拾陸兩遇閏加銀捌兩經制原編每縣門子各貳名每名工食銀柒兩貳錢共銀壹百壹拾伍兩貳錢於順治玖年肆月內准部咨每名裁工食銀壹兩貳錢共裁銀壹拾玖兩貳錢內

上元縣銀拾貳兩遇閏加銀壹兩應裁銀貳兩肆錢

江寧縣銀拾貳兩遇閏加銀壹兩應裁銀貳兩肆錢

句容縣銀拾貳兩遇閏加銀壹兩應裁銀貳兩肆錢

溧陽縣銀拾貳兩遇閏加銀壹兩應裁銀貳兩肆錢

溧水縣銀拾貳兩遇閏加銀壹兩應裁銀貳兩
肆錢
高淳縣銀拾貳兩遇閏加銀壹兩應裁銀貳兩
肆錢
江浦縣銀拾貳兩遇閏加銀壹兩應裁銀貳兩
肆錢
六合縣銀拾貳兩遇閏加銀壹兩應裁銀貳兩
肆錢
皂隸各拾陸名共壹百貳拾捌名每名銀陸兩共銀
柒百陸拾捌兩遇閏加銀陸拾肆兩經制原每名銀柒兩貳錢
順治玖年肆月內准
部咨每名裁銀壹兩貳錢共裁銀壹百伍拾叁兩
陸錢
內
上元縣銀玖拾陸兩遇閏加銀捌兩應裁銀拾玖兩
貳錢

江寧縣銀玖拾陸兩遇閏加銀捌兩應裁銀拾玖兩貳錢
句容縣銀玖拾陸兩遇閏加銀捌兩應裁銀拾玖兩貳錢
溧陽縣銀玖拾陸兩遇閏加銀捌兩應裁銀拾玖兩貳錢
溧水縣銀玖拾陸兩遇閏加銀捌兩應裁銀拾玖兩貳錢
高淳縣銀玖拾陸兩遇閏加銀捌兩應裁銀拾玖兩貳錢
江浦縣銀玖拾陸兩遇閏加銀捌兩應裁銀拾玖兩貳錢
六合縣銀玖拾陸兩遇閏加銀捌兩應裁銀拾玖兩貳錢

馬快各捌名共陸拾肆名每名工食草料銀拾陸兩捌錢共銀壹千柒拾伍兩貳錢遇閏加銀捌拾玖

兩陸錢經制原額各工食銀柒兩貳錢草料銀拾

兩捌錢於順治玖年內准

部咨馬快草料照舊不裁支給外每名止共工食

銀壹兩貳錢共裁銀柒拾陸兩捌錢係各縣編派

裁解

內

上元縣銀壹百叁拾肆兩肆錢遇閏加銀拾壹兩貳

錢

裁銀玖兩陸錢

江寧縣銀壹百叁拾肆兩肆錢遇閏加銀拾壹兩貳

錢

裁銀玖兩陸錢

句容縣銀壹百叁拾肆兩肆錢遇閏加銀拾壹兩貳

錢

裁銀玖兩陸錢

溧陽縣銀壹百叁拾肆兩肆錢遇閏加銀拾壹兩貳

錢

裁銀玖兩陸錢

溧水縣銀壹百叁拾肆兩肆錢遇閏加銀拾壹兩貳
錢
裁銀玖兩陸錢
高淳縣銀壹百叁拾肆兩肆錢遇閏加銀拾壹兩貳
錢
裁銀玖兩陸錢
江浦縣銀壹百叁拾肆兩肆錢遇閏加銀拾壹兩貳
錢
裁銀玖兩陸錢
六合縣銀壹百叁拾肆兩肆錢遇閏加銀拾壹兩貳
錢
裁銀玖兩陸錢
民壯各伍拾名共肆百名每名銀陸兩共銀貳千肆
百兩遇閏加銀貳百兩經制原編每縣民壯各伍拾名每名工食銀柒兩貳
錢順治玖年內准
部咨每名裁工食銀壹兩貳錢共裁銀肆百捌拾

兩

內

上元縣銀叁百兩遇閏加銀貳拾伍兩應裁銀陸拾兩

江寧縣銀叁百兩遇閏加銀貳拾伍兩應裁銀陸拾兩

句容縣銀叁百兩遇閏加銀貳拾伍兩應裁銀陸拾兩

溧陽縣銀叁百兩遇閏加銀貳拾伍兩應裁銀陸拾兩

溧水縣銀叁百兩
遇閏加銀貳拾伍兩
裁銀陸
拾兩

高淳縣銀叁百兩遇閏加銀貳拾伍兩應裁銀陸拾兩

江浦縣銀叁百兩遇閏加銀貳拾伍兩應裁銀陸拾兩

六合縣銀叁百兩遇閏加銀貳拾伍兩應裁銀陸拾
兩

燈夫各肆名共叁拾貳名每名銀陸兩共銀壹百玖
拾貳兩遇閏加銀拾陸兩　經制原編每縣燈夫各
肆名每名工食銀柒兩
貳錢順治玖年內准
部咨每名裁工食銀壹兩貳錢共裁銀叁拾捌兩
肆錢

內

上元縣銀貳拾肆兩遇閏加銀貳兩應裁銀肆兩捌
錢

江寧縣銀貳拾肆兩遇閏加銀貳兩應裁銀肆兩捌
錢

句容縣銀貳拾肆兩遇閏加銀貳兩應裁銀肆兩捌
錢

溧陽縣銀貳拾肆兩遇閏加銀貳兩應裁銀肆兩捌
錢

溧水縣銀貳拾肆兩遇閏加銀貳兩應裁銀肆兩捌
錢
高淳縣銀貳拾肆兩遇閏加銀貳兩應裁銀肆兩捌
錢
江浦縣銀貳拾肆兩遇閏加銀貳兩應裁銀肆兩捌
錢
六合縣銀貳拾肆兩遇閏加銀貳兩應裁銀肆兩捌
錢
看監禁卒各捌名共陸拾肆名每名銀陸兩共銀叁
百捌拾肆兩遇閏加銀叁拾貳兩經制原每名銀柒兩貳錢順治
玖年內准
部咨每名裁工食銀壹兩貳錢共裁銀柒拾陸兩
捌錢
內
上元縣銀肆拾捌兩遇閏加銀肆兩應裁銀玖兩陸
錢

江寧縣銀肆拾捌兩遇閏加銀肆兩應裁銀玖兩陸錢

句容縣銀肆拾捌兩遇閏加銀肆兩應裁銀玖兩陸錢

溧陽縣銀肆拾捌兩遇閏加銀肆兩應裁銀玖兩陸錢

溧水縣銀肆拾捌兩遇閏加銀肆兩應裁銀玖兩陸錢

高淳縣銀肆拾捌兩遇閏加銀肆兩應裁銀玖兩陸錢

江浦縣銀肆拾捌兩遇閏加銀肆兩應裁銀玖兩陸錢

六合縣銀肆拾捌兩遇閏加銀肆兩應裁銀玖兩陸錢

修理倉監銀各貳拾兩共銀壹百陸拾兩內

上元縣銀貳拾兩

江寧縣銀貳拾兩

句容縣銀貳拾兩
溧陽縣銀貳拾兩
溧水縣銀貳拾兩
高淳縣銀貳拾兩
江浦縣銀貳拾兩
六合縣銀貳拾兩

轎傘扇夫各柒名共伍拾陸名每名銀陸兩共銀叁百叁拾陸兩遇閏加銀貳拾捌兩經制原每名銀柒兩貳錢順治玖年內准部咨每名裁工食銀壹兩貳錢共裁銀陸拾柒兩貳錢

內

上元縣銀肆拾貳兩遇閏加銀叁兩伍錢應裁銀捌兩肆錢

江寧縣銀肆拾貳兩遇閏加銀叁兩伍錢應裁銀捌兩肆錢

句容縣銀肆拾貳兩遇閏加銀叁兩伍錢應裁銀捌兩肆錢

溧陽縣銀肆拾貳兩遇閏加銀叁兩伍錢應裁銀捌兩肆錢

溧水縣銀肆拾貳兩遇閏加銀叁兩伍錢應裁銀捌兩肆錢

高淳縣銀肆拾貳兩遇閏加銀叁兩伍錢應裁銀捌兩肆錢

江浦縣銀肆拾貳兩遇閏加銀叁兩伍錢應裁銀捌兩肆錢

六合縣銀肆拾貳兩遇閏加銀叁兩伍錢應裁銀捌兩肆錢

庫書各壹名共捌名每名銀陸兩共銀肆拾捌兩遇閏加銀肆兩經制原每名銀拾貳兩於順治玖年內准部咨每名該裁工食銀陸兩通共裁銀肆拾捌兩內

上元縣銀陸兩遇閏加銀伍錢
裁銀陸兩
江寧縣銀陸兩遇閏加銀伍錢
裁銀陸兩
句容縣銀陸兩遇閏加銀伍錢
裁銀陸兩
溧陽縣銀陸兩遇閏加銀伍錢
裁銀陸兩
溧水縣銀陸兩遇閏加銀伍錢
裁銀陸兩
高淳縣銀陸兩遇閏加銀伍錢
裁銀陸兩
江浦縣銀陸兩遇閏加銀伍錢
裁銀陸兩
六合縣銀陸兩遇閏加銀伍錢
裁銀陸兩

倉書各壹名共捌名每名銀陸兩共銀肆拾捌兩遇

閏加銀肆兩經制原每名銀拾貳兩順治玖年肆月內准
部咨每名裁工食銀陸兩共裁銀肆拾捌兩內

上元縣銀陸兩遇閏加銀伍錢
裁銀陸兩
江寧縣銀陸兩遇閏加銀伍錢
裁銀陸兩
句容縣銀陸兩遇閏加銀伍錢
裁銀陸兩
溧陽縣銀陸兩遇閏加銀伍錢
裁銀陸兩
溧水縣銀陸兩遇閏加銀伍錢
裁銀陸兩
高淳縣銀陸兩遇閏加銀伍錢
裁銀陸兩
江浦縣銀陸兩遇閏加銀伍錢
裁銀陸兩

六合縣銀陸兩遇閏加銀伍錢

裁銀陸兩

庫子各肆名共叁拾貳名每名銀陸兩共銀壹百玖拾貳兩遇閏加銀拾陸兩經制原每名銀柒兩貳錢於順治玖年肆月內

准

部咨每名裁工食銀壹兩貳錢共裁銀叁拾捌兩肆錢

內

上元縣銀貳拾肆兩遇閏加銀貳兩應裁銀肆兩捌錢

江寧縣銀貳拾肆兩遇閏加銀貳兩應裁銀肆兩捌錢

句容縣銀貳拾肆兩遇閏加銀貳兩應裁銀肆兩捌錢

溧陽縣銀貳拾肆兩遇閏加銀貳兩應裁銀肆兩捌錢

溧水縣銀貳拾肆兩遇閏加銀貳兩應裁銀肆兩捌錢

高淳縣銀貳拾肆兩遇閏加銀貳兩應裁銀肆兩捌錢

江浦縣銀貳拾肆兩遇閏加銀貳兩應裁銀肆兩捌錢

六合縣銀貳拾肆兩遇閏加銀貳兩應裁銀肆兩捌錢

斗級各肆名共叁拾貳名每名銀陸兩共銀壹百玖拾貳兩遇閏加銀拾陸兩經制原每名銀柒兩貳錢於順治玖年肆月內

准部咨每名裁工食銀壹兩貳錢共裁銀叁拾捌兩肆錢

內

上元縣銀貳拾肆兩遇閏加銀貳兩應裁銀肆兩捌錢

江寧縣銀貳拾肆兩遇閏加銀貳兩應裁銀肆兩捌錢
句容縣銀貳拾肆兩遇閏加銀貳兩應裁銀肆兩捌錢
溧陽縣銀貳拾肆兩遇閏加銀貳兩應裁銀肆兩捌錢
溧水縣銀貳拾肆兩遇閏加銀貳兩應裁銀肆兩捌錢
高淳縣銀貳拾肆兩遇閏加銀貳兩應裁銀肆兩捌錢
江浦縣銀貳拾肆兩遇閏加銀貳兩應裁銀肆兩捌錢
六合縣銀貳拾肆兩遇閏加銀貳兩應裁銀肆兩捌錢

縣丞捌員

俸銀各肆拾兩共銀叁百貳拾兩遇閏加銀貳拾陸

兩陸錢陸分陸釐柒毫貳絲經制每員原編俸銀
貳拾肆兩貳錢貳釐
於順治拾叁年玖月內准部議　題定每員將薪
銀撥拾伍兩柒錢玖分捌釐添入俸銀支給以足
前數
內
上元縣銀捌拾兩遇閏加銀陸兩陸錢陸分陸釐陸
毫捌絲
江寧縣銀捌拾兩遇閏加銀陸兩陸錢陸分陸釐陸
毫捌絲
句容縣銀肆拾兩遇閏加銀叁兩叁錢叁分叁釐叁
毫肆絲
溧陽縣銀肆拾兩遇閏加銀叁兩叁錢叁分叁釐叁
毫肆絲
溧水縣銀肆拾兩遇閏加銀叁兩叁錢叁分叁釐叁
毫肆絲
高淳縣銀肆拾兩遇閏加銀叁兩叁錢叁分叁釐叁
毫肆絲

薪銀各捌兩貳錢貳釐共銀陸拾伍兩陸錢壹分陸釐

經制每員原編薪銀貳拾肆兩准部議每員撥銀拾伍兩柒錢玖分捌釐添入俸內支給每員餘銀捌兩貳錢貳釐共銀陸拾伍兩陸錢壹分陸釐改解戶部內

上元縣銀拾陸兩肆錢肆釐

江寧縣銀拾陸兩肆錢肆釐

句容縣銀捌兩貳錢貳釐

溧陽縣銀捌兩貳錢貳釐

溧水縣銀捌兩貳錢貳釐

高淳縣銀捌兩貳錢貳釐

書辦各壹名共捌名每名銀陸兩共銀肆拾捌兩遇閏加銀肆兩

經制原每名銀柒兩貳錢於順治玖年肆月內准部咨每名裁工食銀壹兩貳錢共裁銀玖兩陸錢內

上元縣銀拾貳兩遇閏加銀壹兩
裁銀貳兩肆錢
江寧縣銀拾貳兩遇閏加銀壹兩
裁銀貳兩肆錢
句容縣銀陸兩遇閏加銀伍錢
裁銀壹兩貳錢
溧陽縣銀陸兩遇閏加銀伍錢
裁銀壹兩貳錢
溧水縣銀陸兩遇閏加銀伍錢
裁銀壹兩貳錢
高淳縣銀陸兩遇閏加銀伍錢
裁銀壹兩貳錢
門子各壹名共捌名每名銀陸兩共銀肆拾捌兩遇
閏加銀肆兩　經制原每名銀柒兩貳錢順治玖年肆月內准
部咨每名裁工食銀壹兩貳錢共裁銀玖兩陸錢
內

上元縣銀拾貳兩遇閏加銀壹兩
裁銀貳兩肆錢
江寧縣銀拾貳兩遇閏加銀壹兩
裁銀貳兩肆錢
句容縣銀陸兩遇閏加銀伍錢
裁銀壹兩貳錢
溧陽縣銀陸兩遇閏加銀伍錢
裁銀壹兩貳錢
溧水縣銀陸兩遇閏加銀伍錢
裁銀壹兩貳錢
高淳縣銀陸兩遇閏加銀伍錢
裁銀壹兩貳錢
皂隸各肆名共叁拾貳名每名銀陸兩共銀壹百玖
拾貳兩遇閏加銀拾陸兩經制原每名銀柒兩貳錢於順治玖年肆月內
准
部咨每名裁工食銀壹兩貳錢共裁銀叁拾捌兩

肆錢

內

上元縣銀肆拾捌兩遇閏加銀肆兩應裁銀玖兩陸錢

江寧縣銀肆拾捌兩遇閏加銀肆兩應裁銀玖兩陸錢

句容縣銀貳拾肆兩遇閏加銀貳兩應裁銀肆兩捌錢

溧陽縣銀貳拾肆兩遇閏加銀貳兩應裁銀肆兩捌錢

溧水縣銀貳拾肆兩遇閏加銀貳兩應裁銀肆兩捌錢

高淳縣銀貳拾肆兩遇閏加銀貳兩應裁銀肆兩捌錢

馬夫各壹名共捌名每名銀陸兩共銀肆拾捌兩遇閏加銀肆兩　經制原每名銀柒兩貳錢順治玖年肆月內從

部洛每名裁工食銀壹兩貳錢共裁銀玖兩陸錢

上元縣銀拾貳兩遇閏加銀壹兩
裁銀貳兩肆錢

江寧縣銀拾貳兩遇閏加銀壹兩
裁銀貳兩肆錢

句容縣銀陸兩遇閏加銀伍錢
裁銀壹兩貳錢

溧陽縣銀陸兩遇閏加銀伍錢
裁銀壹兩貳錢

溧水縣銀陸兩遇閏加銀伍錢
裁銀壹兩貳錢

高淳縣銀陸兩遇閏加銀伍錢
裁銀壹兩貳錢

典史捌員

俸銀各叁拾壹兩伍錢貳分共銀貳百伍拾貳兩壹

錢陸分又遇閏加銀貳拾壹兩壹分叁釐貳毫捌
絲　經制每員原編俸銀壹拾玖兩伍錢貳分於順
治拾叁年玖月內准部議　題定每員將原編
薪銀拾貳兩添入俸
銀支給以足前數內
上元縣銀叁拾壹兩伍錢貳分遇閏加銀貳兩陸錢
貳分陸釐陸毫陸絲
江寧縣銀叁拾壹兩伍錢貳分遇閏加銀貳兩陸錢
貳分陸釐陸毫陸絲
句容縣銀叁拾壹兩伍錢貳分遇閏加銀貳兩陸錢
貳分陸釐陸毫陸絲
溧陽縣銀叁拾壹兩伍錢貳分遇閏加銀貳兩陸錢
貳分陸釐陸毫陸絲
溧水縣銀叁拾壹兩伍錢貳分遇閏加銀貳兩陸錢
貳分陸釐陸毫陸絲
高淳縣銀叁拾壹兩伍錢貳分遇閏加銀貳兩陸錢
貳分陸釐陸毫陸絲

江浦縣銀叄拾壹兩伍錢貳分遇閏加銀貳兩陸錢貳分陸釐陸毫陸絲

六合縣銀叄拾壹兩伍錢貳分遇閏加銀貳兩陸錢貳分陸釐陸毫陸絲

書辦各壹名共捌名每名銀陸兩共銀肆拾捌兩遇閏加銀肆兩

經制原每名銀柒兩貳錢順治玖年肆月內准

部咨每名裁工食銀壹兩貳錢共裁銀玖兩陸錢內

上元縣銀陸兩遇閏加銀伍錢

裁銀壹兩貳錢

江寧縣銀陸兩遇閏加銀伍錢

裁銀壹兩貳錢

句容縣銀陸兩遇閏加銀伍錢

裁銀壹兩貳錢

溧陽縣銀陸兩遇閏加銀伍錢

裁銀壹兩貳錢

溧水縣銀陸兩遇閏加銀伍錢
裁銀壹兩貳錢

高淳縣銀陸兩遇閏加銀伍錢
裁銀壹兩貳錢

江浦縣銀陸兩遇閏加銀伍錢
裁銀壹兩貳錢

六合縣銀陸兩遇閏加銀伍錢
裁銀壹兩貳錢

門子各壹名共捌名每名銀陸兩共銀肆拾捌兩遇閏加銀肆兩經制原每名銀柒兩貳錢順治玖年肆月內准部咨每名裁工食銀壹兩貳錢共裁銀玖兩陸錢內

上元縣銀陸兩遇閏加銀伍錢
裁銀壹兩貳錢

江寧縣銀陸兩遇閏加銀伍錢
裁銀壹兩貳錢

句容縣銀陸兩遇閏加銀伍錢
裁銀壹兩貳錢
溧陽縣銀陸兩遇閏加銀伍錢
裁銀壹兩貳錢
溧水縣銀陸兩遇閏加銀伍錢
裁銀壹兩貳錢
高淳縣銀陸兩遇閏加銀伍錢
裁銀壹兩貳錢
江浦縣銀陸兩遇閏加銀伍錢
裁銀壹兩貳錢
六合縣銀陸兩遇閏加銀伍錢
裁銀壹兩貳錢
皂隸各肆名共叁拾貳名每名銀陸兩共銀壹百玖拾貳兩遇閏加銀拾陸兩經制原每名銀柒兩貳錢於順治玖年肆月內
准
部容每名裁工食銀壹兩貳錢共裁銀叁拾捌兩

肆錢

內

上元縣銀貳拾肆兩遇閏加銀貳兩應裁銀肆兩捌錢

江寧縣銀貳拾肆兩遇閏加銀貳兩應裁銀肆兩捌錢

句容縣銀貳拾肆兩遇閏加銀貳兩應裁銀肆兩捌錢

溧陽縣銀貳拾肆兩遇閏加銀貳兩應裁銀肆兩捌錢

溧水縣銀貳拾肆兩遇閏加銀貳兩應裁銀肆兩捌錢

高淳縣銀貳拾肆兩遇閏加銀貳兩應裁銀肆兩捌錢

江浦縣銀貳拾肆兩遇閏加銀貳兩應裁銀肆兩捌錢

六合縣銀貳拾肆兩遇閏加銀貳兩應裁銀肆兩捌錢

馬夫各壹名共捌名每名銀陸兩共銀肆拾捌兩遇

閏加銀肆兩經制原每名銀柒兩貳錢順治玖年肆月內准

部咨每名裁工食銀壹兩貳錢共裁銀玖兩陸錢

訖

上元縣銀陸兩遇閏加銀伍錢

裁銀壹兩貳錢

江寧縣銀陸兩遇閏加銀伍錢

裁銀壹兩貳錢

句容縣銀陸兩遇閏加銀伍錢

裁銀壹兩貳錢

溧陽縣銀陸兩遇閏加銀伍錢

裁銀壹兩貳錢

溧水縣銀陸兩遇閏加銀伍錢

裁銀壹兩貳錢

高淳縣銀陸兩遇閏加銀伍錢

裁銀壹兩貳錢

江浦縣銀陸兩遇閏加銀伍錢

裁銀壹兩貳錢

六合縣銀陸兩遇閏加銀伍錢

裁銀壹兩貳錢

淳化鎮廣通鎮尽埠巡檢司巡檢叁員各員下照經

制新編

俸銀各叁拾壹兩伍錢貳分共銀玖拾肆兩伍錢陸

分遇閏加銀柒兩捌錢捌分經制原編每員俸銀

拾玖兩伍錢貳分於

順治拾叁年玖月内准部覆　題定每員原編薪

銀拾貳兩添入俸銀以足前數内

上元縣銀叁拾壹兩伍錢貳分遇閏加銀貳兩陸錢

貳分陸釐陸毫柒絲

高淳縣銀叁拾壹兩伍錢貳分遇閏加銀貳兩陸錢

貳分陸釐陸毫柒絲

六合縣銀叁拾壹兩伍錢貳分遇閏加銀貳兩陸錢
貳分陸釐陸毫柒絲

書辦各壹名共叁名每名銀陸兩共銀拾捌兩遇閏
加銀壹兩伍錢經制原編上元高淳六合叁縣書
辦各壹名每名工食銀柒兩貳錢
於順治玖年內准
部咨每名裁工食銀壹兩貳錢共裁銀叁兩陸錢
內
編
上元縣銀陸兩遇閏加銀伍錢
裁銀壹兩貳錢
高淳縣銀陸兩遇閏加銀伍錢
裁銀壹兩貳錢
六合縣銀陸兩遇閏加銀伍錢
裁銀壹兩貳錢

皁隸各貳名共陸名每名銀陸兩共銀叁拾陸兩遇

閏加銀叁兩經制原每名銀柒兩貳錢順治玖年肆月內准

部咨每名裁工食銀壹兩貳錢共該裁銀柒兩貳

錢內

上元縣銀拾貳兩遇閏加銀壹兩

裁銀貳兩肆錢

高淳縣銀拾貳兩遇閏加銀壹兩

裁銀貳兩肆錢

六合縣銀拾貳兩遇閏加銀壹兩

裁銀貳兩肆錢

江寧驛雲亭驛龍潭驛江淮驛東葛驛棠邑驛驛丞陸

員各員下照經制新編

俸銀各叁拾壹兩伍錢貳分共銀壹百捌拾玖兩壹

錢貳分遇閏加銀壹拾伍兩柒錢陸分經制每員原編俸銀

拾玖兩伍錢貳分於順治拾叁年玖月內准部覆
題定每員原編薪銀拾貳兩添入俸銀支給以
足前
數內
江寧縣銀叁拾壹兩伍錢貳分遇閏加銀貳兩陸錢
貳分陸釐陸毫柒絲
句容縣銀陸拾叁兩肆分遇閏加銀伍兩貳錢伍分
叁釐叁毫叁絲
江浦縣銀陸拾叁兩肆分遇閏加銀伍兩貳錢伍分
叁釐叁毫叁絲
六合縣銀叁拾壹兩伍錢貳分遇閏加銀貳兩陸錢
貳分陸釐陸毫柒絲
書辦各壹名共陸名每名銀陸兩共銀叁拾陸兩遇
閏加銀叁兩　經制原編每驛書辦各壹名每名經
制工食銀柒兩貳錢於順治玖年肆
月內准
部咨每名裁工食銀壹兩貳錢共裁銀柒兩貳錢

內
江寧縣銀陸兩遇閏加銀伍錢
裁銀壹兩貳錢
句容縣銀拾貳兩遇閏加銀壹兩
裁銀貳兩肆錢
江浦縣銀拾貳兩遇閏加銀壹兩
裁銀貳兩肆錢
六合縣銀陸兩遇閏加銀伍錢
裁銀壹兩貳錢

皂隸各貳名共拾貳名每名銀陸兩共銀柒拾貳兩
遇閏加銀陸兩 經制原編每驛皂隸各貳名每名經制工食銀柒兩貳錢於順治玖年肆月內准部咨每名裁工食銀壹兩貳錢共該裁銀壹拾肆兩肆錢內

江寧縣銀拾貳兩遇閏加銀壹兩
裁銀貳兩肆錢
句容縣銀貳拾肆兩遇閏加銀貳兩應裁銀肆兩捌錢
江浦縣銀貳拾肆兩遇閏加銀貳兩應裁銀肆兩捌錢
六合縣銀拾貳兩遇閏加銀壹兩
裁銀貳兩肆錢

税課司大使壹員照經制新編
俸銀叁拾壹兩伍錢貳分遇閏加銀貳兩陸錢貳分陸釐陸毫陸絲　經制原編俸銀拾玖兩伍錢貳分於順治拾叁年玖月內准部覆
題定將原編薪銀拾貳兩添入俸銀以足前數係
六合縣徵給

書辦壹名銀陸兩遇閏加銀伍錢　經制原編銀柒兩貳錢於順治玖年

肆月內准
部咨裁銀壹兩貳錢係六合縣徵解

皂隷貳名每名銀陸兩共銀拾貳兩遇閏加銀壹兩

經制原每名銀柒兩貳錢順治玖年肆月內准
部咨每名裁工食銀壹兩貳錢共裁銀貳兩肆錢
係六合
縣徵解

儒學教諭捌員訓導捌員共拾陸員各員下照經制新
編

俸銀各叁拾壹兩伍錢貳分共銀伍百肆兩叁錢貳
分遇閏加銀肆拾貳兩貳分陸釐陸毫肆絲　經制每員
原編俸銀拾貳兩伍錢貳分於順治拾叁年玖月
內准部覆　題定每員原編薪銀拾貳兩添入俸

銀支給以
足前數內

上元縣銀陸拾叁兩肆分遇閏加銀伍兩貳錢伍分
叁釐叁毫叁絲

江寧縣銀陸拾叁兩肆分遇閏加銀伍兩貳錢伍分
叁釐叁毫叁絲

句容縣銀陸拾叁兩肆分遇閏加銀伍兩貳錢伍分
叁釐叁毫叁絲

溧陽縣銀陸拾叁兩肆分遇閏加銀伍兩貳錢伍分
叁釐叁毫叁絲

溧水縣銀陸拾叁兩肆分遇閏加銀伍兩貳錢伍分
叁釐叁毫叁絲

高淳縣銀陸拾叁兩肆分遇閏加銀伍兩貳錢伍分
叁釐叁毫叁絲

江浦縣銀陸拾叁兩肆分遇閏加銀伍兩貳錢伍分
叁釐叁毫叁絲

六合縣銀陸拾叁兩肆分遇閏加銀伍兩貳錢伍分
叁釐叁毫叁絲

齋夫各陸名共肆拾捌名每名銀拾貳兩共銀伍百柒拾陸兩遇閏加銀肆拾捌兩內

上元縣銀柒拾貳兩遇閏加銀陸兩
江寧縣銀柒拾貳兩遇閏加銀陸兩
句容縣銀柒拾貳兩遇閏加銀陸兩
溧陽縣銀柒拾貳兩遇閏加銀陸兩
溧水縣銀柒拾貳兩遇閏加銀陸兩
高淳縣銀柒拾貳兩遇閏加銀陸兩
江浦縣銀柒拾貳兩遇閏加銀陸兩
六合縣銀柒拾貳兩遇閏加銀陸兩

門子各伍名掌教叁名分教貳名共肆拾名每名銀柒兩貳錢共銀貳百捌拾捌兩遇閏加銀貳拾肆兩內

上元縣銀叁拾陸兩遇閏加銀叁兩
江寧縣銀叁拾陸兩遇閏加銀叁兩
句容縣銀叁拾陸兩遇閏加銀叁兩
溧陽縣銀叁拾陸兩遇閏加銀叁兩
溧水縣銀叁拾陸兩遇閏加銀叁兩
高淳縣銀叁拾陸兩遇閏加銀叁兩
江浦縣銀叁拾陸兩遇閏加銀叁兩
六合縣銀叁拾陸兩遇閏加銀叁兩

學書各壹名共捌名每名銀柒兩貳錢共銀伍拾柒
兩陸錢遇閏加銀肆兩捌錢內

上元縣銀柒兩貳錢遇閏加銀陸錢
江寧縣銀柒兩貳錢遇閏加銀陸錢
句容縣銀柒兩貳錢遇閏加銀陸錢
溧陽縣銀柒兩貳錢遇閏加銀陸錢
溧水縣銀柒兩貳錢遇閏加銀陸錢
高淳縣銀柒兩貳錢遇閏加銀陸錢

江浦縣銀柒兩貳錢遇閏加銀陸錢
六合縣銀柒兩貳錢遇閏加銀陸錢

喂馬草料銀各拾貳兩共銀壹百玖拾貳兩遇閏加
銀拾陸兩

上元縣銀貳拾肆兩遇閏加銀貳兩
江寧縣銀貳拾肆兩遇閏加銀貳兩
句容縣銀貳拾肆兩遇閏加銀貳兩
溧陽縣銀貳拾肆兩遇閏加銀貳兩
溧水縣銀貳拾肆兩遇閏加銀貳兩
高淳縣銀貳拾肆兩遇閏加銀貳兩
江浦縣銀貳拾肆兩遇閏加銀貳兩
六合縣銀貳拾肆兩遇閏加銀貳兩

各縣廩生膳夫各貳名共拾陸名每名銀貳拾兩共
銀叁百貳拾兩遇閏加銀貳拾陸兩陸錢陸分陸

釐陸毫肆絲查此項案准戶部咨開膳夫每學貳名共銀肆拾兩經費開載甚明此指縣學廩生貳拾名爲言也加州廩生叁拾名應支銀陸拾兩府廩肆拾名應支銀捌拾兩自當按數遞增載入全書至於教官從無支膳銀之例難以准從等因查縣廩生貳拾名每名銀貳兩共銀肆拾兩相應註明

照數支給內

上元縣銀肆拾兩遇閏加銀叁兩叁錢叁分叁釐叁毫叁絲

江寧縣銀肆拾兩遇閏加銀叁兩叁錢叁分叁釐叁毫叁絲

句容縣銀肆拾兩遇閏加銀叁兩叁錢叁分叁釐叁毫叁絲

溧陽縣銀肆拾兩遇閏加銀叁兩叁錢叁分叁釐叁毫叁絲

溧水縣銀肆拾兩遇閏加銀叁兩叁錢叁分叁釐叁毫叁絲

高淳縣銀肆拾兩遇閏加銀叁兩叁錢叁分叁釐叁毫叁絲

江浦縣銀肆拾兩遇閏加銀叁兩叁錢叁分叁釐叁毫叁絲

六合縣銀肆拾兩遇閏加銀叁兩叁錢叁分叁釐叁毫叁絲

以上自本府知府俸起至各縣廩生膳夫止照經制

新編俸薪工食等項通共銀貳萬壹千伍百貳拾兩壹錢伍分捌釐內於順治柒年柒月初貳日准

部文裁汰同知肆員通判肆員計捌員俸薪工食應裁銀叁千叁百貳拾兩陸分肆釐又於順治玖

年肆月會議應裁人役工食并各縣脩宅家伙共

銀貳千伍百玖拾陸兩又於順治拾貳年肆月内
准
部議裁本府修宅家伙府縣桌圍傘扇共銀貳百
叁拾捌兩又於順治拾叁年玖月内准
部議
題定照滿官對品支俸應裁府縣官員薪銀并油燭迎送
上司桌圍傘扇等項共銀肆百伍拾玖兩捌錢陸
分以上肆項共裁銀陸千陸百壹拾叁兩玖錢貳
分肆釐内於順治拾年閏陸月内准

江南總督部院馬　咨開為調劑驛困永除民艱

事具

題部覆准撥給江淮東葛貳驛抵兌浙省馬價銀壹千壹百叁拾叁兩叁錢叁分又撥給江寧驛抵兌浙省協濟馬價銀貳百伍拾貳兩又撥給雲龍貳驛抵兌浙省協濟馬價銀貳百玖拾兩肆錢陸分肆釐

以上叁驛共撥給銀壹千陸百柒拾伍兩柒錢玖分肆釐已入前項驛站款內支給

實裁解部銀肆千玖百叁拾捌兩壹錢叁分附餘

裁省數內改解

戶部

實存支給銀壹萬肆千玖百陸兩貳錢叁分肆釐外

遇閏加銀壹千貳百貳拾柒兩壹錢捌分陸釐柒

絲

本府屬

府屬存留照舊支給銀數

春秋祭祀本府文廟行釋菜禮活鹿豬羊等銀貳拾

陸兩柒錢貳分肆釐內

上元縣銀壹拾叁兩伍錢肆分貳釐
江寧縣銀壹拾叁兩壹錢捌分貳釐

啓聖祠祭銀貳兩內
上元縣銀壹兩
江寧縣銀壹兩

都城隍祭銀貳兩柒錢陸分內
上元縣銀貳兩貳錢
江寧縣銀伍錢陸分

鄉賢名宦祠祭銀壹拾貳兩肆錢查此項於順治玖
年該前撫院訂正
全書議裁銀捌兩改撥江淮東葛貳驛不敷馬價
今准部駁全書僉開鄉賢名宦祠祭祀銀兩額數
無多不便議裁應照舊留用驛站缺額不敷
另行查抵等因在案仍舊徵給祭祀留用內
上元縣銀陸兩貳錢
江寧縣銀陸兩貳錢

周公祠祭銀肆兩玖錢陸分查此項於順治玖年該前撫院訂正全書議裁銀貳兩玖錢陸分撥補雲龍貳驛缺額馬價今准部駁全書簽開祭祀銀兩額數無多不便議裁應照舊留用驛站缺額另行查抵等因在案照舊祭祀支用内

上元縣銀貳兩肆錢捌分

江寧縣銀貳兩肆錢捌分

程明道祠祭銀肆兩捌錢查此項於順治玖年該前撫院訂正全書議裁銀貳兩捌錢撥補雲龍貳驛缺額馬價今准部撥全書簽開祭祀銀兩額數無多不便議裁應照舊留用驛站缺額另行查抵等因在案照舊編徵祭祀支用内

上元縣銀貳兩肆錢

江寧縣銀貳兩肆錢

表忠祠祭祀銀壹拾貳兩陸錢肆分肆釐查此項於順治肆年

該前撫院訂正經制裁銀拾兩陸錢肆分肆釐陸
給添設人役工食今准部駁全書發開祭祀銀兩
額數無多不便議裁應照舊留用等因在案仍舊
編徵祭祀支用内
上元縣銀陸兩叁錢貳分貳釐
江寧縣銀陸兩叁錢貳分貳釐
奏厲壇祭銀陸拾貳兩肆錢伍分叁釐查此項於順治柒年伍月
初玖日據布政司詳　總督部院批允酌留祭祀
銀叁拾伍兩餘銀貳拾柒兩肆錢伍分叁釐給力
上臺送
龍亭接　詔送表等項支用工食内
上元縣銀肆拾兩壹錢肆分
江寧縣貳拾貳兩叁錢壹分叁釐
新進士牌坊叁年共銀肆百貳拾玖兩玖錢玖分玖
釐玖毫玖絲玖忽陸微壹纖肆沙陸塵渺每年徵銀

壹百肆拾叁兩叁錢叁分叁釐叁毫伍絲叁纖內
上元縣銀貳拾陸兩陸錢肆分壹釐捌毫陸絲
江寧縣銀壹拾貳兩柒分柒釐陸毫伍絲陸忽柒微
句容縣銀叁拾柒兩捌錢叁分壹釐肆毫柒絲叁忽叁微叁纖
溧陽縣銀叁拾柒兩壹錢貳分壹釐陸絲
溧水縣銀壹拾捌兩肆錢柒分壹釐柒毫
高淳縣銀柒兩捌錢壹分伍釐
六合縣銀叁兩叁錢柒分肆釐陸毫
中式舉人牌坊銀叁年共陸百柒拾貳兩壹絲肆忽伍微貳纖陸沙肆塵每年徵銀貳百貳拾肆兩肆忽肆微叁纖陸沙叁塵內
上元縣銀肆拾兩陸錢柒分柒釐玖毫陸絲陸忽陸微

江寧縣銀壹拾捌兩肆錢肆分陸毫捌絲

句容縣銀伍拾柒兩柒錢陸分貳釐柒毫壹絲壹忽
陸微柒纖

溧陽縣銀伍拾陸兩陸錢柒分柒釐玖毫陸絲陸忽
壹微陸沙叁塵

溧水縣銀貳拾捌兩貳錢叁釐叁毫玖絲

高淳縣銀壹拾壹兩玖錢叁分貳釐貳毫叁忽肆微
叁纖

江浦縣銀伍兩壹錢伍分貳釐伍毫肆絲叁忽叁微
叁纖

六合縣銀伍兩壹錢伍分貳釐伍毫肆絲叁忽叁微
叁纖

本府儒學廩生肆拾名每名銀拾貳兩共銀肆百捌拾兩又香燭銀肆兩捌錢遇閏加銀壹拾叁兩叁錢叁分叁釐叁毫肆絲查此項原編銀肆百捌拾兩於順治拾叁年玖月內

准部覆　題定廩生廩糧裁銀叄分之貳應裁銀
叄百貳拾兩改解戶部餘銀壹百陸拾兩仍給廩
生支
厮內
上元縣銀捌拾兩香燭銀貳兩肆錢遇閏加銀陸兩
陸錢陸分陸釐陸毫柒絲裁銀壹百陸拾兩改解
戶部
江寧縣銀捌拾兩香燭銀貳兩肆錢遇閏加銀陸兩
陸錢陸分陸釐陸毫柒絲裁銀壹百陸拾兩改解
戶部

本府儒學廩生膳夫銀伍拾陸兩查此項膳夫工食
原編銀玖拾陸兩
案准戶部駁發開查經費錄內
欽定每學膳夫貳名每名工食銀貳拾兩共銀肆拾兩此
係廩生支領應於款下註明此項多開銀兩改裁
解部等因查府廩肆拾名每名膳夫銀貳兩共該
銀捌拾兩除將前銀內撥出銀肆拾兩增入前項
儒學款內餘銀伍拾陸兩改解戶部內

句容縣銀貳拾捌兩
溧陽縣銀貳拾捌兩

各縣儒學廩生壹百陸拾名共銀壹千玖百貳拾兩香燭銀叁拾捌兩肆錢遇閏加銀伍拾叁兩叁錢叁分叁釐貳毫捌絲　查此項原編銀壹千玖百貳拾兩於順治拾叁年玖月准部議廩生廩糧叁分之貳應裁銀壹千貳百捌拾兩改解戶部存留銀陸百肆拾兩仍給廩生支領內

上元縣銀捌拾兩香燭銀肆兩捌錢遇閏加銀陸兩陸錢陸分陸釐陸毫陸絲裁銀壹百陸拾兩解部
江寧縣銀捌拾兩香燭銀肆兩捌錢遇閏加銀陸兩陸錢陸分陸釐陸毫陸絲裁銀壹百陸拾兩解部
句容縣銀捌拾兩香燭銀肆兩捌錢遇閏加銀陸兩陸錢陸分陸釐陸毫陸絲裁銀壹百陸拾兩解部
溧陽縣銀捌拾兩香燭銀肆兩捌錢遇閏加銀陸兩陸錢陸分陸釐陸毫陸絲裁銀壹百陸拾兩解部

溧水縣銀捌拾兩香燭銀肆兩捌錢遇閏加銀陸兩陸錢陸分陸釐陸毫陸絲裁銀壹百陸拾兩解部

高淳縣銀捌拾兩香燭銀肆兩捌錢遇閏加銀陸兩陸錢陸分陸釐陸毫陸絲裁銀壹百陸拾兩解部

江浦縣銀捌拾兩香燭銀肆兩捌錢遇閏加銀陸兩陸錢陸分陸釐陸毫陸絲裁銀壹百陸拾兩解部

六合縣銀捌拾兩香燭銀肆兩捌錢遇閏加銀陸兩陸錢陸分陸釐陸毫陸絲裁銀壹百陸拾兩解部

各縣儒學廩生膳夫拾陸名每名銀貳拾肆兩共銀叁百捌拾肆兩　查此項於順治拾叁年玖月內准部議裁叁分之貳應裁銀貳百伍拾陸兩改解戶部今准戶部駁簽開查經費錄內

欽定每學膳夫貳名每名工食銀貳拾兩共銀肆拾兩此係廩生支領應於款下註明此項多開銀壹百貳拾捌兩改裁解部等因查縣廩膳夫銀兩已與前項儒學款內支給此項全裁撥給雲龍貳驛馬價內

上元縣銀肆拾捌兩內裁銀叁拾貳兩解部餘銀拾
陸兩撥龍潭驛站銀
江寧縣銀肆拾捌兩內裁銀叁拾貳兩解部餘銀拾
陸兩撥龍潭驛站銀
句容縣銀肆拾捌兩內裁銀叁拾貳兩解部餘銀拾
陸兩撥雲亭驛站銀
溧陽縣銀肆拾捌兩內裁銀叁拾貳兩解部餘銀拾
陸兩撥雲亭驛站銀
溧水縣銀肆拾捌兩內裁銀叁拾貳兩解部餘銀拾
陸兩撥龍潭驛站銀
高淳縣銀肆拾捌兩內裁銀叁拾貳兩解部餘銀拾
陸兩撥龍潭驛站銀
江浦縣銀肆拾捌兩內裁銀叁拾貳兩解部餘銀拾
陸兩撥龍潭驛站銀
六合縣銀肆拾捌兩內裁銀叁拾貳兩解部餘銀拾
陸兩撥雲亭驛站銀
歲類考試卷銀壹百肆拾壹兩叁錢叁分叁釐叁毫

查此項於順治拾叁年玖月內准部議裁銀米拾
兩陸錢陸分陸釐陸毫伍絲叺解戶部內
上元縣銀叁拾玖兩捌錢叁分叁釐叁毫叁絲內裁
銀壹拾玖兩玖錢壹分陸釐陸毫陸絲伍忽解部
江寧縣銀叁拾玖兩捌錢叁分叁釐叁毫叁絲內裁
銀壹拾玖兩玖錢壹分陸釐陸毫陸絲伍忽解部
句容縣銀壹拾叁兩叁錢叁分叁釐叁毫叁絲內裁
銀陸兩陸錢陸分陸釐陸毫陸絲伍忽叺解戶部
溧陽縣銀壹拾陸兩陸錢陸分陸釐陸毫陸絲內裁
銀捌兩叁錢叁分叁釐叁毫叁絲叺解戶部
溧水縣銀壹拾叁兩叁錢叁分叁釐叁毫叁絲內裁
銀陸兩陸錢陸分陸釐陸毫陸絲伍忽解部充餉
高淳縣銀陸兩陸錢陸分陸釐陸毫陸絲內裁銀叁
兩叁錢叁分叁釐叁毫叁絲叺解戶部
江浦縣銀陸兩陸錢陸分陸釐陸毫陸絲內裁銀叁
兩叁錢叁分叁釐叁毫叁絲叺解戶部
六合縣銀伍兩內裁銀
貳兩伍錢叺解戶部

學院并府縣考試生童覆試閱卷供應等項叁年共銀伍拾肆兩玖錢捌分每年徵銀壹拾捌兩叁錢貳分陸釐陸毫陸絲查此項於順治拾叁年玖月內准部議裁銀玖兩壹錢陸分叁釐叁毫叁絲改解戶部內

上元縣銀玖兩壹錢陸分叁釐叁毫叁絲內裁銀肆兩伍錢捌分壹釐陸毫陸絲伍忽改解戶部

江寧縣銀玖兩壹錢陸分叁釐叁毫叁絲內裁銀肆兩伍錢捌分壹釐陸毫陸絲伍忽改解戶部

舊舉人會試盤纏叁年共銀捌百叁拾玖兩玖錢玖分玖釐捌毫捌絲玖忽壹微每年徵銀貳百柒拾玖兩玖錢玖分玖釐玖毫陸絲捌忽玖微內

上元縣銀伍拾兩捌錢肆分柒釐肆毫陸絲陸忽陸
微

江寧縣銀貳拾叁兩伍分捌毫陸絲陸忽柒微

句容縣銀柒拾貳兩貳錢叁釐叁毫陸絲壹忽陸微

溧陽縣銀柒拾兩捌錢肆分柒釐肆毫伍絲陸忽

溧水縣銀叁拾伍兩貳錢伍分肆釐貳毫

高淳縣銀壹拾肆兩玖錢壹分伍釐貳毫陸絲

江浦縣銀陸兩肆錢肆分陸毫捌絲

六合縣銀陸兩肆錢肆
分陸毫柒絲捌忽

應試生員盤纏叁年共銀叁百肆拾貳兩肆錢每年
徵銀壹百壹拾肆兩壹錢叁分叁釐叁毫貳絲此查
項於順治拾叁年玖月內准部議裁銀伍拾柒兩
陸分陸釐陸毫陸絲改解戶部

上元縣銀貳拾兩陸分陸釐陸毫陸絲內裁銀壹拾
兩叁分叁釐叁毫叁絲改解戶部

江寧縣銀貳拾兩陸分陸釐陸毫陸絲內裁銀壹拾兩叁分叁釐叁毫叁絲改解戶部

句容縣銀壹拾柒兩伍錢內裁銀捌兩柒錢伍分改解戶部

溧陽縣銀壹拾玖兩內裁銀玖兩伍錢改解戶部

溧水縣銀玖兩內裁銀肆兩伍錢改解戶部

高淳縣銀拾兩內裁銀伍兩改解戶部

江浦縣銀玖兩伍錢內裁銀肆兩柒錢伍分改解戶部

六合縣銀玖兩內裁銀肆兩伍錢改解戶部

按院觀風考試生員折賞花紅紙筆墨銀壹百伍拾玖兩肆錢查此項於順治拾叁年玖月內准部議裁銀柒拾玖兩柒錢改解戶部內

上元縣銀柒拾玖兩柒錢內裁銀叁拾玖兩捌錢伍分改解戶部

江寧縣銀柒拾玖兩柒錢內裁銀叁拾玖兩捌錢伍分改解戶部

科舉謄錄彌封書手對讀生員每年徵銀捌拾柒兩叁錢叁分叁釐壹毫查此項於順治拾叁年玖月內准部議裁銀肆拾叁兩陸錢陸分陸釐伍毫伍絲改解戶部內

句容縣銀拾柒兩內裁銀捌兩伍錢改解戶部

溧陽縣銀貳拾陸兩陸錢陸分陸釐叁毫內裁銀壹拾叁兩叁錢叁分叁釐叁毫改解戶部

溧水縣銀壹拾壹兩陸錢陸分陸釐陸毫內裁銀伍兩捌錢叁分叁釐叁毫改解戶部

高淳縣銀壹拾兩陸錢陸分陸釐陸毫內裁銀伍兩叁錢叁分叁釐叁毫改解戶部

江浦縣銀拾壹兩內裁銀伍兩伍錢改解戶部

六合縣銀拾兩叁錢叁分叁釐叁毫內裁銀伍兩壹錢陸分陸釐陸毫伍絲改解戶部

武場供應叁年共銀叁百捌拾兩每年徵銀壹百貳

拾陸兩陸錢陸分陸釐捌毫查此項於順治拾叁年玖月內准部議裁

銀陸拾叁兩叁錢叁分叁釐肆毫改解戶部內

上元縣銀壹拾陸兩陸錢陸分陸釐柒毫內裁銀捌兩叁錢叁分叁釐叁毫伍絲改解戶部

江寧縣銀壹拾陸兩陸錢陸分陸釐柒毫內裁銀捌兩叁錢叁分叁釐叁毫伍絲改解戶部

句容縣銀貳拾兩內裁銀拾兩改解戶部

溧陽縣銀貳拾兩內裁銀拾兩改解戶部

溧水縣銀拾陸兩陸錢陸分陸釐柒毫內裁銀捌兩叁錢叁分叁釐叁毫伍絲改解戶部

高淳縣銀拾陸兩陸錢陸分陸釐柒毫內裁銀捌兩叁錢叁分叁釐叁毫伍絲改解戶部

江浦縣銀壹拾兩內裁銀伍兩改解戶部

六合縣銀壹拾兩內裁銀伍兩改解戶部

學院考試武生供應銀柒拾伍兩查此項於順治拾叁年玖月內准部

議裁銀叁拾柒兩
伍錢改解戶部內
上元縣銀拾伍兩內裁銀柒兩伍錢改解戶部
江寧縣銀拾伍兩內裁銀柒兩伍錢改解戶部
句容縣銀壹拾兩內裁銀伍兩改解戶部
溧陽縣銀壹拾兩內裁銀伍兩改解戶部
溧水縣銀壹拾兩內裁銀伍兩改解戶部
高淳縣銀伍兩內裁銀貳兩伍錢改解戶部
江浦縣銀伍兩內裁銀貳兩伍錢改解戶部
六合縣銀伍兩內裁銀貳兩伍錢改解戶部

龍池神明句曲山神祭銀伍兩係句容縣徵給

各縣文廟啓聖鄉賢名宦山川社稷邑厲等壇祭祀銀陸百陸拾貳兩壹錢陸分查此項於順治肆年該前撫院訂正經制議減壹半銀叁百叁拾壹兩捌分免編於民今准部駁全書簽開文廟等祭祀銀兩此係向來額編

爲數無幾應

照舊編用内

句容縣銀壹百壹拾叁兩肆錢

溧陽縣銀壹百壹拾叁兩肆錢

溧水縣銀壹百壹拾柒兩玖錢

高淳縣銀壹百壹拾貳兩叁錢

江浦縣銀玖拾捌兩

六合縣銀壹百柒兩壹錢陸分

歲貢生員盤纏銀貳百兩　查此項原編銀叁百兩外

兩貳錢於順治玖年該前撫院訂正全書每貢壹

各給盤費銀肆拾兩府學壹年壹貢係上江貳縣

編給縣學貳年壹貢每年應編銀貳拾兩共留銀

貳百兩餘銀壹百壹拾壹兩貳錢該前撫院咨明

内部撥補雲龍二

驛缺額馬價内

上元縣銀肆拾兩餘銀叁拾柒兩陸錢撥補驛站銀

江寧縣銀肆拾兩餘銀拾叁兩陸錢撥補驛站銀兩

句容縣銀貳拾兩餘銀拾兩撥補驛站銀兩
溧陽縣銀貳拾兩餘銀拾兩撥補驛站銀兩
溧水縣銀貳拾兩餘銀拾兩撥補驛站銀兩
高淳縣銀貳拾兩餘銀拾兩撥補驛站銀兩
江浦縣銀貳拾兩餘銀拾兩撥補驛站銀兩
六合縣銀貳拾兩餘銀拾兩撥補驛站銀兩

桃符門神春牛芒神銀貳拾陸兩　查此項原額銀叁拾叁兩於順治玖年奉　前撫院訂正全書酌留銀貳拾陸兩裁銀柒兩解　部又於順治拾叁年玖月內准部議裁銀拾叁兩改解戶部內

上元縣銀伍兩內裁銀壹兩伍錢改解戶部又貳兩
江寧縣銀肆兩內裁銀壹兩伍錢改解戶部又壹兩
句容縣銀柒兩內裁銀貳兩伍錢改解戶部又貳兩

溧陽縣銀叁兩內裁銀壹兩伍錢改解戶部
溧水縣銀伍兩內裁銀壹兩伍錢改解
　戶部又貳兩
高淳縣銀叁兩內裁銀壹兩伍錢改解戶部
江浦縣銀叁兩內裁銀壹兩伍錢改解戶部
六合縣銀叁兩內裁銀壹兩伍錢改解戶部
鄉飲酒席銀壹百貳拾捌兩查此項原額銀壹百捌拾兩於順治玖年該前
　撫院訂正全書酌留銀壹百貳拾捌兩餘銀伍拾
　貳兩咨明　內部撥補雲龍貳驛鈌額站銀又於
　順治拾叁年玖月內准部議裁銀陸拾肆兩改解
　戶部內
　上元縣銀拾陸兩內裁銀捌兩改解戶部外餘銀拾
　　肆兩撥補驛站銀兩
　江寧縣銀拾陸兩內裁銀捌兩改解戶部外餘銀拾
　　肆兩撥補驛站銀兩
　句容縣銀拾陸兩內裁銀捌兩改解戶部外餘銀肆
　　兩撥補驛站

溧陽縣銀拾陸兩内裁銀捌兩改解戸部外餘銀肆兩撥補驛站

溧水縣銀拾陸兩内裁銀捌兩改解戸部外餘銀肆兩撥補驛站

高淳縣銀拾陸兩内裁銀捌兩改解戸部外餘銀肆兩撥補驛站

江浦縣銀拾陸兩内裁銀捌兩改解戸部外餘銀肆兩撥補驛站

六合縣銀拾陸兩内裁銀捌兩改解戸部外餘銀肆兩撥補驛站

主考供事官出塲下程井租辦什物等項叁年共銀伍拾陸兩壹錢陸分每年徵銀拾捌兩柒錢貳分叁錢陸分改解戸部内

查此項於順治拾叁年玖月内准部議裁銀玖兩

上元縣銀玖兩叁錢陸分内裁銀肆兩陸錢捌分改解戸部

江寧縣銀玖兩叄錢陸分内裁銀肆兩陸錢捌分改解戸部

舉人歲貢入監盤纏改抵科場募夫銀柒兩柒錢查此項於順治拾叄年玖月内准部議裁銀叄兩捌錢伍分改解戸部

上元縣銀肆兩内裁銀貳兩改解戸部

江寧縣銀叄兩柒錢内裁銀壹兩捌錢伍分改解部

季考試卷銀壹百捌拾捌兩查此項於順治拾叄年玖月内准部議裁銀玖拾肆兩改解戸部内

上元縣銀肆拾兩内裁銀貳拾兩改解戸部

江寧縣銀肆拾兩内裁銀貳拾兩改解戸部

句容縣銀貳拾兩内裁銀壹拾兩改解戸部

溧陽縣銀貳拾兩内裁銀壹拾兩改解戸部

溧水縣銀貳拾兩内裁銀壹拾兩改解戸部

高淳縣銀壹拾肆兩内裁銀柒兩改解戸部

江浦縣銀壹拾肆兩內裁銀柒兩改解戶部
六合縣銀貳拾兩內裁銀壹拾兩改解戶部

各縣文廟新任朔望行香講書紙筆墨銀伍拾壹兩貳錢內　查此項於順治玖年肆月內准部議全裁

上元縣銀伍兩
江寧縣銀叁兩
句容縣銀柒兩貳錢
溧陽縣銀柒兩貳錢
溧水縣銀柒兩貳錢
高淳縣銀柒兩貳錢
江浦縣銀柒兩貳錢
六合縣銀柒兩貳錢

科舉考官鹿鳴等宴脩理并米麪等項叁年共銀壹千壹百肆拾陸兩陸錢肆分毎年徵銀叁百捌拾

貳兩貳錢壹分叁釐貳毫柒絲伍忽叁微叁纖內

上元縣銀捌拾兩捌錢貳分捌釐柒毫柒絲

江寧縣銀伍拾叁兩伍錢玖釐貳絲

句容縣銀玖拾兩柒錢捌分肆釐叁毫叁絲叁忽

溧陽縣銀捌拾伍兩捌錢陸分柒釐陸毫

溧水縣銀肆拾捌兩捌錢壹分玖釐陸忽

高淳縣銀壹拾叁兩壹錢柒分伍釐陸毫叁絲

江浦縣銀肆兩玖錢陸分叁釐陸毫玖絲叁忽

六合縣銀肆兩貳錢陸分伍釐貳毫貳絲叁忽叁微

叁纖

本府朝

覲盤費造冊紙劄每年徵銀柒拾壹兩叁錢叁分叁釐叁

毫陸絲陸忽查此項於順治拾叁年玖月內准部

議裁叁分之貳應裁銀肆拾柒兩伍

錢伍分伍釐伍毫柒
絲陸忽改解戶部內
上元縣銀壹拾兩內裁銀陸兩陸錢陸分陸釐陸毫
陸絲陸忽改解戶部
江寧縣銀陸兩陸錢陸分陸釐陸毫陸絲陸忽內裁
銀肆兩肆錢肆分肆釐肆毫肆絲肆忽改解戶部
句容縣銀拾伍兩內裁銀壹拾兩改解戶部
溧陽縣銀拾伍兩內裁銀壹拾兩改解戶部
溧水縣銀拾兩內裁銀陸兩陸錢陸分陸釐陸毫陸
絲陸忽改解戶部
高淳縣銀陸兩陸錢陸分陸釐柒毫內裁銀肆兩肆
錢肆分肆釐肆毫陸絲捌忽改解戶部
江浦縣銀肆兩內裁銀貳兩陸錢陸分陸釐陸毫陸
絲陸忽改解戶部
六合縣銀肆兩內裁銀貳兩陸錢陸分陸釐陸毫陸
絲陸忽改解戶部
各縣應

朝盤費紙劄吏書工食等項每年徵銀貳百柒拾貳兩查此
項於順治拾叁年玖月内准部議裁叁分之貳應
裁銀壹百捌拾壹兩叁錢叁分叁釐叁毫玖解戶
部
内
上元縣銀叁拾柒兩内裁銀貳拾肆兩陸錢陸分陸
釐陸毫玖解戶部
江寧縣銀叁拾柒兩内裁銀貳拾肆兩陸錢陸分陸
釐陸毫玖解戶部
句容縣銀叁拾柒兩内裁銀貳拾肆兩陸錢陸分陸
釐陸毫玖解戶部
溧陽縣銀叁拾柒兩内裁銀貳拾肆兩陸錢陸分陸
釐陸毫玖解戶部
溧水縣銀叁拾柒兩内裁銀貳拾肆兩陸錢陸分陸
釐柒毫玖解戶部
高淳縣銀叁拾柒兩内裁銀貳拾肆兩陸錢陸分陸
釐陸毫玖解戶部

戶部
充餉
江浦縣銀叁拾陸兩叁錢叁分叁釐叁毫內裁銀貳
拾肆兩貳錢貳分貳釐貳毫改解
戶部
充餉
六合縣銀壹拾叁兩陸錢陸分陸釐柒毫內裁銀玖
兩壹錢壹分壹釐肆毫改解
戶部
充餉
各縣養濟院孤貧共肆百玖拾名口每名口給柴布
銀壹兩共銀肆百玖拾兩　查此項於順治拾叁年
玖月內准　部議裁解
戶部充餉續於康熙肆年拾月貳拾陸日准　戶
部咨行照舊給與孤貧等因遵依照舊支給外相
應註
明

上元縣孤貧壹百
名銀壹百兩
江寧縣孤貧捌拾
名銀捌拾兩
句容縣孤貧陸拾貳
名銀陸拾貳兩
溧陽縣孤貧玖拾
名銀玖拾兩
溧水縣孤貧捌拾陸
名銀捌拾陸兩
高淳縣孤貧貳拾捌
名銀貳拾捌兩
江浦縣孤貧壹拾貳
名銀壹拾貳兩
六合縣孤貧叁拾貳
名銀叁拾貳兩
走遞夫皂共柒百柒拾肆名每名銀柒兩貳錢共銀

伍千伍百柒拾貳兩捌錢遇閏加銀肆百零捌兩
陸錢　查此項於順治拾叁年准部議裁溧陽溧水
高淳叁縣共裁銀陸百陸拾玖兩陸錢改解
戸部内
句容縣銀壹千壹百壹拾陸兩遇閏加銀玖拾叁兩
溧陽縣銀叁百貳拾肆兩内裁銀壹百捌兩改解戸
部遇閏加銀壹拾捌兩
溧水縣銀壹千捌兩内裁銀叁百叁拾陸兩改解戸
部遇閏加銀伍拾陸兩
高淳縣銀陸百柒拾陸兩捌錢内裁銀貳百貳拾伍
兩陸錢改解戸部遇閏加銀叁拾柒兩陸錢
江浦縣銀壹千貳百貳拾肆兩遇閏加銀壹百貳兩
六合縣銀壹千貳百貳拾肆兩遇閏加銀壹百貳兩
走遞馬貳百壹拾壹匹内六合縣改棠邑驛馬玖匹
倶毎匹銀拾捌兩共銀叁千柒百玖拾捌兩遇閏

加銀貳百伍拾柒兩伍錢查此項於順治拾叁年准部議裁溧陽溧水高淳叁縣共裁銀柒百捌兩改解戶部內

句容縣銀玖百玖拾兩遇閏加銀捌拾貳兩伍錢

溧陽縣銀叁百陸拾兩內裁銀壹百貳拾兩改解戶部遇閏加銀貳拾兩

溧水縣銀壹千壹百捌拾捌兩內裁銀叁百玖拾陸兩改解戶部遇閏加銀陸拾陸兩

高淳縣銀伍百柒拾陸兩內裁銀壹百玖拾貳兩改解戶部遇閏加銀叁拾貳兩

六合縣銀陸百捌拾肆兩遇閏加銀伍拾柒兩

各縣備用銀壹千肆百柒拾伍兩查此項原編銀壹千柒百伍拾兩於

順治玖年該前撫院訂正全書裁句容溧陽溧水高淳肆縣共裁銀貳百柒拾伍兩咨明

內部撥補雲龍貳驛鈌額站銀又於順治拾叁年玖月內准部議全裁改解戶部內

上元縣銀叁百兩全裁改解戶部
江寧縣銀叁百兩全裁改解戶部
句容縣銀叁百伍拾兩內裁銀叁百兩改解戶部餘銀伍拾兩撥補鈌額站銀
溧陽縣銀壹百兩內裁銀伍拾兩改解戶部餘銀伍拾兩撥補鈌額站銀
溧水縣銀壹百兩內裁銀伍拾兩改解戶部餘銀伍拾兩撥補鈌額站銀
高淳縣銀貳百兩內奉文裁銀柒拾伍兩改解戶部餘銀壹百貳拾伍兩撥補鈌額站銀
江浦縣銀貳百兩改解戶部
六合縣銀貳百兩改解戶部

各縣供應過往上司下程小飯中火等銀貳千貳百陸拾壹兩伍錢內除溧陽縣銀陸拾叁兩捌錢溧水縣銀陸拾兩高淳縣銀陸拾柒兩改給棠邑驛

馬價實編銀貳千柒拾兩柒錢查此項於順治玖年該前撫院訂正全書議裁銀肆百玖拾玖兩陸錢咨明　內部擬補雲龍貳驛缺額站銀外實徵供應銀壹千伍百柒拾壹兩壹錢內

上元縣銀貳百伍拾兩

江寧縣銀貳百肆拾兩

句容縣銀貳百兩餘銀柒拾兩撥補額站銀

溧陽縣銀壹百壹拾捌兩壹錢餘銀壹百壹拾捌兩壹錢撥補缺額站銀

溧水縣銀壹百伍拾兩餘銀壹百伍拾兩撥補缺額站銀

高淳縣銀壹百肆拾壹兩伍錢餘銀壹百肆拾壹兩伍錢撥補缺額站銀

江浦縣銀叁百兩餘銀貳拾兩撥補雲龍貳驛缺額站銀

六合縣銀壹百柒拾壹兩伍錢

看守督學察院門子壹名銀叁兩陸錢遇閏加銀叁錢内

上元縣銀壹兩捌錢遇閏加銀壹錢伍分

江寧縣銀壹兩捌錢遇閏加銀壹錢伍分

淳化鎮公舘門子貳名每名銀肆兩共銀捌兩遇閏加銀陸錢陸分陸釐陸毫陸絲内

上元縣銀肆兩遇閏加銀叁錢叁分叁釐叁毫叁絲

句容縣銀肆兩遇閏加銀叁錢叁分叁釐叁毫叁絲

板橋公舘門子壹名銀叁兩遇閏加銀貳錢伍分係江寧縣徵給

明道書院門子壹名銀柒兩貳錢改給督學察院門

子工食遇閏加銀陸錢　係句容縣徵給

白兔鎮公館門子壹名銀叁兩遇閏加銀貳錢伍分　係句容縣徵解

看守巡撫察院門子壹名銀柒兩貳錢遇閏加銀陸錢　係句容縣徵解

貢院門子貳名每名銀肆兩共銀捌兩遇閏加銀陸錢陸分陸釐陸毫陸絲　係溧陽縣徵解

上興埠公館門子壹名銀貳兩遇閏加銀壹錢陸分陸釐陸毫陸絲　係溧陽縣徵解

浦子口西門舘門子壹名銀叁兩遇閏加銀貳錢伍

分係江浦縣徵解

東葛舘門子壹名銀叁兩遇閏加銀貳錢伍分係江浦縣

徵給

各縣察院并府舘門子玖名每名銀叁兩共銀貳拾

柒兩遇閏加銀貳兩貳錢伍分查此項原編門子

拾玖兩於順治玖年該前撫院訂正全書議裁拾

肆名共銀肆拾貳兩內撥補雲龍貳驛缺額馬價

銀叁拾兩餘銀拾貳

兩附入裁剩項下內

句容縣銀陸兩餘陸兩撥補缺額站銀遇閏加銀伍

錢

溧[illegible]縣銀叁兩餘陸兩撥補鈌額站銀又叁兩附入
[illegible]項下遇閏加銀貳錢伍分
[illegible]銀陸兩餘銀玖兩撥補鈌額站銀遇閏加銀
伍錢
高淳縣銀叁兩餘叁兩撥補鈌額站銀又叁兩附入
裁剩項下遇閏加銀貳錢伍分
江浦縣銀陸兩餘銀叁兩附入裁剩項下遇閏加銀
伍錢
六合縣銀叁兩餘陸兩撥補鈌額站銀又叁兩附入
裁剩項下遇閏加銀貳錢伍分
看守本府大門夜歇人夫拾伍名每名銀貳兩捌錢
捌分共銀肆拾叁兩貳錢遇閏加銀叁兩陸錢內
上元縣銀貳拾叁兩肆分遇閏加銀壹兩玖錢貳分
江寧縣銀貳拾兩壹錢陸分加閏銀壹兩陸錢捌分
本府府前鋪兵拾柒名每名銀柒兩貳錢共銀壹百

貳拾貳兩肆錢遇閏加銀壹拾兩貳錢內

上元縣銀伍拾兩肆錢遇閏加銀肆兩貳錢

句容縣銀拾肆兩肆錢遇閏加銀壹兩貳錢

溧陽縣銀貳拾捌兩捌錢遇閏加銀貳兩肆錢

溧水縣銀拾肆兩肆錢遇閏加銀壹兩貳錢

高淳縣銀拾肆兩肆錢

遇閏加銀壹兩貳錢

上江貳縣解糧老人各叁名共陸名每名銀柒兩貳錢共

銀肆拾叁兩貳錢　查此項江寧縣銀貳拾壹兩陸

錢先准部文撥給江寧驛抵充

浙省協濟馬價今准部駁全書發開錢糧自應官

解州縣設有衙役何稱解糧老人名色且各屬並

無此項工食銀兩

應裁解部充餉內

上元縣銀貳拾壹兩陸錢

江寧縣銀貳拾壹兩陸錢

上江貳縣聽差老人共捌名每名銀柒兩貳錢共銀伍拾柒兩陸錢查此項原改給本府舖兵工食今准部駁全書簽開錢糧自應官解州縣設有衙役何稱聽差老人名色且各屬並無此項工食銀兩應裁解部充餉內

上元縣銀貳拾捌兩捌錢

江寧縣銀貳拾捌兩捌錢

本府攢造各縣錢糧塡寫由票紙張工食銀肆拾叁兩貳錢查此項原派句容縣抵給棠邑驛馬價於順治捌年叁月內據上元江寧貳縣申詳該前撫院批允改給本府攢造捌縣會計紙張工食等項支用

本府陰陽生壹名銀肆兩捌錢遇閏加銀肆錢係溧水縣徵給

高淳縣義民官吏捌名每名銀柒兩貳錢共銀伍拾
柒兩陸錢改給常平倉斗級更夫工食遇閏加銀
肆兩捌錢查此項據江寧分守道申詳常平壹倉
等事蒙巡撫都院張　批允高淳義
民官吏工食既係無碍堪動准抵常平倉斗級更
夫繳又准總督部院馬　批該道所議最妥最當
速行報繳又准按院鍾　批據詳常平壹倉議設
斗級更夫措給高淳義民工食可也仍候督院
詳行繳各等因在案改給斗級伍名每名銀柒兩
貳錢共銀叁拾陸兩更夫陸名每名銀叁兩陸錢
共銀貳拾壹兩陸
錢係高淳縣徵解
上江貳縣接遞皂隸貳拾名共銀壹百肆拾肆兩查此
項原編銀肆百貳拾兩內上元縣於順治叁年該
前撫院訂正經制裁銀柒拾兩免編於民又於順

治肆年裁江寧縣銀柒拾兩抵補本縣添設馬快
工食實編銀貳百捌拾兩今照江寧地方衝繁酌
留走遞皂隸各拾名共銀壹百肆拾肆兩餘銀壹
百叁拾陸兩彙驛鹽道牌開據句容縣申詳雲龍
貳驛缺額馬價奉　巡撫部院周　批行司道會
同酌妥裁欵彙　本部院撥補雲龍貳驛缺額站
銀
内
上元縣銀柒拾貳兩餘銀陸拾捌兩撥抵缺額站銀
江寧縣銀柒拾貳兩餘銀陸拾捌兩撥抵缺額站銀
各縣鋪司兵叁百柒拾伍名各編不等共銀貳千肆
百柒拾柒兩柒錢外句容縣新增銀壹百叁拾柒兩貳
錢又溧水縣新增銀壹百肆拾壹兩玖錢壹分貳
釐原額新增共銀貳千柒百伍拾陸兩捌錢壹分

貳釐遇閏加銀貳百貳拾玖兩柒錢叁分肆釐[illegible]毫叁絲查此項上元縣內有下江鳳陽京倉屯田肆察院係明季察院走遞舖兵今應裁銀貳拾捌兩捌錢裳驛鹽道牌開據句容縣申詳雲龍貳驛缺額馬價奉　巡撫部院周　批行司道會同酌妥裁款裳　本部院撥補雲龍貳驛站銀內

上元縣銀叁百壹拾陸兩捌錢遇閏加銀貳拾陸兩肆錢餘銀貳拾捌兩捌錢撥補缺額站銀

江寧縣銀叁百玖拾肆兩柒錢遇閏加銀叁拾貳兩捌錢玖分壹釐陸毫陸絲

句容縣銀伍百貳拾玖兩貳錢遇閏加銀肆拾肆兩壹錢

溧陽縣銀貳百伍拾玖兩貳錢遇閏加銀貳拾壹兩陸錢

溧水縣銀陸百肆拾伍兩玖錢壹分貳釐遇閏加銀伍拾叁兩捌錢貳分陸釐

高淳縣銀貳百伍拾貳兩遇閏加銀貳拾壹兩
江浦縣銀壹百捌拾伍兩遇閏加銀壹拾伍兩肆錢
壹分陸釐陸毫柒絲
六合縣銀壹百柒拾肆兩遇閏加銀壹拾肆兩伍錢

淳化鎮巡檢司弓兵拾貳名每名銀柒兩貳錢共銀
捌拾陸兩肆錢遇閏加銀叁兩陸錢查此項原編弓兵叁拾名
每名銀陸兩共銀壹百捌拾兩內　操院取用上
元縣弓兵陸名共銀叁拾陸兩已入前款操院兵
餉項下在司弓兵貳拾肆名共銀壹百肆拾肆兩
於順治叁年該前撫院訂正經制裁減拾貳名共
銀伍拾柒兩陸錢免編於民又於順治玖年又該
前任巡撫部院訂正全書每司酌留拾貳名每名
銀柒兩貳錢共銀捌拾陸兩肆錢遇閏加銀叁兩
陸錢又於順治拾叁年玖月內准部議裁銀肆拾
叁兩貳錢改解
戶部內

上元縣銀叁拾陸兩內裁銀拾捌兩解部充餉遇閏
加銀壹兩伍錢
句容縣銀伍拾兩肆錢內裁銀貳拾伍兩貳錢解部
充餉遇閏加銀貳兩壹錢
江寧鎮弓兵拾貳名每名銀柒兩貳錢共銀捌拾陸
兩肆錢遇閏加銀叁兩陸錢此項原編弓兵貳拾
肆名共銀壹百柒拾
貳兩捌錢於順治叁年該前撫院訂正經制每名
給銀陸兩共銀壹百肆拾肆兩餘銀貳拾捌兩捌
錢免派於民又於順治玖年又該前任巡撫部院
訂正全書每司酌留拾貳名每名銀柒兩貳錢共
銀捌拾陸兩肆錢餘銀伍拾伍兩貳錢蒙驛鹽道
牌開據句容縣申詳雲龍貳驛缺額馬價奉巡撫
部院周　批行司道會同酌妥裁款蒙　本部院
撥補雲龍貳驛站銀又於順治拾叁年玖月內准
部議裁銀肆拾叁兩貳錢解部內
江寧縣銀貳拾壹兩陸錢內裁銀壹拾兩捌錢改解

部餉遇閏

加銀玖錢

溧陽縣銀貳拾捌兩捌錢內裁銀壹拾肆兩肆錢解

部充餉遇閏加銀壹兩貳錢餘銀叁拾壹兩貳錢

撥補缺額馬價

溧水縣銀叁拾陸兩內裁銀壹拾捌兩改解戶部充

餉遇閏加銀壹兩伍錢餘銀貳拾肆兩撥補缺額

馬價

瓜埠巡檢司弓兵拾貳名每名銀柒兩貳錢共銀捌

拾陸兩肆錢遇閏加銀叁兩陸錢　查此項原編弓兵肆拾壹名內操院取用水手陸名共銀柒拾貳兩已入前項操院兵餉項下在司弓兵叁拾伍名共銀貳百伍拾貳兩於順治玖年該前任巡撫部院訂正全書每司酌留拾貳名每名銀柒兩貳錢共銀捌拾陸兩肆錢餘銀壹百陸拾伍兩陸錢蒙驛鹽道牌開據句容縣申詳雲龍貳驛缺額馬價奉　巡撫部院

周　批行司道會同酌妥裁欵蒙　本部院批
雲龍貳驛站銀又於順治拾叁年玖月內准部議
裁銀肆拾叁兩貳錢
改解戶部充餉內
句容縣銀貳拾捌兩捌錢撥補缺額站銀
六合縣銀捌拾陸兩肆錢內裁銀肆拾叁兩貳錢解
戶部充餉遇閏加銀叁兩陸錢餘銀壹百叁拾陸
兩捌錢撥補缺額站銀
秣陵鎮巡檢司弓兵拾貳名每名銀柒兩貳錢共銀
捌拾陸兩肆錢遇閏加銀叁兩陸錢查此項原編弓兵叁拾叁
名共銀壹百玖拾捌兩內　操院取用陸名共銀
叁拾陸兩已入前項操院兵餉欵內在司弓兵貳
拾柒名共銀壹百陸拾貳兩於順治玖年該前任
巡撫部院訂正全書每司酌留拾貳名每名銀柒
兩貳錢共銀捌拾陸兩肆錢餘銀柒拾伍兩陸錢
蒙驛鹽道牌開據句容縣申詳雲龍貳驛缺額馬

價奉　巡撫部院周　批行司道會同酌妥裁款
甞本部院撥補雲龍貳驛站銀又於順治拾叁年
玖月內准部議裁銀肆拾叁
兩貳錢改解戶部充餉內
句容縣銀貳拾捌兩捌錢內裁銀拾肆兩肆錢解部
充餉遇閏加銀壹兩貳錢餘銀肆拾玖兩貳錢撥
補缺額站銀
溧陽縣銀貳拾捌兩捌錢內裁銀拾肆兩肆錢解部
遇閏加銀壹兩貳錢餘銀柒兩貳錢撥補站銀
溧水縣銀貳拾捌兩捌錢內裁銀拾肆兩肆錢解部
充餉遇閏加銀壹兩貳錢餘銀壹拾玖兩貳錢撥
補缺額站銀
江淮巡檢司弓兵拾伍名內　操院取用哨手叁名
內壹名銀拾兩又貳名每名銀拾兩捌錢在司寄
兵拾貳名每名銀柒兩貳錢共銀壹百壹拾捌兩

水脚銀壹錢伍分捌釐遇閏加銀陸兩貳錢叁分叁釐叁毫肆絲查此項原編弓兵貳拾肆名内操院取用溧陽縣茯澄哨手貳名共銀貳拾壹兩陸錢水脚銀壹錢捌釐又取溧水縣哨手壹名銀拾兩水脚銀伍分在司弓兵貳拾壹名共銀壹百伍拾壹兩貳錢於順治叁年該前撫院訂正經制查係冗役免編於民又於順治伍年詳復弓兵貳拾名共銀壹百肆拾肆兩又於順治玖年該前任巡撫部院訂正全書每司酌留拾貳名每名銀柒兩貳錢共銀捌拾陸兩肆錢餘銀伍拾柒兩陸錢掌驛鹽道牌開據句容縣申詳雲龍貳驛缺額馬價奉　巡撫部院周　批行司道會同酌妥裁欵掌

本部院撥補雲龍貳驛站銀又於順治拾叁年玖月内准部議裁銀肆拾叁兩貳錢改解户部充餉内

溧陽縣銀陸拾肆兩捌錢内裁銀貳拾壹兩陸錢解

部充餉水脚銀壹錢捌釐遇閏加銀叁兩陸錢餘銀伍拾兩肆錢撥補站銀

溧水縣銀伍拾叁兩貳錢內裁銀貳拾壹兩陸錢解部充餉水脚銀伍分遇閏加銀貳兩陸錢叁分叁釐叁毫肆絲餘銀柒兩貳錢撥補站銀

江東廵檢司弓兵拾陸名內操院取用荻港哨手肆名每名銀拾兩捌錢在司拾貳名每名銀柒兩貳錢共銀壹百貳拾玖兩陸錢外哨手水脚銀貳錢壹分陸釐遇閏加銀柒兩貳錢查此項原編弓兵取用句容縣貳名共銀貳拾兩水脚銀壹錢已入前欵操院兵餉項下又溧陽縣荻港哨手肆名共銀肆拾叁兩貳錢水脚銀貳錢壹分陸釐在司弓兵叁拾伍名共銀貳百伍拾貳兩於順治叁年裁

前撫院訂正經制裁減弓兵拾伍名共銀壹百捌
兩免編於民實編銀壹百肆拾肆兩又於順治玖
年該前任巡撫部院訂正全書每司酌留拾貳名
每名柒兩貳錢共銀捌拾陸兩肆錢餘銀伍拾柒
兩陸錢蒙驛鹽道牌開據句容縣申詳雲龍貳驛
缺額馬價奉　巡撫部院周　批行司道會同酌
妥裁款蒙　本部院撥補雲龍貳驛站銀又於順
治拾叁年玖月內准部議裁銀肆拾叁兩貳錢改
解戶部內

句容縣銀貳拾捌兩捌錢內裁銀拾肆兩肆錢解部
充餉遇閏加銀壹兩貳錢餘銀貳拾捌兩捌錢撥
補缺額

站銀

溧陽縣銀柒拾貳兩內裁銀拾肆兩肆錢改解部餉
遇閏加銀肆兩捌錢外哨手水脚銀貳錢壹分陸
釐餘銀壹拾肆兩肆錢撥補雲龍貳驛缺額馬價

站銀

溧水縣銀貳拾捌兩捌錢內裁銀拾肆兩肆錢解部

充餉遇閏加銀壹兩貳錢餘銀拾肆兩肆錢撥補
缺額站銀
廣通鎮巡檢司弓兵拾貳名每名銀柒兩貳錢共銀
捌拾陸兩肆錢遇閏加銀叁兩陸錢查此項原編弓兵拾柒名
共銀壹百貳兩於順治玖年該前任巡撫部院訂
正全書每司酌留拾貳名每名銀柒兩貳錢共銀
捌拾陸兩肆錢餘銀拾伍兩陸錢蒙驛鹽道牌開
據句容縣申詳雲龍貳驛缺額馬價奉
巡撫部院周　批行司道會同酌妥裁款蒙
本部院撥補雲龍貳驛站銀又於順治拾叁年玖
月内准部議裁銀肆拾叁兩貳錢改解戶部充餉
係高淳縣徵給
各縣吹鼓手陸拾捌名内伍拾捌名每名銀柒兩貳
錢又拾名每名銀陸兩共銀肆百柒拾柒兩陸錢

遇閏加銀叁拾玖兩捌錢查此項原編吹鼓手玖拾名各編不等共編銀陸百貳拾捌兩捌錢於順治玖年該前任巡撫部院訂正全書議裁上元江寧貳縣各捌名共裁銀壹百壹拾伍兩貳錢又裁溧陽縣陸名銀叁拾陸兩共裁銀壹百伍拾壹兩貳錢嘗驛鹽道牌開據句容縣申詳雲龍貳驛缺額馬價奉

巡撫部院周　批行司道會同酌妥裁款嘗

本部院撥補雲龍貳驛站銀內

上元縣銀壹百肆拾肆兩遇閏加銀拾貳兩餘銀伍拾柒兩陸錢撥補雲龍貳驛站銀

江寧縣銀壹百肆拾肆兩遇閏加銀拾貳兩餘銀伍拾柒兩陸錢撥補雲龍貳驛站銀

溧陽縣銀陸拾兩遇閏加銀伍兩餘銀叁拾陸兩撥補缺額

站銀

江浦縣銀壹百貳拾玖兩陸錢遇閏加銀拾兩捌錢

上江貳縣僱夫驢騾銀捌拾兩查此項於順治玖年該前任廵撫部院訂
全書貳縣既有經費額編夫銀似屬重派再查布
政司新設造册紙張銀兩原未編載今議將此項
改抵以爲造册
紙張之用內
上元縣銀
肆拾兩
江寧縣銀
肆拾兩
上江貳縣更夫拾名每名工食銀壹兩捌錢共銀壹
拾捌兩外遇閏加銀壹兩伍錢查此項原編更夫
拾名每名銀叁兩
陸錢共銀叁拾陸兩於順治玖年該前任廵撫部
院訂正全書議裁銀拾捌兩撥補雲龍貳驛缺額
馬價
內

上元縣銀玖兩遇閏加銀柒錢伍分餘玖兩撥補站銀

江寧縣銀玖兩遇閏加銀柒錢伍分餘玖兩撥補站銀

各縣徵收條編折色錢糧公用由票紙劄銀壹百柒拾柒兩　查此項於順治玖年該前巡撫部院訂正全書議裁銀玖拾伍兩奏給本部院冊房抄案吏紙張工食之用今准部駁全書簽開巡撫已有額定經費何得又留銀玖拾伍兩以作抄案吏紙張之用應裁解部充餉內

上元縣銀拾兩餘銀拾伍兩改解部餉

江寧縣銀拾兩餘銀拾貳兩改解部餉

句容縣銀拾伍兩餘銀拾伍兩改解部餉

溧陽縣銀拾伍兩餘銀
拾貳兩改解部餉
溧水縣銀拾兩餘銀
拾叁兩改解部餉
高淳縣銀拾兩餘銀
拾叁兩改解部餉
江浦縣銀
陸兩
六合縣銀陸兩餘銀
拾伍兩改解部餉

協濟安慶府倉折色正米伍百貳拾叁石各折不等
共銀貳百玖拾捌兩陸錢玖分柒釐外火耗銀陸
兩伍錢捌分叁釐捌毫陸絲查此項先該前巡撫
部院訂正全書議裁
撥補雲龍貳驛缺額馬價今准　總漕部院亢
咨開據安慶府詳據安慶衛屯丁黃堅如等連名

稟詞爲懇賜轉詳以足漕運錢糧等事該前任總
漕部院蔡　題將江寧協濟漕項仍歸漕用部覆
奉有依議之
旨欽遵在案照舊徵解安慶府其驛站缺額另查撥抵内
上元縣銀貳拾捌兩捌分叁釐水脚銀貳兩叁分叁
釐貳毫
江寧縣銀貳拾玖兩陸分捌釐水脚銀貳兩壹錢叁
分伍釐貳毫
句容縣銀陸拾捌兩玖錢捌釐水脚銀陸錢捌分玖
釐捌絲
溧陽縣銀捌拾壹兩壹錢壹分伍釐貳毫伍絲火耗
銀捌錢壹分壹釐壹毫伍絲貳忽伍微
溧水縣銀叁拾柒兩捌錢捌分壹釐水脚銀叁錢柒
分捌釐捌毫壹絲
高淳縣銀肆拾兩叁錢壹分叁釐貳毫伍絲火耗銀
肆錢叁釐壹毫叁絲貳忽伍微
江浦縣銀玖兩捌錢貳分壹釐火耗銀玖分捌釐貳
毫壹絲

六合縣銀叁兩伍錢柒釐伍毫火耗銀叁分伍釐柒
絲伍忽

協濟恤刑銀貳拾壹兩叁分貳釐貳毫　查此項於順治玖年該前
撫院訂正全書議裁撥補雲龍貳驛
缺額馬價銀兩內

上元縣銀伍兩貳錢伍分捌釐伍絲

江寧縣銀伍兩貳錢伍分捌釐伍絲

溧水縣銀伍兩貳錢伍分捌釐伍絲

六合縣銀伍兩貳錢伍分捌釐伍絲

本府鹽糧玖百叁拾貳兩陸錢陸分伍釐　查此項原編本府鹽
糧銀壹千捌百伍拾柒兩壹錢玖分陸釐內除撥
原解太常寺銀叁百捌拾捌兩叁錢叁分伍釐又
撥原解光祿寺食鹽銀柒拾貳兩又撥原解國子
監椒油醋銀柒拾兩以上叁項俱已入前款本省
兵餉項下又抵給金陵驛馬價銀玖拾伍兩柒錢
陸分捌釐肆毫又抵給江東驛馬價銀壹百兩

錢叁分捌釐捌毫又抵給江寧驛馬價銀壹百玖拾柒兩伍錢捌分捌釐捌毫以上叁驛俱已入前款驛站項下實存銀玖百叁拾貳兩陸錢陸分伍釐續撥補雲龍貳驛缺額馬價內

上元縣銀貳拾肆兩捌錢肆分肆釐

江寧縣銀伍拾玖兩捌錢叁分肆釐

句容縣銀柒拾伍兩壹錢陸分伍釐

溧陽縣銀肆百貳拾貳兩貳錢捌分

溧水縣銀貳百玖兩伍錢貳分

高淳縣銀伍拾柒兩柒錢玖分

江浦縣銀肆拾壹兩肆分

六合縣銀肆拾貳兩壹錢玖分貳釐

本府撥剩銀柒百肆拾貳兩貳錢陸分陸釐貳毫玖絲柒忽柒微柒纖叁沙壹塵玖渺陸漠查此項已編本府供

應令准部駁全書簽開各府已有額定經費何得又留撥剩銀兩應裁解部充餉等因在案內

上元縣銀壹百壹拾貳兩肆錢陸分陸釐壹毫捌絲
伍忽肆微伍沙伍塵肆渺

江寧縣銀壹百肆拾捌兩柒錢捌分叁釐捌毫叁絲
叁忽叁微陸纖陸沙肆渺玖漠

句容縣銀壹百柒拾伍兩伍錢伍分壹釐貳毫伍絲
壹忽陸微捌纖壹沙壹塵陸渺壹漠

溧陽縣銀壹百肆拾肆兩玖錢壹分壹釐肆絲捌忽
柒微陸纖肆沙捌塵陸渺貳漠

溧水縣銀柒拾肆兩柒錢伍分柒釐壹毫叁絲貳忽
壹微柒纖肆沙玖渺柒漠

高淳縣銀叁拾玖兩柒錢陸分壹毫叁絲捌忽壹微
陸纖叁沙肆渺陸漠

江浦縣銀壹拾肆兩叁錢柒分玖釐壹毫捌忽貳微
壹纖捌沙肆塵肆渺壹漠

六合縣銀叁拾壹兩陸
錢伍分柒釐陸毫

上江貳縣坊廂丁口改入條編銀肆百肆兩柒錢玖

分玖釐查此項銀兩原編兩縣供應往來上司下程小飯中火等項支用屢屢具文申請協濟不敢輕議今訂正全書未便扣裁仍酌留支用內

上元縣銀貳百壹拾陸兩伍分伍毫

江寧縣銀壹百捌拾捌兩柒錢壹分捌釐伍毫

本府抄案農民銀壹百兩柒錢玖分伍釐叁毫肆絲肆忽查此項原解本府支用於順治玖年該前撫院訂正全書議裁撥補雲龍貳驛馬價內

句容縣銀壹拾柒兩柒錢捌分捌釐貳毫肆絲捌忽

溧陽縣銀壹拾柒兩柒錢捌分叁釐叁毫

溧水縣銀壹拾柒兩柒錢捌分捌釐叁毫

高淳縣銀壹拾壹兩捌錢伍分玖釐

江浦縣銀壹拾柒兩柒錢捌分捌釐貳毫肆絲捌忽

六合縣銀壹拾柒兩柒錢捌分捌釐貳毫肆絲捌忽

滁州大柳樹驛中下馬貳匹驢壹頭共銀玖拾肆兩

叁錢叁分此項原載已詳允將江都寶應貳縣原議東葛城馬價今改協濟夫銀內撥玖拾肆兩叁錢叁分抵給大柳樹驛馬價本縣徑將前銀給散走遞夫工食查得走遞夫銀於順治叁年該前撫院訂正經制將此項工食在於本縣平米內驗派徵給此係重設應裁係

江浦縣

徵解

沿江墩臺肆座每座看墩夫叁名共拾貳名每名銀伍兩共銀陸拾兩遇閏加銀伍兩係江浦縣徵給

雲亭驛夫馬銀叁拾貳兩查此原係撫院駐劄句容協濟該驛夫馬應用今駐劄蘇州似屬無用今撥補雲龍貳驛缺額馬價內

句容縣銀壹拾貳兩

溧陽縣銀壹拾兩

高淳縣銀肆兩伍錢

江浦縣銀貳兩伍錢

六合縣銀叁兩

棠邑驛内扣解本府鋪陳銀貳拾壹兩柒錢伍分查此項原解本府支用於順治玖年該前撫院訂正全書議裁續撥補雲龍貳驛缺額馬價係六合縣給

寧太道抽取棠邑驛廪糧銀貳拾叁兩肆錢查此項該驛不屬本道所轄其銀並未支取似屬無用應裁續撥補龍潭驛缺額馬價係六合縣徵給

本府常平倉斗級捌名每名銀柒兩貳錢共銀伍拾柒兩陸錢查此項於順治玖年該前撫院訂正全書議裁續撥補雲亭驛缺額馬價内

句容縣銀叁拾陸兩

溧陽縣銀貳拾壹兩陸錢

協濟江浦縣鹽糧銀叁拾兩查此項於順治玖年該前撫院議裁續撥補龍

潭驛鈌額馬價
係高淳縣徵解

寧太道抽取雲亭龍潭貳驛蔬米共銀肆拾陸兩捌錢查此項該驛不屬本道所轄其銀並未支取似屬無用議裁續撥補雲亭驛馬價係句容縣給

看守大察院門厨各壹名每名銀叁兩共銀陸兩查此項係冗役應裁續撥補雲亭驛鈌額馬價係句容縣徵給

裁扣鰣魚廠船網銀內撥充本省兵餉外餘銀貳拾兩柒錢陸分柒釐叁毫壹絲查此項議裁續撥補龍潭驛鈌額馬價係上元縣徵解

江浦縣墩臺捌座看墩墩夫貳拾肆名每名銀叁兩

外隨操守城墩夫叁拾名每名銀伍兩叁錢捌分

陸釐叁毫共銀貳百叁拾叁兩伍錢捌分玖釐此查

項原編隨操墩夫伍拾壹名每名銀叁兩陸錢共

銀壹百捌拾叁兩陸錢遇閏加銀拾伍兩叁錢餘

銀肆拾玖兩玖錢捌分玖釐解　部充餉係江浦

縣徵解

裁扣句容縣海防銀內協濟金陵驛馬價餘水脚銀

陸兩肆分叁釐貳毫蒙　巡撫部院周　撥

補鈌額雲亭驛馬價

龍潭墩夫貳名每名銀柒兩貳錢共銀拾肆兩肆錢

遇閏加銀壹兩貳錢係句容縣徵給

新河口把截哨官壹員銀柒兩貳錢係句容縣徵給

裁扣墩夫叁拾貳名每名銀柒兩貳錢共銀貳百叁拾兩肆錢此項順治玖年該前撫院訂全書議裁續撥雲亭驛缺額馬價係句容縣徵給

修城夫料銀玖百兩解費銀拾捌兩查此項係解本府修理馴象等肆門幇磚工料支用今聽督撫二院動支修理本省各處城垣年終報銷緣以鎮江府全書內將本款附于解南充餉項下致奉部駁復于康熙肆年陸月內續奉部咨覆查此項原係解南舊額非充餉之項相應准其照舊動用等因在案理合註明內

句容縣銀叁百兩解費銀陸兩

溧陽縣銀叁百兩解費銀陸兩

溧水縣銀壹百陸拾兩解費銀叁兩貳錢

高淳縣銀壹百肆拾兩解費銀貳兩捌錢

春牛廠門子銀肆兩陸錢遇閏加銀叁錢捌分叁釐

叁毫叁絲內
上元縣銀叁兩陸錢遇閏加銀叁錢
江寧縣銀壹兩遇閏加銀捌分叁釐叁毫叁絲
江淮驛騾價內摘出餘銀柒拾肆兩叁錢查此項係
欵內江淮驛騾價已有江都寶應貳縣抵解此係前項驛站
重設應裁係江浦縣徵給
以上自本府文廟祭祀起至江淮驛騾價止計玖拾
伍欵共銀叁萬貳百壹拾柒兩捌分貳釐陸毫壹
絲陸忽肆微陸纖玖沙肆塵玖渺陸漠內於順治
拾叁年玖月內准部議裁考校科舉府縣應朝備
用生員廩糧膳夫鄉飲挑符江東等司弓兵工食

夫馬等項共銀伍千捌百肆拾壹兩壹錢玖分伍
釐肆毫陸絲陸忽又准部駁全書發開應裁本府
撥剩并撫院册房抄案吏由票改編紙張工食上
江貳縣聽差解糧老人等項共銀玖百叁拾捌兩
陸分陸釐貳毫玖絲柒忽柒微柒纖叁沙壹塵玖
渺陸漠又於順治玖年內蒙前任巡撫部院周
訂正全書議裁共銀貳百捌拾捌兩捌錢壹分玖
釐以上叁項已載册後裁省數內改解戶部又於
順治拾年閏陸月內准　江南總督部院馬　題

部覆准撥給雲龍貳驛抵兌浙省協濟馬價銀伍
拾玖兩伍錢叁分陸釐又於順治拾壹年內據句
容縣申詳蒙前任巡撫部院周　咨明
內部撥補雲龍貳驛缺額馬價銀叁千叁百貳拾
陸兩柒錢叁分壹釐叁毫伍絲肆忽以上貳項已
載入前項驛站款內支給
實存支給銀壹萬玖千柒百陸拾貳兩柒錢叁分肆
釐肆毫玖絲捌忽陸微玖纖陸沙叁塵遇閏加銀
壹千捌拾貳兩叁錢陸分玖釐陸毫

本府所屬各縣解布政司轉改戶部裁剩舊編各衙門俸薪工食等項銀數

撫院項下應裁寫本吏門轎并經費餘剩等銀叁百貳拾柒兩肆錢叁分壹釐肆毫水脚銀陸分壹釐肆絲解費銀叁兩貳分捌毫

按院項下應裁監生廩糧副本等銀貳百壹拾伍兩貳錢水脚銀柒錢零捌毫解費銀肆兩叁錢零肆釐

本府知府應裁薪銀修宅家伙桌圍傘扇書門皂快

等項共裁銀叁百壹拾捌兩陸錢肆分肆釐

本府同知員下應裁扣薪銀修宅家伙桌圍傘扇書

門皂快等項共銀貳百捌拾玖兩陸錢陸分捌釐

本府同知員下應裁汰薪銀心紅紙張修宅家伙桌

圍傘扇書門皂快等項共銀壹千貳百柒拾叁兩

陸錢

本府通判員下應裁扣薪銀修宅家伙桌圍傘扇書

門皂快等項共銀貳百壹拾捌兩玖錢貳分

本府通判員下應裁汰薪銀心紅紙張修宅家伙桌

圓傘扇書門皂快等項共銀壹千伍百肆兩
本府推官員下應裁扣薪銀修宅家伙桌圍傘扇書
門皂快等項共銀壹百壹拾肆兩玖分
本府經歷員下應裁扣薪銀書門皂馬夫等項共銀
壹拾陸兩陸錢貳釐
本府知事員下應裁扣書門皂馬夫等項共銀捌兩
肆錢
本府照磨員下應裁扣書門皂馬夫等項共銀捌兩
肆錢

本府檢校員下應裁扣書門皂馬夫等項共銀捌兩

肆錢

本府司獄等司龍江等驛應裁扣書皂共銀陸拾壹

兩貳錢

各縣知縣員下應裁扣新銀油燭修宅家伙桌圍傘

扇書門皂快等項共銀玖百捌拾玖兩叁錢玖分

各縣縣丞員下應裁扣新銀書門皂馬夫等項共銀

玖拾兩捌錢壹分陸釐

各縣典史員下應裁扣書門皂馬夫共銀貳拾伍兩

貳錢

淳化等鎮江寧等驛應裁护書皂銀壹拾兩捌錢

各縣察院并府舘應裁門子銀拾貳兩

江淮驛應裁騾價銀柒拾肆兩叁錢

大柳樹驛應裁馬價銀玖拾肆兩叁錢叁分

江浦縣應裁墩夫銀肆拾玖兩玖錢捌分玖釐

文廟應裁朔望行香講書筆墨銀伍拾壹兩貳錢

考較科場修造棚廠工食花紅等銀裁銀肆百陸拾

捌兩叁錢陸釐伍毫玖絲

府縣應

朝應裁銀貳百貳拾捌兩捌錢捌分捌釐捌毫柒絲陸

忽

各縣應裁備用銀壹千肆百柒拾伍兩

各縣應裁儒學廩生廩糧膳夫銀壹千玖百壹拾貳

兩

鄉飲酒席應裁銀陸拾肆兩

祧符門神應裁銀貳拾兩

江東巡檢司弓兵銀肆拾叁兩貳錢

秣陵等司應裁弓兵銀貳百伍拾玖兩貳錢

走遞夫皁應裁銀陸百陸拾玖兩陸錢

走遞馬應裁銀柒百捌兩

本府應裁撥剩銀柒百肆拾貳兩貳錢陸分陸釐貳

毫玖絲柒忽柒微柒纖叁沙壹塵玖渺陸漠

上元江寧貳縣應裁解糧老人工食銀肆拾叁兩貳

錢

上元江寧貳縣應裁聽差老人工食銀伍拾柒兩陸

錢

各縣應裁由票紙張銀玖拾伍兩

續奉

部駁全書裁操院江防項下解費充餉銀壹百壹拾伍兩陸錢捌分

續奉

部駁全書裁邳州供應銀叁拾叁兩伍錢柒分陸釐水脚盤費銀肆兩伍錢伍分陸釐捌毫

本府所屬通共總該裁剩銀壹萬貳

千柒百壹拾兩柒錢肆分壹釐陸毫零

叁忽柒微柒纖叁沙壹塵玖渺陸漠

內

查得江浦縣爲冐陳苦衷等事於順治拾壹年

內申詳布政司轉詳　前任巡撫部院周　批

據布政司呈詳江浦縣江淮東葛貳驛衝繁應遞

不敷請入加派撥補緣由當批江淮東葛貳驛既

經該司覆核衝繁不敷馬價價例于府屬存剩銀

內通融撥補仍將撥款報明以憑咨　部定奪繳

又據江浦縣爲諮訪地方疾苦等事於順治拾叁

年陸月內申詳驛鹽道轉詳　前任巡撫都院張

蒙批該道職司郵政調劑宜詳據覆江浦邑小極衝所加夫役丁食在于裁剩銀內批給既經將款移送布政司仰道會同該司核實各款報明內部支銷繳續於順治拾肆年拾貳月內蒙前任巡撫都院張　准戶部咨開據江南布政司呈稱江浦縣江淮東葛貳驛路極衝繁應遞馬匹除歲給額銀之外尚不敷價銀叁千壹拾兩壹錢肆分叁釐循例于江寧府屬存剩裁扣銀內撥補又走遞夫役工食每夫日食叁分豈堪奔騰比照隣封陸卜之例不敷銀壹千柒百貳拾貳兩亦于裁扣銀內添補詳奉撫院批允照款支給造冊呈報緣由到部查得驛遞馬匹歲有定額應給價銀載入冊書今藩司以裁省存剩銀內撥補貳驛衝站之需既經詳明撫院批允撥補應將貳馹并長夫細數緣由開載冊報查考又經造冊呈報在案續奉部駁查錢糧項款各有定額不便據為撥補仍應編入裁剩項下解部遵奉查覆間於康熙叁年玖月內奉到　部咨內開金陵等驛撥動解南裁扣等

銀內先因該撫未經說明造入　兵部核定銜僻
冊內字樣臣部駁追今據該撫疏稱各驛實係銜
疲錢糧萬難議減等因題
請又准　兵部咨稱銜僻冊內有各驛動支等語毋庸再
議相應請
勅仍於解南裁扣銀內支用可也等因奉有依議之
旨欽遵在案相應仍舊刊
註裁剩內撥給

外不在田畝人丁額徵款項

戶部項下商稅

稅課局商稅銀捌拾貳兩玖錢伍分肆釐陸毫（係六合縣徵解）

協濟昌平州銀肆兩伍錢水腳銀肆分伍釐（係六合縣徵解）

以上二項係六合縣原編稅課局額辦商稅銀貳
百伍拾兩玖錢玖分貳釐貳毫內除銀壹百陸拾

叁兩肆錢玖分貳釐陸毫解本縣抵補條編前款
蓄木馬價等項實解商稅銀捌拾貳兩玖錢伍分
肆釐陸毫又協濟昌平州銀肆兩伍錢
水脚銀肆分伍釐俱解戶部

草塲出辦

兵部項下

各縣牧馬岡地租銀壹千貳百玖拾叁兩玖錢柒分
柒釐柒毫伍忽叁微水脚銀捌兩肆錢玖分柒釐
肆毫陸絲玖忽捌微叁纖　查此項原編各縣民牧
馬草塲田地山塘捌百
捌拾叁頃柒拾畝柒分叁釐壹毫陸絲柒忽共該
租銀壹千貳百玖拾叁兩玖錢柒分柒釐柒毫伍
忽叁微外水脚銀捌兩肆錢玖分
柒釐肆毫陸絲玖忽捌微叁纖內

上元縣銀貳百貳拾柒兩
叁錢玖分肆釐
江寧縣銀壹百捌拾陸兩玖分陸釐
水脚銀壹兩捌錢陸分玖毫陸絲
句容縣銀伍百柒拾陸兩捌錢貳分貳釐
水脚銀伍兩柒錢陸分捌釐貳毫貳絲
溧水縣原編銀肆拾叁兩貳錢貳分捌釐玖毫捌絲
叁微
外水脚銀肆錢叁分貳釐貳毫捌絲玖忽捌微叁
纖
江浦縣原編銀肆拾壹兩捌分陸釐陸毫叁絲肆忽
於順治叁年據馬政道盧僉事增租銀貳兩肆錢
壹分柒釐捌毫原額新增共銀肆拾叁兩伍錢叁
釐肆毫叁絲肆忽水脚銀肆錢叁分陸釐
六合縣銀貳百壹拾陸兩玖錢
叁分叁釐貳毫玖絲壹忽
高淳縣銀貳百柒拾貳兩肆錢肆分捌釐查此項原編民草場

田池塘溝共伍拾陸頃肆拾玖畝捌分叁釐叁毫絲

徵前數

工部項下

工部都水司折色黄蔴柒千玖百伍拾壹觔伍兩每觔折銀貳分叁釐共銀壹百捌拾貳兩捌錢捌分壹毫捌絲柒忽伍微遇閏加蔴貳百貳拾貳觔柒兩玖錢該銀伍兩壹錢壹分柒釐叁毫伍絲陸忽貳微伍纖内

溧水縣折色黄蔴貳千伍百伍拾叁觔貳兩每觔折銀貳分叁釐該銀伍拾捌兩柒錢貳分壹釐捌毫柒絲伍忽遇閏加蔴柒拾壹觔柒兩該銀壹兩陸錢肆分叁釐陸絲壹忽伍微

高淳縣折色黄蔴肆千玖觔拾叁兩每觔折銀貳分叁釐該銀玖拾貳兩貳錢貳分伍釐陸毫捌絲柒忽伍微遇閏加蔴壹百壹拾貳觔叁兩叁錢該銀貳兩伍錢捌分柒毫肆絲叁忽柒微伍纖

六合縣折色黄蔴壹百捌觔拾叁兩肆分叁釐陸毫每觔折銀貳分叁釐該銀貳兩伍錢貳釐柒毫伍絲壹微柒纖伍沙遇閏加蔴叁觔柒錢壹分伍釐叁毫該銀柒分貳絲捌忽貳微肆纖叁沙柒塵伍渺外江都儀真泰興丹徒肆縣共協濟黄蔴壹千壹百叁拾叁觔肆兩玖錢伍分陸釐肆毫每觔折銀貳分叁釐該銀貳拾陸兩陸分陸釐壹毫貳絲肆忽捌微貳纖伍沙遇閏加蔴叁拾壹觔壹拾壹兩叁錢捌分肆釐柒毫該銀柒錢貳分玖釐叁毫陸絲伍忽伍微陸沙貳塵伍渺

龍江裡外河泊所折色黄蔴壹百肆拾陸觔肆兩該銀叁兩叁錢陸分叁釐柒毫伍絲遇閏加蔴肆觔壹兩伍錢該銀玖分肆釐壹毫伍絲陸忽貳微伍纖

工部都水司折色翎毛壹拾貳萬叁千叁百根每根
折價伍毫該銀陸拾壹兩陸錢伍分遇閏加翎毛
叁千玖百叁拾肆根該銀壹兩玖錢陸分柒釐係高
淳縣徵解
工部都水司折色碎翎毛柒百陸根每根照翎毛折
銀伍毫該銀叁錢伍分叁釐係高淳縣徵解
工部都水司白蔴陸千壹百肆拾捌觔叁錢遇閏加
蔴壹百貳拾捌觔伍兩玖錢內
本色叁分該蔴壹千捌百肆拾肆觔陸兩肆錢玖分

每觔原編價銀叁分該銀伍拾伍兩叁錢叁分貳釐壹毫陸絲捌忽柒微伍纖遇閏加蔴伍拾肆觔壹拾壹兩叁錢柒分該銀壹兩陸錢肆分壹釐叁毫壹絲捌忽柒微伍纖內

溧水縣叁分本色白蔴伍百玖拾貳觔叁兩捌錢玖分每觔價銀叁分共銀壹拾柒兩柒錢陸分柒釐貳毫玖絲叁忽柒微伍纖遇閏加蔴壹拾柒觔捌兩玖錢捌分該銀伍錢貳分陸釐捌毫叁絲柒忽伍微

高淳縣叁分本色白蔴玖百叁拾觔叁兩叁錢每觔價銀叁分共銀貳拾柒兩玖錢陸釐壹毫捌絲柒忽伍微遇閏加蔴貳拾柒觔玖兩陸錢陸分該銀捌錢貳分捌釐壹毫壹絲貳忽伍微

六合縣叁分本色白蔴貳拾伍觔肆兩壹錢陸分每

觔價銀叁分共銀柒錢伍分柒釐捌毫遇閏加蔴壹拾壹兩玖錢捌分伍釐陸毫陸絲該銀貳分貳釐肆毫柒絲叁忽壹微壹纖貳沙伍塵外江都儀真泰興丹徒肆縣協濟本色叁分白蔴貳百陸拾貳觔壹拾叁兩玖錢肆分每觔價銀叁分共銀柒兩捌錢捌分陸釐壹毫叁絲柒忽伍微遇閏加蔴柒觔拾貳兩柒錢貳分肆釐叁毫肆絲該銀貳錢叁分叁釐捌毫伍絲捌忽壹微叁纖柒沙伍塵

龍江裡外河泊所叁分本色白蔴叁拾叁觔拾叁兩貳錢每觔價銀叁分該銀壹兩壹分肆釐柒毫伍絲遇閏加蔴壹觔貳分該銀叁分叁絲柒忽伍微

折色柒分該蔴肆千叁百叁觔玖兩捌錢壹分每觔折銀叁分共銀壹百貳拾玖兩壹錢捌釐叁毫玖絲叁忽柒微伍纖遇閏加蔴壹百貳拾柒觔壹拾

兩伍錢叁分該銀叁兩捌錢貳分玖釐柒毫肆絲
叁忽柒微伍纖内
溧水縣柒分折色白蔴壹千叁百捌拾壹觔拾肆兩
肆錢壹分每觔折價叁分共銀肆拾壹兩肆錢伍
分柒釐壹絲捌忽柒微伍纖遇閏加蔴肆拾觔拾
伍兩陸錢貳分該銀壹兩貳錢貳分玖釐貳毫捌
絲柒忽伍微
高淳縣柒分折色白蔴貳千壹百柒拾觔柒兩柒錢
每觔折價叁分共銀陸拾伍兩壹錢壹分肆釐肆
毫叁絲柒忽伍微遇閏加蔴陸拾肆觔陸兩伍錢
肆分該銀壹兩玖錢叁分貳釐貳毫陸絲貳忽伍
微
六合縣柒分折色白蔴伍拾捌觔拾伍兩伍分陸釐
每觔折價叁分共銀壹兩柒錢陸分捌釐貳毫叁
絲遇閏加蔴壹觔拾壹兩玖錢陸分貳釐該銀伍
分貳釐肆毫貳絲捌忽柒微伍纖外江都儀真[illegible]

與丹徒肆縣協濟折色柒分白蔴陸百壹拾叁觔伍兩捌錢肆分肆釐每觔折價叁分共銀壹拾捌兩肆錢玖毫伍絲柒忽伍微遇閏加蔴壹拾捌觔叁兩零貳分捌釐共該銀伍錢肆分伍釐陸毫柒絲柒忽伍微

龍江裡外河泊所柒分折色白蔴柒拾捌觔拾肆兩捌錢每觔折價叁分共銀貳兩叁錢陸分柒釐柒毫伍絲遇閏加蔴貳觔伍兩叁錢捌分該銀柒分捌絲柒忽伍微

工部都水司魚線膠叁百貳拾肆觔伍兩伍錢肆分遇閏加膠捌觔拾兩玖錢陸分內

本色叁分該膠玖拾柒觔肆兩捌錢陸分貳釐每觔價銀捌分該銀柒兩柒錢捌分肆釐叁毫壹絲遇

閏加膠貳觔玖兩陸錢捌分捌釐該銀貳錢捌釐

肆毫肆絲內

溧水縣叄分本色魚線膠叄拾壹觔肆兩伍分貳釐

每觔價銀捌分共銀貳兩伍錢貳毫陸絲遇閏加

膠拾叄兩叄錢玖分貳釐該銀陸分陸釐玖毫陸

絲

高淳縣叄分本色魚線膠肆拾玖觔壹兩肆錢每觔

價銀捌分共銀叄兩玖錢貳分柒釐遇閏加膠壹

觔伍兩肆分捌釐該銀壹錢伍釐貳毫肆絲

六合縣叄分本色魚線膠壹觔伍兩伍錢玖分每觔

價銀捌分共銀壹錢柒釐玖毫伍絲遇閏加膠伍

錢柒分柒釐玖毫肆絲該銀貳釐捌毫捌絲玖忽

非徵外江都儀真泰興丹徒肆縣協濟本色叄分

魚線膠壹拾叄觔拾叄兩柒錢壹分每觔價銀捌

分共銀壹兩壹錢捌釐伍毫伍絲遇閏加膠伍兩

玖錢叄分貳釐陸絲該銀貳分玖釐陸毫陸絲共

徵

龍江裡外河泊所叁分本色魚線膠壹觔拾貳兩壹錢壹分每觔價銀捌分共銀壹錢肆分伍毫伍絲遇閏加膠柒錢叁分捌釐該銀叁釐陸毫玖絲

折色柒分該膠貳百貳拾柒觔陸錢柒分捌釐每觔折價捌分共銀壹拾捌兩壹錢陸分叁釐叁毫玖絲遇閏加膠陸觔壹兩貳錢柒分貳釐該銀肆錢捌分陸釐叁毫陸絲內

溧水縣柒分折色該膠柒拾貳觔拾肆兩柒錢捌分捌釐每觔折價捌分共銀伍兩捌錢叁分叁釐玖毫肆絲遇閏加膠壹觔拾伍兩貳錢肆分捌釐該銀壹錢伍分陸釐貳毫肆絲

高淳縣柒分折色該膠壹百壹拾肆觔捌兩陸錢每觔折銀捌分共銀玖兩壹錢陸分叁釐遇閏加膠

叁觔壹兩壹錢壹分貳釐該銀貳錢肆分伍釐伍毫陸絲

六合縣柒分折色該膠叁觔壹兩柒錢陸分每觔折價捌分共銀貳錢肆分捌釐捌毫遇閏加膠壹兩叁錢壹分貳釐叁毫該銀陸釐陸毫壹絲壹忽伍微外江都儀真泰興丹徒肆縣協濟折色柒分該膠叁拾貳觔伍兩玖錢肆分每觔折價捌分共銀貳兩伍錢捌分玖釐柒毫遇閏加膠壹拾叁兩捌錢陸分柒釐柒毫該銀陸分玖釐叁毫叁絲捌忽伍微

龍江裡外河泊所柒分折色該膠肆觔壹兩伍錢玖分每觔折價捌分共銀叁錢貳分柒釐玖毫伍絲遇閏加膠壹兩柒錢貳分貳釐該銀捌釐陸毫壹絲

查以上折色黃蔴翎毛碎翎毛本折白蔴魚線膠伍項各縣原編黃白蔴料銀肆百肆拾伍兩叁錢伍分捌釐貳毫叁絲壹忽捌微柒纖伍塵又鋪墊銀陸錢捌毫貳絲陸忽伍微水脚銀叁兩捌錢叁

分玖毫貳絲捌忽陸微伍纖遇閏加銀伍兩柒錢
伍毫玖絲伍忽外本府龍江河泊所蔴料銀柒兩
伍分柒釐貳毫叁絲柒忽伍微於順治拾壹年伍
月內准工部咨開覆查冊內開載錢糧項款數目
比本部印冊皆多寡參差不壹從來錢糧有壹定
之規似此額數不敷完欠最難稽核題　請自拾
壹年爲始將本折錢糧項款數目逐壹開列頒發
該省永爲定例遵行在案再照以上本色白蔴魚
線膠貳項先於順治玖年拾月內准戶部咨開已
經具　題奉
旨各項本色責成布政司每年於壹兩月之前確查時值
據實估定申報督撫咨部查核壹面徑行所屬州
縣照估定時價徵銀解交藩司遴委職官領銀採
買物料裝運解部今新奉
兪旨本色顏料各項令各屬自行採辦徑解內部已遵行
該州縣辦解至隨時增價逐壹預先報明另編今
將舊編銀兩照舊造入其不
敷銀兩遵照估定時價辦解

工部匠班輪班人匠柒百玖拾伍名每名銀肆錢伍分
共銀叁百伍拾柒兩柒錢伍分水脚銀壹錢陸分
陸釐伍毫
查此項於順治貳年准部文免編今順
治拾伍年陸月貳拾陸日准部覆　題
奉
旨照舊徵解內
上元縣人匠貳拾名該銀玖兩
江寧縣人匠叁名該銀壹兩叁錢伍分
句容縣人匠伍百玖拾玖名該銀貳百陸拾玖兩伍
錢伍分
溧陽縣人匠陸拾玖名該銀叁拾壹兩伍分
溧水縣人匠貳拾柒名該銀壹拾貳兩壹錢伍分水
脚銀壹錢貳分壹釐伍毫
高淳縣人匠陸拾柒名該銀叁拾兩壹錢伍分
江浦縣人匠捌名該銀叁兩陸錢水脚銀叁分陸釐
六合縣人匠貳名該銀玖錢水脚銀玖釐

解南省兵餉項下

原解南兵部今改南餉各縣軍牧馬草塲田地溝灘皂河北等圩叁千壹百叁拾貳畝玖分壹釐捌毫柒絲叁忽伍微肆纖陸塵共該租銀肆百柒拾陸兩叁錢叁分壹釐貳毫　查此項原載田地相同其銀止載江浦縣銀壹百貳拾捌兩貳錢伍分伍釐貳毫玖絲捌忽陸微壹纖於順治玖年該前撫院訂正全書合將六合縣銀叁百捌拾貳兩貳錢捌分伍釐貳毫再照江浦縣陸續歸還錦衣旗手金吾等衛納租田地溝灘陸百肆拾陸畝伍分柒釐柒毫伍絲壹忽肆微伍纖肆塵除租銀壹拾伍兩壹錢伍分玖釐貳毫玖絲捌忽陸微壹纖又除六合縣原載和州馬艮丘平自解銀拾玖兩伍分以上貳項除自解歸併外實徵前

數
內
江浦縣銀壹百壹拾叁兩玖分陸釐
六合縣銀叁百陸拾叁兩貳錢叁分伍釐貳毫

菉湖租出辦
修理鑾駕庫銀伍拾玖兩伍錢玖分伍毫查此項原解南戶部
修理鑾駕庫支用於順治叁年奉
內院訂正經制清歸南餉係高淳縣徵解

漁課
本府龍江關船鈔銀壹百柒拾捌兩柒分叁釐肆毫
江東巡檢司船鈔銀捌拾陸兩柒錢
各縣漁課鈔銀叁拾柒兩叁錢伍分捌釐捌毫玖絲

貳忽貳微遇閏加銀貳兩壹錢肆分陸釐伍毫壹
絲玖忽叁微陸纖查此項准部駁全書發開內有
六合縣原編銀拾玖兩伍錢貳
分陸釐叁毫肆絲遇閏加銀壹兩柒錢捌釐叁毫
玖絲原係江都等肆縣協濟本縣並無徵解內
溧水縣銀伍兩貳錢伍分柒釐伍毫伍絲貳忽貳微
遇閏加銀肆錢叁分捌釐壹毫貳絲玖忽叁微陸
纖
高淳縣銀壹拾貳兩伍錢柒分伍釐
六合縣銀壹拾玖兩伍錢貳分陸釐叁毫肆絲遇閏
加銀壹兩柒錢捌釐叁毫玖絲原係江都儀真泰
與丹徒肆縣徵解
協濟六合縣銀兩

課程

都稅司商稅鈔銀伍百叁拾壹兩叁錢壹分捌釐柒

毫肆絲陸忽陸微

太平門稅課司鈔銀捌拾叁兩肆錢伍釐肆毫

江東宣課司商稅鈔銀貳千肆百伍拾貳兩玖錢貳

分貳釐肆毫

聚寶宣課司商稅鈔銀壹千貳百壹拾陸兩肆錢捌

分玖釐

朝陽門分司商稅鈔銀柒百捌拾伍兩捌錢叁分伍

釐叁毫

龍江宣課司商稅鈔銀壹千玖百肆拾捌兩伍錢捌

分肆釐伍毫

一批驗茶引所茶課鈔銀叄百叄拾兩

以上柒項俱歸戶部分司轉解訖

桅漁鈔共銀壹百壹拾陸兩肆錢壹分玖釐查此項原係六合縣瓜埠巡檢司額辦正料桅鈔銀叄拾貳兩柒錢陸分陸釐陸毫原解南戶部分司又撥銀伍拾兩抵解本縣前項馬價銀兩餘銀叄拾叄兩陸錢伍分貳釐肆毫改解戶部

學田

各縣學田塘肆千玖百陸畝肆分貳釐捌毫貳絲空

地壹坵塊房貳所拾柒間陸披共該租銀捌百貳拾

肆兩玖錢肆分叁釐壹毫貳絲捌忽外租錢貳萬壹千陸百文查此項原編學田肆千捌百伍拾伍畝柒分柒釐貳毫玖絲空地壹塊房貳所拾柒間陸披共徵租銀柒百叁拾壹兩肆錢叁分柒釐肆毫玖絲該錢貳萬壹千陸百文租稻叁百陸拾石并據句容縣續置田塘肆拾伍畝陸分伍釐玖毫該租銀壹拾叁兩貳錢伍分貳釐叁毫又據六合縣清丈出田塘肆畝玖分玖釐陸毫肆絲於順治伍年准學院魏　增租銀壹拾叁兩壹錢陸分貳釐貳毫伍絲又據江浦縣原編租稻叁百陸拾石於萬曆肆拾陸年該寧太道呈詳按學貳院批允減除高崗荒薄田租稻貳拾肆石伍斗肆升貳合叁勺陸抄免徵於民實徵租稻叁百叁拾伍石肆斗伍升柒合陸勺肆抄每石折銀貳錢共銀陸拾柒兩玖分壹釐伍毫貳絲捌忽以上各縣俱增減外實徵前數內

上元縣銀壹百叁拾貳兩玖錢貳分肆釐壹毫

江寧縣銀壹百壹拾捌兩捌錢叁分伍釐肆毫
租錢貳萬壹千陸百文
句容縣銀貳百貳兩捌錢伍分柒釐柒毫
溧陽縣銀壹百伍拾壹兩叁錢壹分貳釐
溧水縣銀陸拾貳兩玖分玖釐肆毫
高淳縣銀叁拾壹兩玖錢肆釐
江浦縣銀捌拾兩壹錢捌分壹釐伍毫貳絲捌忽
六合縣銀肆拾肆兩捌錢貳分玖釐

田地內免編寬民欵項

本色漕糧水兌米數

京倉兌運兌耗米壹萬壹百捌拾捌石肆斗內
溧水縣米肆千玖百叁拾陸石捌斗
高淳縣米伍千貳百伍拾壹石陸斗

改兌淮安府常盈倉耗米貳千壹百陸拾陸石內

溧水縣米壹千肆拾玖石柒斗

高淳縣米壹千壹百壹拾陸石叄斗

江南水兌耗米肆百陸拾肆石伍斗伍升捌勺係高淳縣免編

隨漕項下折色銀數

輕賫銀壹千柒百陸兩柒錢柒分水脚銀壹拾柒兩

陸分柒釐柒毫

楞木松板銀叄拾兩壹錢玖分陸釐柒毫

八升變易米銀叄拾柒兩貳錢壹分

蘆蓆米銀捌拾肆兩貳錢伍分

盤纜銀壹百陸拾捌兩伍錢水脚銀壹兩陸錢捌分

伍釐

溜夫工食銀壹百陸拾捌兩伍錢

陸升過江米銀陸百陸兩陸錢以上柒項俱係高淳縣免編

雜辦內減徵寬民欵項

課程

本縣門攤鋪戶本色鈔玖萬貳千柒拾叁貫肆百叁拾陸文徵稅銀壹百壹拾柒兩伍錢貳分玖釐捌毫肆絲捌忽水脚銀壹兩壹錢柒分伍釐貳毫查此項於天啓元年免編係句容縣

本縣浦子口商稅本色鈔叁萬伍千玖百柒拾壹貫

遇閏加鈔貳千玖拾叁貫查此項於天啓元年免編係江浦縣

各縣折色鈔捌千玖百玖拾壹貫捌百肆拾文每貫

折銀陸毫該銀伍兩叁錢玖分伍釐陸毫肆忽遇

閏加銀肆錢肆分伍釐伍毫肆絲肆忽

各縣折色鈔肆萬柒千捌百叁拾捌貫每貫折銅錢

貳文該錢玖萬伍千陸百柒拾陸文遇閏加鈔貳

千肆百玖拾貫折銅錢肆千玖百捌拾文

各縣本色銅錢捌千捌百壹拾伍文遇閏加錢陸百

收[illegible][illegible]肆文

各[illegible]酒醋折鈔壹千肆百[illegible]拾柒貫每貫折銀陸毫

該銀捌錢柒分肆釐貳[illegible]

各縣折色房屋酒醋鈔壹千叁百陸拾肆貫柒文折

銀捌錢壹分捌釐肆毫肆絲貳忽

高淳縣本色窰冶鈔壹百貳拾捌貫肆拾叁文銅錢

貳千柒百叁拾貳文伍分遇閏加銀柒分叁毫柒

絲錢伍百伍拾捌文以上陸款於順治叁年奉内院訂正經制改編前款有餉項下田畝徵解其各款免派於民

高淳縣鰣魚鱘魚銀壹百柒拾伍兩貳錢查此項於順治叁年奉　內院訂正經制改編前款南餉項下鰣魚廠銀肆拾陸兩柒分陸釐叁毫壹絲鱘魚廠銀貳拾叁兩陸錢玖分肆釐以上貳項入於田畝徵解共漁戸出辦免編